Schweizerische
Koordinationsstelle
für Bildungsforschung
SKBF

Bildungsfinanzierung zwischen Markt und Staat

Stefan C. Wolter
mit Beiträgen von Andrea Nagel-Drdla
und Roland Waibel

Beiträge zur Bildungsökonomie, Band 1

Verlag Rüegger

Dr. Stefan C. **Wolter** ist Direktor der Schweizerischen Koordinationsstelle für Bildungsforschung (SKBF) in Aarau. Er studierte Nationalökonomie und Psychologie an der Universtität Bern, wo er auch in ersterer promovierte. Er ist nebenamtlich Dozent für Volkswirtschaft an der Hochschule für Wirtschaft und Verwaltung in Bern und Lehrbeauftragter für Bildungsökonomie an der Universität Bern. Neben verschiedenen nationalen und internationalen Mandaten ist er auch Mitglied des Governing Board des Centre for Educational Research and Innovation (CERI) der OECD in Paris.

Andrea **Nagel-Drdla**, mag. rer. pol., studierte an der Universtität Bern, wo sie zwei Jahre als wissenschaftliche Hilfsassistentin bei Prof. Harry Dellas arbeitete. Zurzeit ist sie wissenschaftliche Mitarbeiterin bei der Schweizerischen Sanitätsdirektorenkonferenz im Bereich Gesundheitsökonomie und -information.

Dr. Roland **Waibel** studierte und promovierte im Bereich Wirtschaftspädagogik an der Universität St. Gallen. Er arbeitet als wissenschaftlicher Mitarbeiter am Institut für Wirtschaftspädagogik (IWP-HSG) und ist als Lehrbeauftragter an der Universität St. Gallen sowie an der Kantonsschule Heerbrugg tätig. Ausserdem schreibt er an einer Habilitation zum Thema «Bildungswettbewerb».

Die Deutsche Bibliothek – CIP-Einheitsaufnahme

Wolter, Stefan C.:
Bildungsfinanzierung zwischen Markt und Staat / Stefan C. Wolter, mit Beitr. von Andrea Nagel-Drdla und Roland Waibel. - Chur ; Zürich : Rüegger, 2001
   (Beiträge zur Bildungsökonomie ; Bd. 1)
   ISBN 3-7253-0694-X

© Verlag Rüegger • Chur / Zürich 2001
http://www.rueggerverlag.ch
info@rueggerverlag.ch
ISBN 3 7253 0694 X
1. Auflage: 600 Ex.
Gestaltung: liberA – Buchherstellung, Mirjam Dalla Libera, Basel
Satz: Peter Meyer, SKBF Aarau
Foto Umschlag: Brigitte Lattmann, Aarau
Druck: Südostschweiz Print AG, Chur   0044-36

INHALTSVERZEICHNIS

VORWORT

Dieses Buch entstand aus einem Auftrag für ein Gutachten über Bildungsgutscheine seitens des Amtes für Bildungsforschung des Kantons Bern im Jahre 1999. Das Gutachten hatte zum Ziel, die internationalen Erkenntnisse über den Einsatz und die Wirkungen von nachfrageorientierten Bildungsfinanzierungsmodellen zusammenzufassen und daraus für die Schweiz Schlussfolgerungen zu ziehen. Der Vorsteherin der Amtes, Frau Dr. Christina von Waldkirch, sei an dieser Stelle für ihr Interesse an und die Unterstützung für diese Arbeit gedankt.

Bildungsökonomische Fragen geniessen zurzeit aus verschiedensten Gründen einen hohen gesellschaftspolitischen Stellenwert. Dieser kontrastiert jedoch deutlich mit den Ressourcen, die in diesem Land für bildungsökonomische Forschung aufgewendet werden.Die Schweizerische Koordinationsstelle für Bildungsforschung hat sich deshalb – ihrem Mandat folgend – entschlossen, diesen Zweig der Bildungsforschung vermehrt zu beachten und zu fördern. Mit dem vorliegenden Buch ruft die Schweizerische Koordinationsstelle für Bildungsforschung deshalb eine neue Schriftenreihe ins Leben, die sich bildungsökonomischen Themen widmet. In regelmässigen Abständen sollen in dieser Reihe Beiträge erscheinen, die den Erkenntnisstand der Bildungsökonomie in bestimmten Fragebereichen abbilden. Mit dieser Plattform soll einerseits der bildungsökonomischen Forschung ein Sprachrohr gegeben und andererseits auch der Transfer wissenschaftlicher Erkenntnis in die Bildungspolitik gefördert werden.

Aarau, im Oktober 2000

Dr. Stefan C. Wolter
Direktor der SKBF

Nachfragerorientierte Bildungsfinanzierung: Theorie und empirische Evidenz

Stefan C. Wolter
mit einem Beitrag von Andrea Nagel-Drdla

INHALTSVERZEICHNIS

1. EINLEITUNG

Die nachfrageorientierte Bildungsfinanzierung geht davon aus, dass die Finanzierung von Bildung nicht über die anbietenden Institutionen (Schulen) erfolgen soll, sondern über die die Bildung nachfragenden Individuen. Diese Umkehrung der Finanzierungsweise führt, gemäss den Vertretern dieser Lösung, dazu, dass die Anbieter von Bildung in einen verstärkten Wettbewerb um die Nachfrager treten müssen, was der Effizienz und Effektivität des Bildungswesens insgesamt förderlich wäre. Das Konzept der nachfrageorientierten Bildungsfinanzierung will das rein öffentliche Bildungswesen um marktwirtschaftliche Elemente (Wettbewerb) anreichern und nicht etwa durch ein rein marktwirtschaftliches Bildungswesen ersetzen.

Im Laufe der Arbeiten haben wir entdeckt, dass es wenig systematische Aufarbeitungen der bestehenden Literatur und der bekannten Anwendungen von solchen Finanzierungsformen gibt. Was die bestehenden Überblicke häufig vermissen lassen, sind der Einbezug eines klar ökonomischen Denkrahmens und eine Evaluation der bekannten Modelle vor diesem Hintergrund. In den wenigen Fällen, in denen sich Ökonomen des Themas angenommen haben, fehlen hingegen häufig Kenntnisse der institutionellen Besonderheiten eines Bildungssystems und der sich daraus ergebenden Konsequenzen für eine Übertragung ökonomischer Marktprinzipien auf das Bildungswesen. Aus diesem Grund wird in diesem Buch die Bildungsfinanzierungsdiskussion in einen bildungsökonomischen Kontext eingebettet, der helfen soll, die Argumentationslinien und jeweiligen Positionen besser zu verstehen.

Entgegen der Tradition vieler Aufsätze gehen wir nicht davon aus, die Bildungsfinanzierung sei entweder rein staatlich oder rein marktwirtschaftlich zu regeln. Viele der vertretenen Positionen kranken daran, dass sie die Diskussion auf eine unzulässige Art und Weise auf ein triviales ordnungspolitisches «Entweder-oder» reduzieren wollen. Wie dem Titel des Buchs zu entnehmen ist, bestehen unserer Ansicht nach im Bildungswesen und somit bei der Bildungsfinanzierung Möglichkeiten der Wahl zwischen staatlichen und marktwirtschaftlichen Konzepten. Angesichts dieser Wahlmöglichkeiten müssen wir die Argumente und Gründe besser verstehen, die für die eine oder andere Option sprechen, bevor wir uns dem optimalen Mix von marktwirtschaftlichen und staatlichen Instrumenten zuwenden können. Als Folge unseres Ansatzes beginnen wir im ersten Kapitel des Buches mit der grundlegenden und doch selten gestellten Frage, warum sich die Öffentlichkeit überhaupt an der Finanzierung von Bildung beteiligen soll. Als Gegenstück dazu lenken wir die Aufmerksamkeit im zweiten Kapitel auf die Stellung des Markts im Bildungswesen. Hier geht es um die Frage, inwieweit und unter welchen Bedingungen marktwirtschaftliche Elemente im Bildungswesen erwünscht sein können.

So wie es beim ordnungspolitischen Mix keine einfachen Rezepte geben kann, kann auch die Wahl der optimalen Finanzierungsinstrumente nicht auf eine einfache Wahl reduziert werden. Das dritte Kapitel versucht die ganze Palette von Finanzierungsformen darzulegen, die bei einem gemischten System (Bildungswesen mit staatlichen und marktwirtschaftlichen Elementen) zur Verfügung stehen. Im vierten Kapitel wenden wir uns schliesslich den Kriterien zu, die helfen können, die Optionen zu bewerten. In diesem Teil wird summarisch auch auf die empirische und die theoretische Diskussion und Evidenz zu nachfrageorientierten Bildungsfinanzierungsmodellen eingegangen. Detaillierter stellt dann im fünften Kapitel Andrea Nagel-Drdla die internationale empirische Evidenz dar, die auf allen fünf Kontinenten gefunden wurde. Die eindrückliche Fallzahl kann leider nicht darüber hinwegtäuschen, dass die generalisierbaren Erkenntnisse dünn gesät sind. Die Kontextabhängigkeit der Versuche und meistens auch ihre qualitativen und quantitativen Beschränkungen verunmöglichen eine direkte Übertragung auf das schweizerische Bildungswesen.

Abgesehen von länderspezifischen Kontextabhängigkeiten sind Instrumente der Bildungsfinanzierung auch bezüglich der Schulstufen getrennt zu analysieren. Jede Schulstufe hat ihre Eigenheiten, und eine generelle Beurteilung von Bildungsfinanzierungsvorschlägen, die nicht nach Schulstufen unterscheidet, greift zwangsläufig zu kurz. Trotzdem wird in der Mehrheit der vorliegenden Literatur diese Unterscheidung nicht oder zuwenig gemacht. Dies ist besonders gravierend, da die empirischen Beispiele sich ganz klar nur auf einzelne Teile des Bildungswesen konzentrieren und somit für andere Schulstufen nur unter substanziellen Anpassungen wegleitend sein können. Dieser Thematik widmet sich das sechste Kapitel.

Der Bildungsgutschein ist, wie schon das dritte Kapitel zeigt, nicht die einzige Ausformung der nachfrageorientierten Bildungsfinanzierung, aber sicherlich die prominenteste. Roland Waibel widmet seine Überlegungen im zweiten Teil dieses Buches deshalb einer persönlichen und vertieften Analyse dieses Finanzierungsinstrumentes.

Das Buch erhebt nicht den Anspruch, eine abschliessende Beurteilung der nachfrageorientierten Bildungsfinanzierung zu liefern; dafür ist die Forschung in diesem Bereich viel zu dynamisch und die Diskussion leider auch noch viel zu häufig ideologisch-emotional besetzt. Die zahlreichen Fussnoten, die Anhänge und das Literaturverzeichnis sollen dem Leser auch die Möglichkeit geben, sich selbst eine eigene und über dieses Buch hinausgehende Meinung zu bilden. Entsprechend liefert das Buch auch keine allzu konkreten Handlungsanweisungen; nicht zuletzt auch deshalb, weil die als gesichert geltenden Erkenntnisse dafür nicht ausreichen. Hingegen versuchen wir, neben der möglichst systematischen Darstellung der empirischen Literatur und der Einführung in die theoretischen Konzepte und Ideen der Bildungsfinanzierungsökonomie einen Raster zu schaffen, der die Beurteilung und Evaluation alternativer Konzepte erleichtern soll. Dies soll ermöglichen, Schwachpunkte bestehender Regelungen frühzeitig zu erkennen und neue Vorschläge auf der Basis der schon gemachten Erfahrungen aufzubauen. Wenn uns damit auch gleichzeitig eine Versachlichung der Diskussion gelingt, dann sind unsere Zielsetzungen weitgehend erreicht.

Bei unserer Arbeit profitierten wir von einem grossen Interesse vieler Forscher, die uns mit Rat und Tat zur Seite gestanden sind, auch wenn sich unsere Ansichten nicht immer mit den ihren deckten. Wir können nicht alle namentlich aufführen, aber folgenden Personen gilt unser ganz besonderer Dank: Catalina Amuedo-Dorantes (State University of San Diego), Gerhard Glomm (Michigan State University), Gábor Halász (National Institute of Public Education, Budapest), Caroline Hoxby (Harvard University), Henri Levin (Columbia University), Steve Neal (Commonwealth Department of Education, Training and Youth Affairs, Australien), Harry Patrinos (World Bank, Washington), Manfred Weiss (DIPF, Frankfurt), Cathie Wylie (New Zealand Council for Educational Research).

Nicht zuletzt gilt unser Dank aber auch den Personen, die den Text kritisch und aufmerksam durchgelesen und mit ihren Kommentaren viel zur Qualität des vorliegenden Werkes beigetragen haben; namentlich: Walter Bauhofer, Maja Coradi, Peter Meyer und Jürg Schweri.

1. WARUM SOLL DIE ÖFFENTLICHKEIT BILDUNG ÜBERHAUPT FINANZIEREN?

Häufig lassen Betrachtungen über das Thema, wie Bildung finanziert werden sollte, die Frage auf der Seite, wer sich überhaupt und wie stark an der Finanzierung von Bildung beteiligen soll. Wir möchten deshalb unsere Überlegungen gerade mit dieser Frage einleiten. Die Verteilung der Bildungskosten auf den privaten Bildungsnachfrager, die öffentliche Hand und die Unternehmungen hat zwar einen starken Einfluss auf die Wahl der Finanzierungsinstrumente, nicht selten aber werden die beiden Fragen, wer finanzieren und wie finanziert werden soll, in unzulässiger Weise miteinander vermischt. Auch wenn bei einer sogenannten nachfragerorientieren Bildungsfinanzierung implizit davon ausgegangen wird, dass sich die Öffentlichkeit an der Finanzierung der Bildung wenigstens teilweise beteiligt, besteht immer die Befürchtung, dass die Diskussion um die Finanzierungsform letztlich nur deshalb geführt wird, weil man die Finanzierungslast umverteilen möchte. Um Missverständnissen vorzubeugen, möchten wir uns deshalb einleitend mit der Frage der Aufteilung der Bildungskosten zwischen der Öffentlichkeit und den Privaten eingehend auseinandersetzen. Wir tun dies auf drei Ebenen der Argumentation: der Mikroebene, der Makroebene und bezüglich des Aspektes der Einkommensverteilung. Damit erwähnen wir die in unseren Augen wichtigsten Argumente, die für eine öffentliche Finanzierung von Bildung sprechen. Es gibt daneben noch andere Gründe, die staatliche Eingriffe in das Bildungswesen rechtfertigen, diese werden hier aber nur am Rande behandelt.

Externalitäten und Investitionen ins Humankapital

Sobald auf einem Markt Externalitäten bestehen, d. h. wenn Vor- oder Nachteile einer Investition nicht über den Preismechanismus abgegolten werden, wird dies als ein Grund angesehen, in diesen Markt einzugreifen (siehe zum Beispiel Straubhaar & Winz 1992, S. 52ff.). Dies scheint gerechtfertigt, wenn das Gut (in unserem Fall Humankapital), das durch private Investitionen geschaffen wird, mehrheitlich oder zu einem sehr grossen Teil durch positive externe Effekte gekennzeichnet ist. Dann spricht man von einem öffentlichen Gut. Der Nutzen, den der Konsum dieses Gutes stiftet, fällt somit ausschliesslich (oder überwiegend) auf gesamtgesellschaftlicher Ebene an. Öffentliche Güter haben zwei Merkmale: Einerseits kann ein Individuum vom Konsum eines öffentlichen Gutes nicht ausgeschlossen werden (Nichtausschliessbarkeitsprinzip), und andererseits kostet es auch nicht mehr, wenn ein zusätzliches Individuum es konsumiert (Nicht-Rivalität im Konsum; etwa Stiglitz 1988, S. 74f.). Ein Konsument hat demnach keinen Anreiz, seine Präferenzen bezüglich der nachgefragten Menge offenzulegen und somit auch seinen Anteil an den Kosten zu übernehmen. Daraus folgt eine Unterversorgung durch den Markt.

Abbildung 1 : Nachfrage nach Bildung und Externalitäten

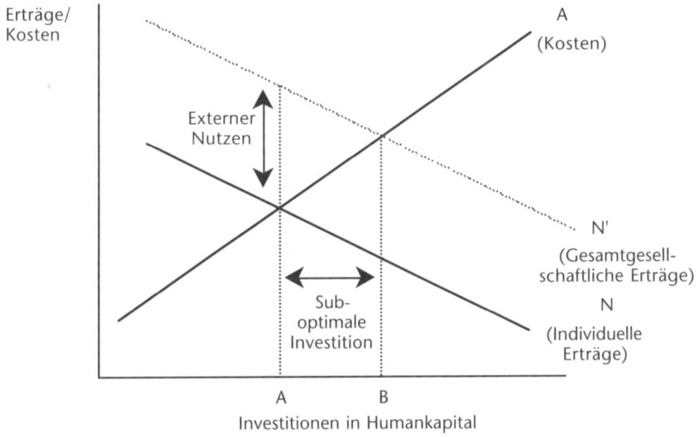

Quelle: eigene Darstellung

Abbildung 1 zeigt, wie es bei positiven Externalitäten zu einer suboptimalen Investition in Humankapital käme, da die privaten Erträge nur einen Teil der gesamtgesellschaftlichen Erträge ausmachen. Bestünde eine reine Marktlösung, würden nur die privaten Erträge (N) die Nachfrage bestimmen (Investitionsmenge A), da die gesamtgesellschaftlichen Erträge ja dem einzelnen nicht abgegolten werden. Erst wenn dies der Fall ist, bei einem staatlichen Eingriff in den Markt, würde sich die optimale Investition in das Humankapital (Menge B) ergeben.

Über den Öffentlichkeitsgrad der Bildung sind sich die Autoren uneinig. Fest steht sicherlich, dass Bildung sowohl privaten wie gesellschaftlichen Nutzen stiftet. Levin (1987) und Friedman (1976) betonen, dass der Öffentlichkeitsgrad auf verschiedenen Schulstufen ein unterschiedliches Gewicht habe. Häufig wird davon ausgegangen, dass externe Effekte auf höheren Bildungsstufen theoretisch ganz durch höhere Löhne abgegolten werden, was für die obligatorische Schulzeit nicht der Fall sei. Dem widersprechen die empirischen Untersuchungen der Bildungsrenditen, die im nächsten Abschnitt angesprochen werden und die in der Regel für tiefere Schulstufen höhere Bildungsrenditen finden als für Bildungsinvestitionen auf hohen Schulstufen. Positive Externalitäten haben also den unerwünschten Nebeneffekt, dass sie ohne Staatseingriffe eine suboptimale Höhe der Investitionen der Individuen in ihr eigenes Humankapital zur Folge hätten. Um eine solche suboptimale private Investition in Bildung zu verhindern, ist deshalb eine öffentliche Finanzierung der Bildungsausgaben oder zumindest eines Teils davon legitim.

Effekte auf Mikroebene

Gemäss der Humankapitaltheorie wird Bildung als eine Investition in das individuelle Humankapital betrachtet. Dieses wirkt, akkumuliert, wie physisches Kapital im Produktionsprozess und steigert die Produktivität. Die Investitionen an Zeit und Geld ins persönliche Humankapital lohnen sich dann, wenn die durch die höhere individuelle Produktivität bedingten Lohnsteigerungen diese Investitionen wieder kompensieren oder gar überkompensieren. In der Regel wird davon ausgegangen, dass die ursprünglichen Investitionen mehr als nur kompensiert werden. Dies drückt sich in der sogenannten *Bildungsrendite* aus, die den Barwert aller Erträge, die mit der Investition ins persönliche Humankapital verbunden sind, abzüglich der Investitionskosten umfasst. Die breite Literatur zum Thema der Bildungsrenditen zeigt konsistent positive Renditen für Bildung auf der Mikroebene (für eine Literaturübersicht europäischer Resultate siehe: Asplund & Telhado Pereira 1999). Würde die private Investition in Humankapital nur private Erträge generieren, dann wäre folglich die berechtigte Frage zu stellen, weshalb die öffentliche Hand sich überhaupt an den Bildungskosten zu beteiligen hat. Argumente für eine Beteiligung der Allgemeinheit an privaten Bildungskosten lassen sich zwar einerseits auf der Makroebene finden (siehe nächsten Abschnitt) oder aber mit Verteilungsfragen begründen (siehe übernächsten Abschnitt), können aber schon auf der Mikroebene festgestellt werden. Erträge aus Investitionen in die Bildung lassen sich auch auf der Mikroebene in private und öffentliche unterteilen (siehe Abbildung 2). So wie sich das Verhältnis von Investitionen und Erträgen auf der Mikroebene für Individuen berechnen lässt (Bildungsrendite), kann dieses Verhältnis auch für die Allgemeinheit berechnet werden; in diesem Fall wird von der sogenannten *Fiskalrendite* gesprochen.[1]

---

[1] Neben der Allgemeinheit beteiligt sich natürlich auch die Wirtschaft an den Kosten des Bildungssystems, insbesondere im Bereich der beruflichen Weiterbildung. Die ausgedehnte Li-

Ähnlich wie bei den individuellen, sind auch die bekannten Berechnungen von fiskalischen Bildungsrenditen verzerrt, und zwar mit einem *Bias* nach unten (zu tief), da sich die nicht monetär bezifferbaren Erträge, bzw. Einsparungen für die Allgemeinheit etwa in Form von tieferen Gesundheitskosten oder geringerer Ausgaben für die Verbrechensbekämpfung[2] schwer quantifizieren lassen.

Abbildung 2: Kosten und Nutzen von Humankapitalinvestitionen auf der Mikroebene

| | **Kosten** | **Erträge** | |
	monetär		nicht monetär
öffentlich	Ausgaben der öffentlichen Hand für Bildung	zusätzliche Steuererträge und tiefere Sozialtranfers aufgrund der durch die Bildung bedingten höheren Löhne	tiefere Gesundheitskosten und tiefere Kriminalität
privat	private Bildungskosten (direkte Kosten und Opportunitätskosten)	höhere Löhne, die auf die höhere Bildung zurückzuführen sind (nach Steuern), tiefere durch Arbeitslosigkeit bedingte Lohnausfälle	grössere persönliche Zufriedenheit (sozialer Status, Selbstverwirklichung und bessere Gesundheit)

Quelle: überarbeitete Version der Darstellung in OECD 1998, S. 69; für eine Übersicht über nichtmonetäre, soziale Erträge von Bildung siehe insbesondere McMahon (1998).

Ungeachtet dieser Vorbehalte, kann man anhand von Berechnungen von fiskalischen Bildungsrenditen aus verschiedenen OECD-Ländern zeigen, dass sich die Investitionen der öffentlichen Hand in die Bildung lohnen, auch wenn die fiskalischen Renditen in der Regel etwas tiefer sind als die privaten Bildungsrenditen (OECD 1998, S. 72f.).

---

teratur zur Diskussion der Aufteilung der Kosten auf die Arbeitnehmer und Arbeitgeber ist hier aber nicht Gegenstand unserer Überlegungen. Es sei aber beispielhaft auf das Buch von Booth und Snower (1996) hingewiesen, das zeigt, dass die Externalitäten bei Investitionen in das Humankapital auch Firmen dazu verleiten, suboptimal in Bildung zu investieren und ein sogenanntes «Trittbrettfahren» zu betreiben.

2 Die meisten Studien, die einen positiven Beitrag von Bildung zu einer tieferen Neigung zu Kriminalität postulieren, stützen sich leider nur auf Korrelationen hochaggregierter Daten. Eine Ausnahme bildet da etwa die Studie von Amuedo-Dorantes und Mach (1999). In einer mikroökonomischen Studie wird gezeigt, dass Schulqualität und Bildung die Neigung zur Kriminalität im gewünschten Sinne beeinflussen.

Der Zusammenhang zwischen öffentlichen Erträgen und Bildungsrenditen lässt sich auch direkt ersehen, wenn man die Bildungsrenditen mit dem sogenannten *Kosten-Nutzen-Ansatz* von Psacharopoulos (1987) berechnet. Berechnungen für die Schweiz zeigen (siehe Wolter & Weber 1999a), dass die ursprünglichen Unterschiede in den Bildungsrenditen verschiedener Bildungsstufen sich praktisch vollkommen nivellieren, wenn man die Steuerabgaben, direkte Bildungskosten und eine Risikoprämie in Rechnung stellt. Dabei machen die Steuerabgaben zwischen 70 und 90% der Reduktion aus, die auf die drei erwähnten Faktoren zurückzuführen ist (Weber & Wolter 1999b, S. 370).

Effekte auf das Wachstum (Makro-Ebene)

Neben der fiskalischen Betrachtung der Bildungsfinanzierung legt die Humankapitaltheorie auch eine makroökonomische Betrachtung von Kosten und Erträgen nahe. Humankapital erhöht nicht nur die Produktivität derjenigen Personen, die in dieses investiert haben, sondern erzeugt auch sogenannte positive Externalitäten (siehe oben) für andere Arbeitnehmer. Die einzelnen können deshalb nicht alle Vorteile, die ihre Bildungsinvestition bringt, nur für sich alleine nutzen (internalisieren), sondern erhöhen mit ihrem Humankapital auch die Produktivität anderer («spill-overs» oder überschwappende Vorteile) und somit deren Löhne oder schaffen Arbeitsplätze für Personen, die nicht in ihr Humankapital investiert haben. Faktorungebundenes Wissen lässt sich ohne wesentliche Rivalität von mehreren Personen nutzen, und somit steigert die Akkumulation von Humankapital durch einzelne Personen das gesamte Wachstum stärker als nur die eigenen kumulierten Produktivitätsfortschritte (siehe auch Straubhaar 1997).

Empirisch sind die positiven Externalitäten auf der Makroebene nicht unumstritten, haben doch eine Reihe von Untersuchungen keine signifikanten Beiträge des Humankapitals zum gesamtwirtschaftlichen Wachstum gefunden, ja z. T. gar konterintuitive negative Beiträge des Humankapitals an das Wachstum festgestellt. Solche Ergebnisse würden natürlich auch die Legitimation staatlicher Finanzierung der Bildung wieder in Frage stellen. Es lohnt sich deshalb sicherlich, ganz kurz auf die empirische Diskussion dieses Aspektes einzugehen.

Die historischen Wurzeln dieser Diskussion finden sich schon in der neoklassischen Ökonomie; die empirische Diskussion hatte ihren Beginn vor fast vier Jahrzehnten in der Feststellung von Denison (1962), dass das Bruttosozialprodukt schneller wuchs, als dies aufgrund des Wachstums der bis dahin im klassischen

Solow-Wachstumsmodell einzig beachteten Produktionsfaktoren Arbeit und Kapital hätte der Fall sein dürfen. Jener nicht durch die Produktionsfaktoren Arbeit und Kapital erklärbare Teil des Wirtschaftswachstums wurde als Residualfaktor dem technologischen Fortschritt auf der einen Seite und der Qualität des Inputfaktors Arbeit auf der anderen Seite zugeschrieben. Theoretisch wurden die Arbeiten im Rahmen des neoklassischen Wachstumsmodells von Solow weitergetrieben, wobei das Modell zuerst explizit um Humankapital erweitert (siehe Mankiw et al. 1992) und dann durch die Theorie des endogenen Wachstums (Romer 1990 oder auch Barro & Sala-i-Martin 1995) «ersetzt» wurde.

Das Grundproblem bei der empirischen Untersuchung der Wirkung des Humankapitalbestandes auf das Wachstum liegt in der Operationalisierung des Humankapitalstocks einer Volkswirtschaft. Um die Qualität des Produktionsfaktors Arbeit empirisch besser fassen zu können, wurde versucht, diese durch den Ausbildungsstand der Bevölkerung zu erklären. Die meisten Studien versuchten dies auf der Basis von Beschulungsquoten (siehe etwa Barro 1991) auf der Primar- und Sekundarstufe oder mit dem höchsten Bildungsstand der über 24-jährigen Bevölkerung (so im Standarddatensatz von Barro und Lee 1996 für 129 Länder oder bei Nehru et al. 1995). Auf der Basis dieser oder ähnlicher Datensätze wurden dann Querschnittsanalysen mit unterschiedlich grossen Stichproben von Ländern durchgeführt. Die Resultate dieser Studien waren insgesamt gesehen ernüchternd und führten sogar dazu, nach Gründen zu suchen, die erklären konnten, warum Bildung tatsächlich keinen oder sogar einen negativen Beitrag zum Wachstum leisten könnte (siehe etwa Pritchett 1995)[3]. Erwähnenswert ist sicherlich auch das vielzitierte Argument, das darauf abzielt, die Kausalität zwischen Humankapitalinvestitionen und Wachstum umzukehren (etwa bei Mincer 1996): Höheres Wachstum erhöht die Investitionen in das Humankapital (über höhere Schulausgaben) und nicht umgekehrt. Untersuchungen über den Zusammenhang zwischen Schulressourcen und Schülerleistungen (siehe etwa Hanushek 1998) zeigen jedoch, dass sich zwischen den beiden Grössen keine direkte oder signifikante Beziehung finden lässt, was darauf hindeutet, dass eine positive Beziehung zwischen Humankapital und Wachstum kausal eher vom Humankapital zum wirtschaftlichen Wachstum läuft. Neueste empirische Untersuchungen zeigen nun, dass sich die in gewissen Studien gefundenen schwachen Beziehungen zwischen Humankapital und Wachstum grundsätzlich einerseits durch die schlechte Datenqualität und andererseits durch Fehlspezifikationen der Daten erklären lassen. De la Fuente und Doménech (2000) weisen anhand eines neu erstellten Daten-

---

3   Augenfällig an diesen Untersuchungen ist, dass speziell für industrialisierte Länder keine positiven Erklärungsbeiträge zum Wachstum gefunden werden konnten.

satzes nach, dass Replikationen der Berechnungen von Barro und Lee (1996) allein durch die Ausmerzung falscher und unplausibler Daten die erwarteten, positiven Zusammenhänge zwischen Humankapitalstock und Wirtschaftswachstum zeigen. Murthy und Chien (1997) wie auch Klenow und Rodríguez-Clare (1997) zeigen in ihren Untersuchungen, dass die Definitionen des Humankapitalstocks häufig tertiäre und weitere Formen der Ausbildung vernachlässigen und ein Einschluss dieser Bildungsinvestitionen wiederum positive Beziehungen zwischen Humankapital und Wachstum aufzuzeigen erlaubt. Letztlich zeigen Hanushek und Kim (1995) und Hanushek und Kimko (2000), dass eine Operationalisierung der Bildungsqualität mittels Schülertestdaten einer rein quantitativen Betrachtung von Beschulungsquoten und Bildungsabschlüssen überlegen ist und auch die erwartete, positive Beziehung zwischen Humankapital und Wachstum zeigt. Aufgrund dieser neuen Studien kann man also vorläufig weiter davon ausgehen, dass sich eine öffentliche Investition in Bildung über die positiven Externalitäten und die positive Wirkung auf das Wirtschaftswachstum rechtfertigen lassen.

Verteilungs- und Umverteilungsfragen

Neben der mikro- und makroökonomischen Sichtweise, die mit dem Argument der positiven Externalitäten für eine öffentliche Finanzierung von Bildung spricht, existiert auch eine Argumentationslinie, die sich auf Verteilungs- und Umverteilungsfragen konzentriert.[4]

---

4   Nicht behandelt werden hier Fragen, wie die Wahl der Steuerungsinstrumente (zentralistisch vs. dezentral) oder wie die Wahl von Finanzierungsinstrumenten (Bildungsgutscheine vs. Schulfinanzierung) die Verteilung von Einkommen beeinflusst. Solche Fragen untersuchten etwa Glomm und Ravikumar (1994) und Bearse et al. (1999a, b). Glomm und Ravikumar untersuchten in einem Mehrgenerationenmodell, inwiefern die Einführung eines Bildungsgutscheinsystems im Vergleich zu einer herkömmlichen Finanzierung über die Schulen die Einkommensverteilung beeinflussen würde. Sie kamen dabei zum Schluss, dass es bei Bildungsgutscheinen in einer ersten Phase zu einer ungleicheren Einkommensverteilung käme, auf lange Frist aber eher eine gleichmässigere Verteilung resultieren würde. Bearse et al. (1999a) bestätigten die Resultate des früheren Papiers weitgehend, fanden aber, dass ein Bildungsgutscheinsystem schlechter abschneide, was das Gesamtniveau der Bildungsinvestitionen und der Verteilung anbelangt, als ein dezentrales Finanzierungssystem, das über die Institutionen läuft. Hingegen sei ein Bildungsgutscheinsystem immer noch besser als eine zentralistische Steuerung der Bildungsfinanzen und -ressourcen. In einer Anwendung auf das polnische Bildungssystem (Bearse et al. 1999b) schneidet dann das Bildungsgutscheinsystem mit Bezug auf die Verteilung von Bildungs*leistungen* auf die Bevölkerung am schlechtesten ab (ungleiche Verteilung). Es muss aber angemerkt werden, dass die Modellsimulationen mit

Selbst wenn man davon ausgehen könnte, dass keine Externalitäten bestehen, würde ein Marktmodell keine optimale Nachfrage nach Bildung garantieren. Die Investitionsbereitschaft der Bildungsnachfrager hängt auch noch von den finanziellen Möglichkeiten der Eltern ab, die diese Bildung finanzieren müssen. Ein reines Marktmodell würde deshalb neben der suboptimalen Investition in Bildung auch zu einer sehr spezifischen (sozial ungerechten, aber auch ökonomisch nicht effizienten) Verteilung des Humankapitals auf jene führen, die sich die Bildung leisten können. Dem wird entgegengehalten, dass dies nicht der Fall sein muss, da ja die Bildungsnachfrager sich auf dem Kreditmarkt verschulden und mit den späteren höheren Löhnen diese Schulden wieder zurückzahlen könnten. Dies würde wiederum voraussetzen, dass sich funktionierende Kreditmärkte finden liessen, die diese Finanzierung auch übernähmen. Verschiedene Untersuchungen zeigen, dass solche Märkte nicht vollkommen sind und sich Eltern oder Bildungswillige durchaus mit erheblichen Kreditrestriktionen konfrontiert sehen (siehe etwa Acemoglu 1996). Wenn die Kreditmärkte diese Finanzierungsfunktion nicht erfüllen, dann bliebe noch die Möglichkeit, dass der Staat gezielt nur einkommensschwache Bildungsnachfrager unterstützen würde, um den unerwünschten Verteilungseffekt zu verhindern. Damit könnte zwar verhindert werden (allerdings verbunden mit administrativen Kosten), dass man bei der Nachfrage nach Bildung gewisse Kreise ausschliesst; dass aber auch diese Politik nicht unbedingt das Ziel erreicht, zeigen die folgenden Überlegungen.

In einem neuen, theoretischen Aufsatz argumentiert Gradstein (1999; siehe auch Gradstein & Justman 2000), dass neben Externalitäten und Verteilungsfragen auch *Umverteilungsfragen* (in einer Mehrgenerationenbetrachtung) ein entscheidendes Argument zugunsten einer öffentlichen Finanzierung von Bildung sein können. Diese Umverteilungsfragen spielen in diesem Ansatz eine Rolle, weil sie die Bereitschaft der Eltern (erste Generation), in das Humankapital ihrer Kinder (zweite Generation) zu investieren, beeinflussen. Für den Fall, dass die erste Generation die Ausbildung der zweiten Generation privat finanzieren müsste, kann folgendes abgeleitet werden. Investitionen, gerade auch weil sie mit Risiko behaftet sind, müssten, falls sie rentabel sein sollen, auch entsprechende Erträge abwerfen. Mit anderen Worten: als Pendant zu einer privaten Finanzierung von Bildung müsste eine relativ grosse Einkommensvariabilität in der zweiten Generation zu beobachten sein; ansonsten würden sich Investitionen in Humankapital nicht lohnen.

kalibrierten Daten verschiedene potenzielle Effekte einer Einführung von Bildungsgutscheinen ausser Acht lassen, wie etwa Effizienzsteigerungen aufgrund von vermehrtem Wettbewerb.

Gradstein geht in einem Zweigenerationenmodell von der durchaus realistischen Annahme aus, dass die erste Generation, die vor der Frage steht, wieviel sie in die Ausbildung der zweiten Generation investieren will, nur einen beschränkten politischen Einfluss darauf hat, wie die Einkommensverteilung in der zweiten Generation ausgestaltet sein wird. Dies wird mit hoher Wahrscheinlichkeit dazu führen, dass die höhere Einkommensvariabilität in der zweiten Generation zu einem politischen Druck auf mehr Einkommensumverteilung führen wird. Dies wiederum würde die Rentabilität der Investitionen in Bildung zerstören. Wenn man nun davon ausgeht, dass die erste Generation vor ihrem Investitionsentscheid die Umverteilung in der zweiten Generation erwartet, würde sie sich dafür entscheiden, weniger in das Humankapital ihrer Kinder zu investieren.

Verglichen mit der Situation bei einer privaten Finanzierung von Bildung würde eine öffentliche Finanzierung von Bildung eine tiefere Einkommensvariabilität und somit auch einen geringeren Druck zu nachfolgenden Umverteilungen ergeben. Eine suboptimale Investition in Bildung würde verhindert und mehr Humankapital würde akkumuliert.

Diese zusätzliche Erklärungsvariante, warum eine öffentliche Finanzierung von Bildung aus rein ökonomischer Sicht sinnvoll sein mag, erklärt auch, warum etwa das stark verbilligte oder kostenlose staatliche Angebot von Bildung für alle auch einer privaten Finanzierung mit einer zusätzlichen, gezielten Subventionierung von einkommensschwachen Eltern überlegen ist. Auch eine solche Subventionierung würde zu einer suboptimalen Investition in Bildung führen, da auch in diesem Fall alle Eltern davon ausgehen müssten, dass aufgrund des hohen privaten Anteils an der Bildungsfinanzierung eine stärkere Umverteilung in der zweiten Generation stattfinden müsste, von der wiederum alle Investitionen in Humankapital betroffen wären.

Wieviel staatliche Bildungsfinanzierung ist gerechtfertigt?

Aus der mikro- wie auch der makroökonomischen Sicht und mit Verteilungs- und Umverteilungsargumenten lassen sich durchaus Gründe für eine Beteiligung der Allgemeinheit an Bildungsausgaben finden. Die Frage, wie hoch diese Beteiligung ausfallen und ob sie auf allen Stufen des Bildungssystems gleich hoch sein soll, ist damit jedoch noch nicht geklärt. Obwohl auch unter Ökonomen häufig ein breiter Konsens darüber zu erkennen ist, dass man die Grundausbildung vollständig öffentlich finanzieren müsste, während jede weitere Ausbildung mit aufsteigendem Grad eine abnehmende öffentliche Beteiligung aufweisen sollte, sind Argumente für diese Sichtweise dünn gesät. Auf mikroökonomischer Ebene sehen wir gerade in der Schweiz, dass die privaten Bildungsrenditen auf tertiärer Stufe nicht darauf schliessen lassen, dass der Bildungsnachfrager sich auf Kosten der Allgemeinheit einen finanziellen Vorteil verschaffen kann (siehe Wolter & Weber, 1999b). Auf makroökonomischer Ebene hatten zwar frühere Resultate, vor allem von Barro, den Eindruck erweckt, es würden nur die Investitionen in die Grundausbildung einen Beitrag zum Wachstum liefern und somit eine öffentliche Finanzierung rechtfertigen. Die neueren Forschungsarbeiten, die oben erläutert wurden, lassen jedoch auch an dieser Aussage Zweifel aufkommen. Allerdings muss man feststellen, dass das Wissen über die Entscheidungsprozesse bei Bildungsnachfragern und über ihre Reaktionen bei Veränderungen der Entscheidparameter beschränkt ist. Aus einer Längsschnittuntersuchung aus Schweden (Fredriksson 1997) wissen wir, dass eine starke negative Beeinflussung der privaten Bildungsrenditen für Universitätsstudenten zu einem Einbruch bei den Neueinschreibungen an den schwedischen Universitäten geführt hatte. Wolter (2000) zeigt in einer Pilotuntersuchung zu den Lohnerwartungen von Studenten, dass diese zwar im Schnitt ziemlich realistisch den heutigen Stand des Lohngefüges reflektieren, jedoch mit einer ziemlich grossen Unsicherheit behaftet sind, die das Risiko einer Investition in Bildung verdeutlicht. Es ist deshalb davon auszugehen, dass bei einer Bildungsnachfrageentscheidung die bekannten realen Kosten einer Ausbildung immer stärker ins Gewicht fallen werden als die zeitlich weit entfernten und mit einer grossen Unsicherheit behafteten Erträge. Dies wiederum hat zur Folge, dass damit zu rechnen ist, dass Veränderungen in der Kostenbeteiligung an Bildung durchaus ihre Reaktionen bei der Bildungsnachfrage hervorrufen, d. h. dass diese sensitiv darauf reagiert.[5] Angesichts der schwer vorhersehbaren Reaktionen in der Bildungsnachfrage tendieren wir dazu, zumindest im Bereich der Volksschulbildung bis und mit der Tertiärstufe dafür zu plädieren, eine staatliche Finanzierung vorzusehen, von der nur in begründeten Fällen abzuweichen wäre.[6] Solche müssten aber immer im Kontext der Interdependenzen von Bildungssystem, Arbeitsmarkt, Steuersystem und Aussenpolitik[7] untersucht werden. Bislang leiden nämlich die meisten Vorschläge im Bereich von Bildungsreformen daran,

---

5   Bei den Erträgen ist allerdings nicht nur an den Lohn zu denken. In Frankreich zeigten Untersuchungen, dass nach einem Einbruch bei den Bildungsrenditen die Studentenzahlen nicht zurückgingen, weil gleichzeitig die stark steigende Arbeitslosigkeit dazu geführt hatte, dass eine akademische Ausbildung einen ziemlich wichtigen Ertrag in Form einer privaten Versicherung gegen Stellenverlust generierte.
6   Zu individuellen Bildungskosten auf der Tertiärstufe siehe Anhang 6.
7   Insbesondere die internationale Dimension von solchen Entscheiden wird häufig auf das sträflichste vernachlässigt. Gerade gut qualifizierte Arbeitskräfte gehören zu den mobilsten

dass sie die Interaktionen mit anderen Systemen oder Märkten teilweise oder ganz ausblenden.

Was die Erwachsenen- und Weiterbildung anbelangt, so sind da die Überlegungen in einem leicht anderen Kontext zu sehen; wir verweisen deshalb auf Kapitel 6.

Produktionsfaktoren und wichtigsten Komponenten der Wettbewerbsfähigkeit einer modernen Volkswirtschaft. Da die Wahlentscheide bezüglich des Studienortes (am ausgeprägtesten bei Nachdiplomstudien) und des Wohn- und Arbeitsortes immer stärker von den Standortbedingungen determiniert werden, müssten nationale politische Entscheide auch vermehrt auf diese internationale Dimension Rücksicht nehmen. «Brain drain», das Abfliessen von Humankapital aus einem Land in ein anderes, ist längst nicht mehr ein ausschliessliches Phänomen in Drittweltstaaten, wie statistische Erhebungen zu den Abwanderungen von Akademikern aus Kanada nach den USA zeigen.

Bildungsfinanzierung zwischen Markt und Staat

2. MARKT IM BILDUNGSWESEN

Im ersten Kapitel wurden Gründe erläutert, die eine staatliche Finanzierung von Bildung rechtfertigen, da eine rein marktmässige Lösung vor allem eine suboptimale Höhe der Investitionen in Bildung und Probleme bei der Verteilungsgerechtigkeit verursachen würde (Marktversagen). Das Vorhandensein von Marktversagen bedeutet aber noch lange nicht, dass Bildung ausschliesslich durch den Staat angeboten und finanziert werden sollte. Beim staatlichen Bildungsangebot ist auch ein *Staatsversagen* zu befürchten, welches marktwirtschaftliche Elemente bei der Bereitstellung von Bildung rechtfertigt. [8]

An einem rein staatlichen Bildungssystem gibt es aus ökonomischer Sicht zwei Hauptkritiken:

1) Die *Effizienzkritik,* die auf der ökonomischen Analyse von Monopolen und monopolistischem Verhalten basiert. Sie besagt, dass bei rein staatlicher Versorgung die Anbieter nicht zu den tiefstmöglichen Preisen herstellen und anbieten. Bei einem rein staatlichen Bildungsangebot ist der Staat ein monopolistischer Anbieter, der – nach ökonomischer Analyse – durch überhöhte Preise volkswirtschaftliche Wohlfahrtsverluste verursacht (z. B. Chubb & Moe 1990; West 1997). [9] Nur der Wettbewerb unter verschiedenen Anbietern würde gewährleisten, dass alle Anbieter kostenbewusst produzieren [10], da Pro-

---

[8] Trotz des hohen Öffentlichkeitsgrades der Bildung, den wir in Kapitel 1 unterstellt haben, sind auch private Erträge die Folge von Bildungsinvestitionen, und diese rechtfertigen eine teilweise private Beteiligung an den Bildungskosten. Die Höhe dieser Beteiligung hängt wiederum von der Bildungsstufe und den Rahmenbedingungen ab, die durch den Arbeitsmarkt, die Steuergesetzgebung u. a. gegeben sind.

[9] Hanushek (1986) kam zum Schluss, dass öffentliche Schulen ineffizient produzieren, weil sie Ressourcen für Inputs aufbringen, die den Output nicht beeinflussen. Chubb und Moe (1988) und West (1991) stellen eine mangelnde Effizienz und Effektivität fest, die auf das Fehlen einer sozialen Kontrolle und den mangelnden Druck im öffentlichen Sektor zurückgeführt wird. Chubb und Moe (1988) fanden zudem, dass private Schulen einfachere Strukturen durch weniger einschränkende Verwaltungen, Schulleitungen und Eltern aufweisen. Zudem würden Lehrer mehr Verantwortung tragen (auch durch den Einbezug in die Schulpolitik) und motivierter unterrichten, klarere Ziele haben und diese auch klarer kommunizieren.

[10] «... in 'The Wealth of Nations' ... [Adam] Smith reasoned that if the state paid all of the costs, the teacher ... would soon learn to neglect his business ...» (Levin 1992a, im Zweitabdruck von 1997 in Cohn, S. 30).

duzenten, die dies nicht tun, mangels Nachfrage entweder aus dem Markt ausscheiden würden oder ebenfalls ihre Effizienz steigern müssten. Private Bildungsanbieter würden also staatliche Monopolpreise (bei gleicher Bildungsqualität) unterbieten (einige Indizien sprechen dafür, dass private Schulen, die dem Wettbewerb ausgesetzt sind, tatsächlich kostengünstiger produzieren[11]), und entsprechend müssten die staatlichen Schulen billiger oder besser werden, wenn sie im Wettbewerb bestehen wollen. Staatsversagen führt in diesem Fall zu einer *produktiven* Ineffizienz. Als Haupthindernis für kostengünstige Strukturen im staatlichen Bildungswesen stellt sich dabei die heutige aufwandorientierte Finanzierung heraus, denn damit bestehen keine Anreize, kostenminimierend Bildung bereitzustellen. Das Bildungswesen wird – auch mangels überzeugender Outputkriterien – in der Regel über den Input gesteuert. Dieser Finanzierungsmodus ist, sofern keine Konkurrenz unter den Anbietern besteht, aus ökonomischer Sicht ineffizient.

2) Die *Nutzenkritik* geht davon aus, dass bei einem monopolistischen Angebot auf die unterschiedlichen Präferenzen der Nachfrager nicht Rücksicht genommen wird, was ebenfalls zu Wohlfahrtsverlusten führt. Weil die unterschiedlichen Konsumentenpräferenzen vernachlässigt werden und alle Konsumenten unabhängig von ihren Präferenzen einem uniformen Bildungsangebot gegenüberstehen, führt dies für den Nachfrager zu einem Nutzenverlust, da er bei einem differenzierten Angebot eines hätte finden können, das ihm persönlich einen grösseren Nutzen versprochen hätte. Das Staatsversagen führt hier im Unterschied zu Punkt 1 zu einer *allokativen* Ineffizienz.

Aus den obigen Ausführungen wird klar, dass berechtigte Befürchtungen bestehen können, das heutige, staatlich dominierte Bildungswesen erreiche bezüglich Berücksichtigung der Konsumentenpräferenzen (Wahlmöglichkeiten) und der ökonomischen, produktiven Effizienz des Systems, seine Ziele wahrscheinlich zu wenig gut. Wie können nun die Probleme, die durch Staatsversagen im Bildungswesen hervorgerufen werden, beseitigt werden, ohne gleichzeitig das Entstehen von Marktversagen befürchten zu müssen?

---

11 Dies ist so zu verstehen, dass private Schulen auch dann kostengünstiger produzieren, wenn sie mit dem gleichen Ressourceneinsatz bessere Schülerleistungen hervorbringen (siehe vor allem auch Kapitel 4, «Effizienz und Effektivität»).

Einerseits kann man versuchen, diese Fragen weiterhin in einem ausschliesslich staatlichen Rahmen anzugehen (siehe Abbildung 3), oder aber Marktelemente in das Bildungswesen einführen.

Abbildung 3: Möglichkeiten der Behebung von Staatsversagen		
Akteur	(produktive) Effizienz	Wahlmöglichkeit (allokative Effizienz)
Staat	«öffentliche Steuerung»/ («public choice»)	«public choice» [12]
Markt	«private Steuerung»/ «market choice»	«market choice» («Quasi-Märkte»)
Quelle: eigene Darstellung		

In einem staatlichen Rahmen kann man die Effizienzprobleme, dort wo diese diagnostiziert werden, durch Instrumente der Bildungssteuerung zu minimieren oder auszuschalten versuchen (zur öffentlichen Steuerung oder «public governance», vgl. Levin 1992b). Dies kann durch eine Dezentralisierung der Steuerung erfolgen[13], eine Reduktion der Entscheidstufen, oder die Einführung von Anreizstrukturen für vermehrte Bildungsinnovationen, etwa mit leistungsabhängigen Lehrerlöhnen. Ob der Staat selbst für eine maximale Effizienz des Systems sorgen kann, ist umstritten (siehe etwa Brandl 1998) und wird von den meisten Ökonomen skeptisch beurteilt. Mit Rückgriffen auf die Bürokratietheorie (siehe etwa Williamson 1989) oder auf die ökonomische Theorie der Anreize (siehe etwa Laffont 2000) kann erklärt werden, warum der Selbstregulierungsfähigkeit des staat-

---

12 Im Gegensatz zu den Modellen der «market» oder «private choice» wie dem Bildungsgutschein, zeichnet sich die Form der «public choice» dadurch aus, dass weiterhin die Schulen direkt vom Staat finanziert werden und nicht über die Nachfrager und dass das Curriculum in allen Schulen stark durch gemeinsame Inhalte geprägt ist, die den sozialen Zusammenhalt garantieren sollen. Gleichzeitig besteht eine gewisse Freiheit bezüglich der Art und Weise, wie diese Lernziele erreicht werden sollen. Neben dem «open enrollment» zählen auch «school-site governance», «schools of choice», «mini-schools», «post-secondary options», «mini-vouchers» und «private contractors» zu den Formen der «public choice», sie werden hier aber nicht weiter erläutert (siehe Levin 1992a).

13 Für eine Übersicht über die aktuellsten Reformen und Projekte in der Schulsteuerung für Deutschland siehe (Brockmeyer 1999), für Österreich (Altrichter 1999) und für die Schweiz (Oggenfuss 1999).

lichen Systems Grenzen gesetzt sind. Auch Wahlfreiheit kann in einem rein staatlichen System ansatzweise eingeführt werden, wobei hiermit lediglich die Wahl zwischen staatlichen Schulen gemeint ist («public choice»). Von einer solchen Wahlfreiheit kann man sich gleichzeitig gewisse positive Effekte auf die Effizienz des Gesamtsystems erhoffen, wobei diese eingeschränkter Natur sind, da das Gebot der Gleichbehandlung und der Chancengleichheit eine zu grosse Varianz unter Staatsschulen nicht erlauben würde (siehe auch den Abschnitt «Equity» im Kapitel 4).

Die andere Möglichkeit, Formen des Staatsversagens zu beheben oder zu mindern, ist die Übertragung von Entscheidfunktionen auf den Markt, spezifischer auf den Nachfrager von Bildungsleistungen. Bildungsnachfrager haben die in der politischen Ökonomie bekannten zwei Strategiemöglichkeiten, ihren Einfluss geltend zu machen: «exit» und/oder «voice» (vgl. Hirschman 1970). Eine eingeschränkte Form der Übertragung von Einflussmöglichkeiten wäre die Einführung oder Stärkung der direkten Mitbestimmungsrechte der Nachfrager («voice») bei der Schulsteuerung (private Steuerung oder «private governance»). Die *private Steuerung* unterscheidet sich von der oben erwähnten *öffentlichen Steuerung* dadurch, dass der Einfluss nicht über gewählte Vertreter (etwa Schulkommissionen) erfolgt[14], sondern der Nachfrager direkt (etwa vertraglich, wie bei den Charter-Schulen, siehe den entsprechenden Abschnitt im Kapitel 3) Rechte zugesprochen erhält. Diese Form der Steuerung über den Nachfrager kann mit oder ohne Schulwahlmöglichkeiten erfolgen, im letzteren Fall (nur «voice») wird damit aber der Wohlfahrtsverlust, der aus der eingeschränkten Wahlmöglichkeit entsteht, nicht behoben.

Die nachfragerorientierte Bildungsfinanzierung setzt nun bei der *Exit*-Strategie, d. h. der Wahlmöglichkeit an. Sie überträgt dem Nachfrager ein Maximum an Marktmacht (Straubhaar & Winz 1992, S. 111), ohne dabei in die Falle des Marktversagens zu geraten, weil die Kaufkraft des Nachfragers, ohne die die Marktmacht nicht möglich wäre, ihm durch die Öffentlichkeit verschafft wird. Man spricht auch von der Subjekt- anstelle der Objektfinanzierung, weil die Mittel zur Finanzierung nicht mehr direkt den Schulen (Objekt) zufliessen, sondern den Nachfragern (Subjekt), die sich damit die schulischen Leistungen erkaufen. Die staatliche Finanzierung der Bildung wird aufrecht erhalten, aus der Sicht der An-

---

14 Natürlich bestehen auch im staatlichen Schulwesen direkte Einflussmöglichkeiten seitens der Eltern auf die Schulgestaltung. Diese Rechte sind aber in der Regel stark limitiert und unterscheiden sich lokal erheblich. Für eine Übersicht über die Eltern-Schule-Beziehungen in der Schweiz siehe Cusin (2000).

bieter ist diese nun aber indirekt, weil sie nicht über den Bezahlenden (Staat) erfolgt sondern über den Nachfrager von Bildungsleistungen.

Mit der Möglichkeit der freien Schulwahl («private choice») sollten sich sowohl die produktive wie auch die allokative Effizienz des Bildungswesens verbessern lassen. Bei einer Wahlmöglichkeit ist die direkte Einflussnahme auf die Schulsteuerung («voice») nicht mehr unbedingt notwendig; Anbieter, deren Angebot dem Nachfrager nicht passt, können einfach umgangen werden. Die Anbieter haben den Anreiz, jene schulischen Angebote zu erstellen, die nachgefragt werden. Marktmacht für die Nachfrager heisst in diesem Fall vor allem Sanktionsmacht durch Nicht-Konsum («exit») bei einem bestimmten Anbieter.

Im Gegensatz zu einem richtigen Markt werden aber bei der nachfragerorientierten Bildungsfinanzierung auf gewisse Marktelemente verzichtet, damit kein Marktversagen an die Stelle des Staatsversagens tritt. So ist der Preis als Koordinationsinstrument von Angebot und Nachfrage eingeschränkt (aufgrund sozialpolitischer Überlegungen), und auch die Erbringung des Angebotes unterliegt ausser den Wünschen der Nachfrager auch weiterhin gemeinschaftlichen Anforderungen (Bildung als quasi-öffentliches Gut), die durch die Bildungspolitik und -bürokratie festgelegt und überwacht werden. Weil die Steuerung des Bildungswesens in diesem Fall sowohl Elemente einer staatlichen wie einer Marktsteuerung aufweist («hybrides Steuerungssystem», siehe Weiss 2000, S. 3), wird der Bildungsmarkt in diesem Fall als «Quasi-Markt» bezeichnet. Als zentrales Element der Marktsteuerung bleibt in einem Quasi-Markt die Wahlmöglichkeit für den Nachfrager bestehen.

Die Wahlmöglichkeit ist in einem Quasi-Markt zwar eine notwendige, aber noch nicht hinreichende Bedingung dafür, dass sich der erhoffte Wettbewerb auch einstellt. Wie übrigens auch in anderen Märkten, sind weitere Staatseingriffe notwendig, damit der Quasi-Markt auch funktioniert (siehe auch Weiss 2000, S. 3–5):

1. *Der Bildungsnachfrager muss überhaupt aus einem differenzierten Angebot auswählen können.* Erstens ist die ortsgebundene Produktion von Bildungsleistungen ein potenzielles Hinderniss. Die Anbieter können sich somit im Extremfall trotz theoretischer Wahlmöglichkeit der Nachfrager eine Monopolstellung erhalten. Der Staat muss deshalb ins Auge fassen, auch Transportkosten und nicht nur Schulgebühren zu vergüten. Zweitens ist nicht sicher, dass die Anbieter auch spezielle Angebote für Nachfrager anbieten, deren Marktmacht durch ihre geringe Zahl eingeschränkt ist (Schüler mit speziellen Bedürfnissen, etwa wegen Behinderungen). Der Staat muss in diesem Fall spezifische Anreize für spezielle Schulangebote schaffen, etwa dadurch, dass

er spezifisch die finanzielle Nachfragermacht von Nachfragern stärkt, die spezielle Bedürfnisse haben (etwa durch Bildungsgutscheine mit einem höheren Nennwert).

2. *Der Wettbewerb muss für die Anbieter im positiven wie im negativen Sinne spürbar sein,* damit er seine Anreizwirkung entfalten kann. Dies wird am ehesten dadurch erreicht, dass der finanzielle Mehrertrag bei einem zusätzlichen Schüler über den Grenzkosten liegt. Für den Anbieter, der Schüler verliert, heisst dies umgekehrt, dass er grössere finanzielle Einbussen erleidet als ihm Kosteneinsparungen durch weniger Schüler möglich sind.

3. *Die Schulen müssen über genügend Freiheitsgrade verfügen, um überhaupt auf Marktsignale reagieren zu können.* Dies bedeutet, dass die Vorschriften der Bildungsverwaltung zur Reglementierung der Leistungserstellung zurückhaltend sein müssen. Gleichzeitig bedeutet dies auch, dass man unterschiedliche Schulresultate bis zu einem gewissen Grad tolerieren muss, auch wenn diese Variabilität gewisse Equity-Ziele (siehe den entsprechenden Abschnitt im Kapitel 4) verletzen kann.

4. *Die Nachfrager müssen über Informationen verfügen, die ihnen eine Diskriminierung der Angebote überhaupt ermöglichen.* Soweit die Anreizmechanismen des Wettbewerbs nicht schon dafür sorgen, dass Anbieter und Nachfrager selbst Informationstransparenz schaffen, muss der Staat eine Infrastruktur zu ebendiesem Zweck erstellen oder die Anbieter und Nachfrager zu einer solchen verpflichten.

Wenn alle diese Bedingungen erfüllt sind, bestechen Quasi-Markt-Lösungen dadurch, dass sie in einem System die Vorteile von Marktregulierung und Staatseingriffen so zu kombinieren versuchen, dass das Erreichen der Bildungsziele (siehe Kapitel 4) optimiert wird.

3. MIT WELCHEN INSTRUMENTEN SOLL UND KANN DIE ÖFFENTLICHKEIT DIE BILDUNG FINANZIEREN?

In diesem Kapitel widmen wir uns den Instrumenten, mit welchen die nachfragerorientierte Bildungsfinanzierung in einem Quasi-Markt erfolgen kann. Bevor wir uns aber konkret mit den Finanzierungsinstrumenten befassen, muss darauf hingewiesen werden, dass der Staat ja nicht nur mittels öffentlicher Finanzierung in das Bildungswesen eingreift, sondern ebenso stark über die Bereitstellung eines eigenen Bildungsangebotes. Um die beiden Instrumente nicht in einer unzulässigen Art und Weise zu vermischen, wie dies nur allzu häufig getan wird, wenden wir uns deshalb kurz dem Bildungsangebot zu und seiner Beziehung zur Bildungsfinanzierung.

Bildungsangebot und Bildungsfinanzierung

Wie Abbildung 4 zeigt, kann die Öffentlichkeit bezüglich dieser beiden Eingriffe sowohl beides gleichzeitig tun (Zelle 1), nur eines von beidem (Zellen 2 und 3) oder gänzlich auf einen Eingriff verzichten (Zelle 4). Wie die Erklärungen zu den Zellen zeigen, kann dies in ein und demselben Bildungssystem gleichzeitig geschehen. Staatliche Eingriffe in das Bildungssystem bedingen deshalb nicht, dass eine spezifische Kombination der beiden Instrumente automatisch vorgegeben ist. Dies bedeutet wiederum, dass die Bildungsfinanzierung und die Bereitstellung eines öffentlichen Bildungsangebotes auch getrennt analysiert werden können und müssen.

Obwohl das Thema dieses Buches die Bildungsfinanzierung ist, werden wir nicht umhin können, in den einzelnen Abschnitten auch die öffentliche Bereitstellung eines Bildungsangebotes zu thematisieren (siehe auch Kap. 4). Die weiteren Kapitel werden auch zeigen, dass in der Literatur eine getrennte Darstellung dieser beiden staatlichen Eingriffe gar nicht oder nur unzureichend vorgenommen wird, was die Analyse der Aussagen erheblich erschwert.

Abbildung 4: Bildungsfinanzierung und Bildungsangebot

| | | Finanzierung | |
		öffentlich	privat
Produktion Angebot	öffentlich	1	2
	privat	3	4

Quelle: nach Whitty & Power 2000a, S. 94

Beispiele für die einzelnen Kombinationen (Zellen) von staatlichem und privatem Bildungsangebot und öffentlicher und privater Finanzierung von Bildung aus der schweizerischen Bildungslandschaft:

Fall 1: Im obligatorischen Schulbereich bis und mit Sekundarstufe II und dem universitären Tertiärbereich in der Schweiz vorherrschend.

Fall 2: Öffentlich hergestellte Bildung, die teilweise (etwa über Semestergebühren an Universitäten) oder ganz durch Private bezahlt wird. Ein vollständig privat finanziertes öffentliches Angebot ist im Bildungswesen allerdings eher selten anzutreffen.

Fall 3: Kommt vereinzelt da vor, wo private Bildungsinstitutionen staatliche Unterstützung (Subventionen) erhalten oder die Bildungsnachfrager einen Teil ihrer Bildungskosten rückerstattet erhalten (etwa auch durch Steuerabzugsmöglichkeiten). Geschieht in einigen Kantonen, die eine teilweise Subventionierung von Privatschulen kennen.

Fall 4: Am meisten verbreitet in der Erwachsenen- und Weiterbildung. Sowohl die Bildungsanbieter wie in der Regel auch die Finanzierung der Bildung sind privater Natur.

Das Zusammenspiel zwischen Bildungsfinanzierung und -angebot kann noch differenzierter dargestellt werden (siehe Abbildung 5), wenn man berücksichtigt, wie die Entscheidungsprozesse bei der Angebotserstellung aussehen. Hier unterscheidet man nicht nur danach, wer das Angebot erstellt, sondern auch danach, wer darüber entscheidet, wie, wann, wo und was produziert wird. Auf das Bildungswesen angewandt, könnte man einerseits die beiden Extremfälle 1a (rein öffentlicher Sektor, entspricht der Zelle 1 in Abbildung 4) und 4b (vollkommen freier Markt, entspricht der Zelle 4 in Abbildung 4) unterscheiden. Im ersten Fall handelt es sich etwa um ein staatliches Schulsystem, dessen Angebot vom Staat erstellt und bezahlt wird und wo die Entscheidungen über die Ausgestaltung des Angebotes auch in der Hand der Öffentlichkeit liegen und nicht in jener des einzelnen Nachfragers. Im zweiten Extremfall wären Anbieter und Nachfrager völlig ohne Staatseingriffe tätig, das Bildungsangebot würde nur von Privatschulen erbracht und alle Bildungsleistungen müssten ausschliesslich privat bezahlt werden. Diese Form von Bildungsangebot und -finanzierung ist, wie schon erwähnt, in der Erwachsenenbildung der Regelfall.

Abbildung 5: Bildungsangebot und -finanzierung

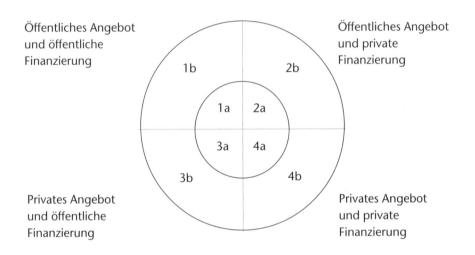

Öffentliches Angebot und öffentliche Finanzierung

Öffentliches Angebot und private Finanzierung

Privates Angebot und öffentliche Finanzierung

Privates Angebot und private Finanzierung

Quelle: nach Burchardt et al. 1999, siehe auch Whitty & Power 2000a, S. 96

Schlüssel

Innerer Kreis – öffentliche Entscheidung

1a Rein öffentliche Dienstleistungen (etwa staatliches Schulwesen auf der Primar- und Sekundarstufe I).

2a Öffentliche Dienstleistungen, die durch die öffentliche Hand beschlossen werden und mit Benutzergebühren finanziert werden (etwa staatlicher Fernsehsender mit Gebühren). Im Bildungsbereich in der Regel nur in gemischter Finanzierungsform (staatlich/privat) beobachtbar.

3a Von der Öffentlichkeit bei privaten Anbietern in Auftrag gegebene oder von der Öffentlichkeit reglementierte Dienstleistungen, die auch von ihr bezahlt werden (insbesondere im New Public Management verbreitet).

4a Privates Angebot, das auch vom privaten Konsumenten bezahlt wird, jedoch staatlichen Regelungen unterliegt. Am häufigsten in Situationen anzutreffen, in denen der Staat die Nachfrager schützen will (Konsumentenschutz).

Äusserer Kreis – private Entscheidungen

1b Öffentliche Dienstleistungen, die mittels öffentlicher Mittel bezahlt werden, bei denen der Nachfrager aber zwischen den verschiedenen staatlichen Anbietern auswählen (etwa mit einem Bildungsgutschein) oder auf den staatlichen Anbieter Einfluss nehmen kann.
2b Öffentliche Dienstleistungen, die vom privaten Konsumenten bezahlt werden. Der Konsument hat aber eine gewisse Entscheidungsmacht über das Angebot. Als Beispiel im Bildungswesen könnte man Nachdiplomstudiengänge an staatlichen Bildungsinstitutionen erwähnen, bei denen die Herstellung der Dienstleistung durch den öffentlichen Bereich erfolgt, die Kosten aber privat finanziert werden. Die Angebotsinhalte werden durch die Nachfrager (mit-)bestimmt, da der Staat hier keine Vorgaben macht.
3b Privates Angebot, welches über Gutscheine, Steuerermässigungen oder Subventionen ganz oder teilweise durch die öffentliche Hand bezahlt wird, ohne dass die Öffentlichkeit auf die Erstellung des Angebotes Einfluss nimmt.
4b Freier Markt.

Betrachtet man das ganze Bildungssystem mit all seinen Bildungsstufen, dann kann man praktisch immer eine Vielzahl von koexistierenden Formen des Angebots und der Finanzierung beobachten; Reinkulturen (sei es 1a oder 4b) sind fast nirgends anzutreffen. Beim staatlichen Angebot haben die Nachfrager häufig Mitspracherechte (Elternräte, Schulkommissionen usw.), in dezentral organisierten Bildungssystemen häufiger als in zentral organisierten. Auch der völlig freie Markt ist im Bildungswesen praktisch nicht anzutreffen. Am ehesten noch gibt es ihn in der Erwachsenen- und Weiterbildung. Dort hingegen, wo von der Primar- bis zur Tertiärstufe private Angebote existieren, unterliegen diese in der Regel staatlichen Regulierungen (4a).

Anhand der in Abbildung 5 gezeigten Kombinationen von Bildungsfinanzierung und Bildungsangebot können auch die Hauptstossrichtungen der laufenden Diskussionen im Bildungswesen (bis und mit Tertiärstufe) klassiert werden (wenn auch nicht immer eindeutig). Auf der Primar- und der Sekundarstufe I beobachten wir eine Tendenz von 1a in Richtung 1b, allerdings nicht in Form der Einführung eines Bildungsgutscheines, sondern im Sinn einer Dezentralisierung der Entscheidungen im Bildungswesen, die teilweise auch mit einer Stärkung der Nachfragermacht einhergeht. Die nachfragerorientierte Bildungsfinanzierung kann nicht eindeutig klassifiziert werden; eine Klassifizierung hängt davon ab, welche Form der Finanzierung man beabsichtigt (siehe nächsten Abschnitt). Durch die nachfragerorientierte Finanzierung werden Formen angestrebt, die in der Abbildung durch die Felder 1b, 3a oder 3b gekennzeichnet sind. Meist wird auch eine Koexistenz der Möglichkeiten in Betracht gezogen. Lösungen im Be-

Bildungsfinanzierung zwischen Markt und Staat

reich 4 sind auch möglich, entsprechen jedoch keinem nachfrageorientierten Finanzierungsmodell, da dieses eine zumindest teilweise öffentliche Finanzierung der Bildung voraussetzt. Bildungspolitische Forderungen im Bereich 2a/2b sind eher selten, höchstens in Form von Forderungen nach einer höheren privaten Beteiligung an den Bildungskosten, die sich aber so in dieser Abbildung nicht zeigen lassen.

Der Bildungsgutschein als Beispiel nachfrageseitiger Bildungsfinanzierung und seine Ausgestaltungsformen

Der Bildungsgutschein ist eine sehr spezifische und gleichzeitig die am meisten diskutierte Form der nachfrageorientierten Bildungsfinanzierung.[15] In seiner allgemeinen und einfachsten Form gibt er allen Eltern von Schülern oder Studenten die Möglichkeit, die Schulgebühren bei einer vom Staat anerkannten Schule bis zu einem bestimmten Betrag mit einem Gutschein zu bezahlen, den man selbst vom Staat kostenlos erhält. Die Rolle des Staates reduziert sich bei einem Bildungsgutscheinmodell auf vier Funktionen: (1) Der Staat emittiert die Bildungsgutscheine für alle schulpflichtigen Kinder; (2) er legt Kriterien für jene Schulen fest, bei denen ein Bildungsgutschein eingelöst werden kann; (3) er betreibt die staatlichen Schulen, sofern das Bildungsangebot nicht rein privat ist, und (4) er sorgt dafür, dass die Marktmechanismen spielen können, indem er die Nachfrager mit den relevanten Informationen über das Angebot versorgt, dafür sorgt, dass die Schulpflicht eingehalten wird, und bei Konflikten zwischen Schulen und Nachfragern eingreift (siehe auch Levin 1992a).

Die Literatur zum Thema der Bildungsgutscheine zeigt schnell, dass auch diese allgemeine Beschreibung eines Bildungsgutscheins unzulänglich, ja teilweise gar falsch ist. Bildungsgutscheinvorschläge unterscheiden sich in vielerlei Hinsicht, so dass von *einem* Bildungsgutscheinmodell gar nicht gesprochen werden kann. Um die Diskussion über den Bildungsgutschein beurteilen zu können, ist deshalb vorgehend eine Typologisierung der verschiedenen Vorschläge ratsam.

---

15 Gutscheine (Vouchers) als marktwirtschaftliches Element in staatlich geprägten Politikbereichen sind nicht auf das Bildungswesen beschränkt. Gutscheine kennen wir auch aus anderen Bereichen wie bspw. der Sozialpolitik, der Agrarpolitik oder der Wohnungsbaupolitik (siehe bspw. Steuerle et al. 2000).

Bildungsgutscheinmodelle können analog dem sogenannten «voucher tree» von Blaug (1984) in Typen eingeteilt werden.[16] Anhand von sechs verschiedenen Dimensionen reduziert Blaug die möglichen Kombinationen auf fünf verschiedene Ausgestaltungsformen. Folgende sechs Ausgestaltungskriterien (Dimensionen) werden von ihm verwendet:

1. *Anwendungsbereich:* limitiert (nur auf bestimmte Schulen) / unlimitiert für alle Bildungsanbieter.
2. *Schulgebühren:* einheitlich (Anbieter müssen alle zu gleichen Preisen anbieten) / kostenabhängig (den Anbietern ist es erlaubt, kostenabhängig unterschiedliche Schulgebühren zu verlangen).
3. *Wert:* Fixer Wert, der alle Schulgebühren abdeckt / «aufstockbar», d. h. wenn die Schulgebühren kostenabhängig sind, muss es den Nachfragern möglich sein, die Differenz zwischen dem Wert des Gutscheins und den Schulgebühren privat zu bezahlen.
4. *Transportkosten:* Im Grundmodell werden nur Schulgebühren entschädigt, in einem erweiterten Modell werden auch Transportkosten vergütet.
5. *Einkommensabhängig:* Das Grundmodell hat für alle Bildungsnachfrager den gleichen Wert; einkommensabhängige Gutscheine steigen mit sinkendem Einkommen im Wert.
6. *Zulassungsbedingungen:* im Grundmodell restriktiv, d. h. die Schulen haben das Recht, Schüler auszuwählen und dementsprechend auch Schüler abzulehnen. Im nicht-selektiven Modell gewährt der Bildungsgutschein Zugang zu allen Schulen, und die Schulen haben einzig das Recht, Schüler abzulehnen, die generelle, bildungsabhängige Zulassungskriterien nicht erfüllen.

16 Es gibt natürlich auch andere Einteilungskriterien. Levin (1992a) etwa unterscheidet drei Kriterien: a) Finanzierung, b) Regulationen und c) Informationen. Unter Finanzierung versteht Levin vor allem den Aspekt des Kostendeckungsgrades, den ein Gutschein aufweist; unter Regulation versteht er den Grad, in welchem der Staat noch regulierend in das Schulangebot eingreift, und unter Information das Ausmass, in dem der Staat die Nachfrager über die Anbieter informiert.

Abbildung 6: Formen des Bildungsgutscheins («voucher tree»)

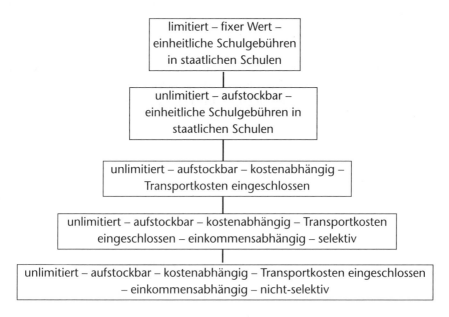

Quelle: Blaug 1984, S. 164

Die erste Ebene umschreibt das einfachste Bildungsgutscheinmodell. Dieser Bildungsgutschein ist in seinem Anwendungsbereich limitiert, also nur in gewissen Schulen einlösbar, er weist einen fixen Wert auf, aber die Schulen, bei denen er einlösbar ist, sind gezwungen einheitliche Schulgebühren zu verlangen. Im umfassendsten Modell ist der Bildungsgutschein unlimitiert auf alle Bildungsanbieter anwendbar, diese dürfen unterschiedliche Schulgebühren erheben, jedoch keine Nachfrager ablehnen, gewisse Transportkosten sind mit dem Gutschein schon abgegolten und der Gutschein weist einen einkommensabhängigen Wert [17] auf, der mit eigenen Mitteln aufgestockt werden kann.

17 Einkommensabhängige Bildungsgutscheine werden im Englischen als «means-tested» bezeichnet. Bearse et al. (1999c) haben in einem Computermodell die Auswirkungen eines Regimewechsels von einem gemischten Bildungssystem (staatlich/privat) zu einem «Means-tested»-Bildungsgutscheinsystem auf die Bildungsausgaben überprüft. Ebenso wurde die politische Zustimmung zu den einzelnen Systemen simuliert. Beim Bildungsgutschein wur-

Eine andere Form der Darstellung der fast unübersichtlich hohen Zahl von möglichen Bildungsgutscheinmodellen reduziert die Typologisierung auf die zwei Dimensionen, die sich in der Praxis als entscheidend herauskristallisiert haben. Dabei handelt es sich um die Möglichkeit für Schulen, selektiv Schüler auszuwählen und nicht genehme Schüler abzulehnen, und um die Höhe des Gutscheinbetrages, relativ zu den Studienkosten (siehe Abbildung 7). Die politische Präferenz für die sich daraus ergebenden Kombinationsmöglichkeiten hängt stark von der bildungs- und sozialpolitischen Tradition eines Landes ab. Länder mit eher egalitärer Ausrichtung würden die Kombination in Zelle 1 präferieren, während Gesellschaften mit einer wettbewerbsorientierten Einstellung und einer höheren Toleranz für soziale und ökonomische Ungleichheiten eher in Richtung der Zelle 4 gehen.

Abbildung 7: Gutscheintypen nach den Kriterien Zulassung und Kostendeckungsgrad

Kostendeckungsgrad	Zulassung	
	nicht-selektiv	selektiv
Studiengebühren sind voll abgedeckt	1	2
Studiengebühren können den Wert des Gutscheins übersteigen	3	4

Quelle: nach Hassel 1998a, S. 39

---

de ein uniformes System (d. h. der Bildungsgutschein hat unabhängig vom Einkommen des Nachfragers den gleichen Wert) und eine «Means-tested»-Version unterschieden. Die Simulation ergibt, dass die «Means-tested»-Version die tiefsten staatlichen Ausgaben für Bildung generiert, jedoch die höchsten durchschnittlichen Bildungsausgaben. Weiter ergaben die Simulationen, dass sowohl «arme» wie auch «reiche» Haushalte die «Means-tested»-Version dem uniformen Bildungsgutscheinmodell wie auch dem ursprünglichen Bildungssystem vorziehen.

Bildungsfinanzierung zwischen Markt und Staat

Die wichtigsten Unterschiede zwischen den einzelnen Kombinationen liegen in den Konsequenzen für a) die Höhe der öffentlichen Bildungsausgaben, b) dementsprechend auch für die private Belastung mit Bildungskosten und somit Verteilungsaspekte und c) für die Unterschiede im Leistungsoutput der einzelnen Schulen.[18]

Die Ursprünge und die Geschichte des Bildungsgutscheins

Die heutige Diskussion um Bildungsgutscheine geht auf die Vorschläge von Milton Friedman (1955 und 1962[19]) zurück. Er gilt denn heute auch als geistiger Vater der Idee, obwohl ähnliche Ideen davor oder kurz danach von anderen Autoren beschrieben worden sind. Friedmans Modell des Bildungsgutscheins kann nicht genau in die Einteilung von Blaug eingestuft werden. Es ähnelt der dritten Stufe bei Blaug, mit dem Unterschied, dass eine Transportkostenvergütung nicht vorgesehen und der Zugang zu den Schulen nicht-selektiv war. Ebenso schlug er einen Gutscheins von einheitlichem Wert vor; dieser sollte also nicht einkommensabhängig sein. Kurz nach Friedman kamen in Grossbritannien Vorschläge von Peacock und Wiseman (1964) und West (1967), die der fünften Stufe bei Blaug entsprachen. Der vorläufig letzte theoretische Plan folgte in den USA dann von Clune et al. (1971). Etwa zur gleichen Zeit kam von Jencks (1970) der erste Vorschlag für die experimentelle Einführung eines Bildungsgutscheins. Dieses Experiment «Alum Rock» wurde dann in Nord-Kalifornien durchgeführt. Der erste Einsatz eines Bildungsgutscheines war nicht nur geographisch beschränkt, sondern auch was seine Ausgestaltung anbelangte. Auch die weiteren Versuche, Bildungsgutscheine einzusetzen (siehe Kap. 5), waren gleichermassen begrenzte Ver-

---

18 In der Produktion von Bildungsgütern sind sowohl die Schulen wie auch die Schüler selbst in die Produktion involviert. In der Literatur wird davon gesprochen, dass die Schüler sogenannte «Mitproduzenten» seien. Aus diesem Grund sind Schulen, die bei der Schüler- oder Studentenwahl selektiv vorgehen können, bestrebt, die besten Mitproduzenten auszuwählen und somit den Output ihrer Institution zu maximieren. Dabei wird sowohl die individuelle Leistungsfähigkeit eines Schülers in Betracht gezogen wie auch die durch die Interaktion mit anderen Schülern entstehende Mehrproduktion (sogenannte Peer-Effekte). «Suppose information were perfect about students' ability and the peer group effects on achievement of mixing students with different traits. A cost minimizing school would have the incentive to group students to take advantage of the productive interactions between them» (Brown 1992, S. 294f.). Durch die Möglichkeit der Selektion entstehen somit tendenziell grössere Unterschiede in der Leistungsfähigkeit zwischen den Schulen, da nicht alle Schulen die gleichen Chancen haben werden, an gleich gute Mitproduzenten zu gelangen.

19 Kapitel 6 «The Role of Government in Education»

suche. Etliche Pläne für weitere, lokal beschränkte Bildungsgutscheinversuche wurden durch die Opposition von Lehrkräften verhindert, so in Gary, Indiana, oder in Rochester, New York (siehe Blaug 1984, S. 172). Bildungsgutscheine, die der fünften Stufe in Blaugs Einteilung entsprechen, sind in der Realität nie erprobt worden. So kam ein wirklicher Wettbewerb zwischen privaten und öffentlichen Schulen in den meisten Experimenten von Anfang an gar nicht zustande.

Andere Formen der nachfrageseitigen Bildungsfinanzierung[20]

Neben dem Bildungsgutschein in all seinen Ausprägungsvarianten gibt es auch andere Formen der nachfragerorientierten Bildungsfinanzierung, die dieselben Ziele anstreben. Die drei wichtigsten davon werden nachfolgend beschrieben.

«Open enrollment»

Das «open enrollment» zeichnet sich dadurch aus, dass die Bildungsnachfrager die Schule, die sie besuchen möchten, in einer grösseren Region frei wählen dürfen, vorausgesetzt, die Schule ist staatlich geführt (Levin 1991, S. 146). Das zentrale Wahlelement ist also, wenn auch in einem beschränkten Rahmen, vorhanden. Der Staat bezahlt der Schule, die den Schüler neu aufnimmt, einen gewissen Betrag. Auch hier muss gesagt werden, dass es *das* «open enrollment» nicht gibt. Mehrere Ausgestaltungsmöglichkeiten sind nicht a priori klar. So muss darüber entschieden werden, ob die Schulen, welche die Schüler aufnehmen, die Grenzkosten, die Durchschnittskosten oder die Vollkosten eines zusätzlichen Schüler vergütet bekommen. Das Gleiche gilt für die Schule, die Schüler verliert. Weiter stellt sich die Frage, ob trotz der grundsätzlichen Nichtselektivität dieses Modells den Schulen aus gewissen Gründen die Ablehnung von Schülern erlaubt sein soll (etwa wenn die vorhandene Infrastruktur ausgelastet ist). Bei den Schulen oder Schuldistrikten, die tendenziell Schüler verlieren, muss geklärt werden, ob diese Schulen zusätzlich sanktioniert werden oder aber ob sie vielleicht spezielle Unterstützung bekommen. Das «open enrollment» kann als die eingeschränkteste

---

20 Weitere, hier nicht dargestellte nachfrageseitige Finanzierungsinstrumente sind zum Beispiel Stipendien oder Darlehen. Diese dienen aber nicht hauptsächlich der Steigerung der Nachfragermacht (Wahlmöglichkeiten), sondern haben primär den Zweck, Einkommensunterschiede bei den Bildungsnachfragern auszugleichen.

Möglichkeit eines Bildungsgutschein-Mechanismus angesehen werden. Die staatlichen Schulen werden einem gewissen Mass an Wettbewerb untereinander ausgesetzt. Die Befürworter des Modells hoffen, dass dieser Wettbewerb ausreichend ist, die Schulen in Bezug auf Ressourcenverbrauch und Berücksichtigung der Konsumentenpräferenzen (oder allgemein zur Qualitätssteigerung) so weit zu verbessern, dass weitergehende Wahlmöglichkeiten überflüssig sind.

Charter Schools

Charter-Schulen sind staatliche Schulen, die einige der Privilegien der Privatschulen besitzen. Sie fallen nicht unter die Schulverordnungen und -gesetze der herkömmlichen staatlichen Schulen, abgesehen von den Gesetzen über Gesundheit, Sicherheit und zivile Rechte. Interessengemeinschaften (wie Lehrer, Eltern oder auch Unternehmer) können unter eigener Führung und unter Wahrung gewisser Schul- und Managementstandards eine Schule eröffnen. Sie müssen alle Schüler akzeptieren und bleiben der Schuladministration Rechenschaft über ihre finanziellen Belange schuldig. Sie dürfen keine Schulgebühren verlangen und erhalten ihren Charter-Status jeweils auf Zeit (3 bis 15 Jahre in den Vereinigten Staaten, je nach Charter-Schulgesetz des jeweiligen Bundesstaats). Es werden «starke» und «schwache» Charter-Schulgesetze unterschieden, womit ausgedrückt wird, wie stark der Grad der Unabhängigkeit von der staatlichen Schulbürokratie ist. Wenn die Charter-Schule, die nur einen Teil (meist die variablen Kosten) des Pro-Kopf-Budgets einer herkömmlichen Schule erhält, die vom Staat geforderten Bedingungen nicht mehr erfüllt, wird ihr der Charter-Status entzogen. Bei den Charter-Schulen steht im Gegensatz etwa zum «open enrollment» nicht der Wettbewerb zwischen den Schulen im Zentrum, sondern der Einfluss der Eltern auf die Schulen. Charter-Schulen dienen primär dem Zweck, den Eltern einen direkteren Einfluss auf die Schulorganisation, auf gewisse Lerninhalte usw. zu verschaffen («private governance»), auch wenn zusätzlich Wahlelemente bestehen.[21] Aus den Punkten, die Charter-Schulen charakterisieren, lassen sich auch die wichtigsten Unterscheidungsmerkmale zu den Schulen ableiten, die unter Bildungsgutscheinprogrammen operieren. Sie betreffen hauptsächlich zwei Punkte: einerseits den Zugang zu den Schulen und andererseits die Verantwortlichkeit (Hassel 1998a) der Schulen gegenüber der Öffentlichkeit. Charter-Schulen müssen einen nicht-selektiven Zugang gewähren, was nicht bei allen Bildungsgutscheinmodellen der Fall ist. Wird eine Charter-Schule durch zu viele Anmeldungen überfordert, darf

---

21   Über Charter-Schulen siehe Hassel (1998b) und die Zusammenfassung von Berichten über erste Erfahrungen in Kapitel 5.

die Auswahl der Schüler nur nach dem Losverfahren erfolgen. Weiter dürfen Charter-Schulen keine Gebühren verlangen, was bedeutet, dass nur gerade Bildungsgutscheinprogramme, die in der Abbildung 7 in Zelle 1 zu finden wären, den Charter-Schulen entsprechen. Die Verantwortung der Charter-Schulen unterscheidet sich von Bildungsgutscheinschulen in drei Aspekten: 1. Charter-Schulen müssen eine staatliche Autorisierung erlangen, die in der Regel mit deutlich mehr Auflagen verbunden ist als im Fall von Schulen, die sich mit Bildungsgutscheinen finanzieren dürfen. 2. Charter-Schulen haben ein Leistungsabkommen mit der öffentlichen Bildungsverwaltung und laufen Gefahr, ihre Lizenz zu verlieren, wenn sie diese nicht erfüllen. In Bildungsgutscheinprogrammen operierende Schulen sind bezüglich der schulischen Leistungen nur den Bildungsnachfragern selbst Rechenschaft schuldig, und auch da nicht durch einen formalen Vertrag. 3. Charter-Schulen haben zwar ebenso wie Schulen in Bildungsgutscheinprogrammen eine gewisse Freiheit bezüglich der Festsetzung des Curriculums, aber anders als in den Bildungsgutscheinprogrammen waren bei Charter-Schulen von Anfang an religiöse Einflussnahmen untersagt.

Steuergutschriften für bezahlte Schulgebühren («tuition tax credits»)

Diese Steuergutschriften für Schulgebühren sind nicht als vollständiger Ersatz herkömmlicher Finanzierungsinstrumente gedacht. Sie ersetzen somit weder die staatliche Finanzierung der staatlichen Schulen, noch sind sie einem Bildungsgutschein gleichzusetzen. Die Steuergutschriften sind nicht eigentlich dafür gedacht, den Nachfragern nach privater Schulbildung die doppelte Belastung mit Schulgebühren zu vermindern. Die doppelte Belastung entsteht dadurch, dass die Besucher privater Schulen einerseits die privaten Schulgebühren bezahlen müssen und andererseits über die Steuern auch einen Beitrag an die staatlichen Schulen zu leisten haben.[22] Steuergutschriften sollen Eltern helfen, die ihre Kinder in

---

22 Diese doppelte Belastung könnte vermindert werden, indem der Staat die privaten Schulen so subventioniert wie die staatlichen. Damit sind die meisten Privatschulen aber nicht glücklich, da staatliche Subventionierung in der Regel mit einer unerwünschten staatlichen Einflussnahme einhergeht. In den USA wird eine staatliche Subventionierung privater Schulen oft durch die Verfassung verhindert, da die meisten privaten Bildungsanbieter religiöser Natur sind und die Verfassung die Trennung von Staat und Religion verlangt. Gegner einer vollen Rückerstattung von Bildungskosten, die aus dem Besuch privater Schulen entstehen, argumentieren häufig, ihr Besuch schaffe auch private Erträge, die privat zu bezahlen seien. Die Kostenbeteiligung an den staatlichen Schulen – die ja auch kinderlose Personen trifft – sei hingegen auch für Eltern, deren Kinder an Privatschulen gehen, gerechtfertigt, da diese staatlichen Schulen einen Beitrag an die soziale Kohäsion und das soziale Kapital einer Gesellschaft stiften, wovon wiederum alle profitierten (siehe auch Kap. 4, «Soziale Kohäsion»).

eine Privatschule schicken wollen, sich diese aber ohne finanzielle Unterstützung nicht leisten können. Meist sind diese Steuergutschriften nach oben beschränkt und/oder einkommensabhängig. In den besser funktionierenden Anwendungen wird darauf geachtet, dass die Steuergutschrift bei niedrigen Einkommen so hoch ist, dass damit praktisch die ganzen Schulgebühren bezahlt werden können, während bei höheren Einkommen der Deckungsgrad abnimmt. Trotz dieser Ausgestaltungsmöglichkeiten muss berücksichtigt werden, dass das Instrument in seinem Einsatz durch die Verknüpfung mit dem steuerbaren Einkommen ziemlich limitiert ist. Unter den ärmsten Eltern in den USA beispielsweise befinden sich vor allem alleinerziehende Mütter, die häufig ganz von der Sozialhilfe leben. Steuerabzugsmöglichkeiten sind in diesen Fällen praktisch wirkungslos, wenn es darum geht, teure Schulgebühren von Privatschulen zu bezahlen.

Hepburn (1999) wertet diese Form der nachfrageseitigen Bildungsfinanzierung positiv, weil der Staat damit nicht direkt in das private Bildungswesen eingreift. Trotzdem übt auch hier der Staat indirekt einen gewissen Einfluss auf die privaten Anbieter aus, da die meisten Steuerabzugsmöglichkeiten an die Bedingung geknüpft sind, dass der Bildungsanbieter vom Staat akzeptiert (akkreditiert) ist. Dies wiederum bedeutet, dass die privaten Anbieter sich staatlichen Regulierungen unterwerfen müssen, um in den Genuss dieser Akkreditierung zu kommen.

Steuergutschriftmodelle sind auf den ersten Blick schwer von Bildungsgutscheinmodellen zu trennen; man sieht in dem einen das Spiegelbild des anderen. Statt dass der Staat wie beim Bildungsgutschein dem Nachfrager konkret finanzielle Mittel überträgt, verlangt er beim Steuergutschriftmodell weniger Geld vom Nachfrager. Auf Bildungsstufen, die der Schulpflicht unterliegen, kann tatsächlich von einer identischen Wirkung der beiden Modelle ausgegangen werden und die Wahl würde in diesem Fall auf jenes Modell fallen, das die geringsten administrativen Kosten verursacht. Dabei sprechen die etwas geringeren bürokratischen Aufwendungen eher zugunsten des Steuergutschriftmodells. Trotz dieser spiegelbildlichen Verwandtschaft besteht ein Unterschied zwischen den beiden Ansätzen dort, wo die Schulpflicht aufhört (nach Sekundarstufe I). Dieser Unterschied ist vor allem psychologischer Natur.[23] Ob allerdings der Anreiz zur Einlösung beim Bildungsgutschein wirklich zu einem signifikant höheren Bildungs-

---

23 Man spricht hier von einem sogenannten «framing effect». Von solchen Effekten spricht man, wenn Personen auf eine an sich identische Ausgangssituation anders reagieren, wenn diese anders präsentiert wird (vgl. Tversky & Kahneman 1981). Ein Beispiel aus der Werbung kann diesen Sachverhalt erläutern. Eine Unternehmung kann bekanntgeben, dass sie für al-

konsum führt als bei einem Steuergutschriftmodell, kann schwerlich gesagt werden. Evidenz, die dafür sprechen würde, ist den Autoren nicht bekannt.

---

le Einkäufe von mindestens 1'000.– bis Ende des Monats einen Rabatt von 50.– gewährt. Sie kann aber auch die Kosten auf sich nehmen, allen Haushalten der Umgebung einen Gutschein zu senden, der die Nachfrager zu demselben Rabatt berechtigt. Wieso entscheiden sich nun viele Unternehmen für die zweite Strategie? Wenn sich die Konsumenten in beiden Fällen gleich verhielten, gäbe es keinen Grund für die sicherlich teurere Massnahme des Versands (es wird eine gleiche Informationswirkung unterstellt). Die Unternehmungen rechnen vielfach damit, dass die Konsumenten auf einen Verfall von einem Check, der sich schon in ihrem Besitz befindet, anders reagieren als auf eine potenzielle Möglichkeit des Sparens und somit einen grösseren Anreiz haben, den Kauf zu tätigen. Falls sich nun in Bildungsfragen ein ähnliches Verhalten beobachten liesse, würde dies gerade in den Bereichen der tertiären und der Erwachsenen- und Weiterbildung eher für ein Bildungsgutscheinmodell sprechen. Einzelbeobachtungen in Weiterbildungsmodellen, aber auch bei der Sekundarstufe II (siehe etwa Chevalier & Gauthier 1999) zeigen allerdings, dass Personengruppen mit einer geringen Bildungsneigung durch finanzielle Anreize allein nicht automatisch nach mehr Bildung nachfragen.

4. AN WELCHEN KRITERIEN UND ZIELEN SOLL DIE FINANZIERUNG EINES BILDUNGSSYSTEMS GEMESSEN WERDEN?

Nachdem wir im ersten Kapitel unsere Gründe dargelegt haben, warum die Öffentlichkeit überhaupt in die Finanzierung von Bildung eingreifen soll, empfiehlt es sich, wie bei allen staatlichen Eingriffen, vor der Wahl der Instrumente, zuerst die gesellschaftspolitischen und ökonomischen Ziele zu definieren, die mittels der Staatseingriffe erreicht werden sollen oder die durch solche tangiert werden. Erst wenn wir definiert haben, welche Ziele die Öffentlichkeit über Staatseingriffe überhaupt anvisiert, haben wir die Gewähr, dass wir diese Eingriffe später auch bezüglich ihrer Effektivität und Effizienz, d. h. dem Zielerreichungsgrad, überprüfen können.

Ziele staatlicher Bildungspolitik

Die bei staatlichen Eingriffen in das Bildungssystem zu beachtenden Ziele unterscheiden sich grob gesehen nicht stark von den Zielen, die allgemein bei Staatseingriffen zur Diskussion stehen. Es sind keine spezifisch bildungspolititschen, sondern ganz allgemeine Ziele des wirtschaftspolitischen Handelns. Bei all diesen Zielen stehen zwei Fragen im Vordergrund: (1) in welcher Weise wird ein Ziel durch einen staatlichen Eingriff tangiert (positiv oder negativ), und (2) wie muss ein Instrument des Staatseingriffes ausgestaltet sein, damit der Zielerreichungsgrad optimiert werden kann?

In der Literatur werden verschiedene Ziele unterschieden; wir fassen diese nachfolgend in vier Zielen zusammen. Da diese Ziele untereinander in einer sich gegenseitig verstärkender oder auch konkurrierender Beziehung stehen können (siehe Abbildung 8), kann man auch in der Bildungspolitik wie in der Wirtschaftspolitik allgemein davon ausgehen, dass beim Zielbündel eine Optimierung angestrebt werden sollte, da eine gleichzeitige Maximierung aller Ziele nicht machbar ist.

1. Effizienz[24] und Effektivität[25]
2. Equity (Gerechtigkeit und Chancengleichheit)
3. Soziale Kohäsion
4. Wahlfreiheit

Obwohl grundsätzlich alle vier Zieldimensionen Beziehungen untereinander aufweisen, sind die stärksten Interdependenzen zwischen den beiden Polen *Equity* vs. *Effizienz/Effektivität* und *Wahlfreiheit* vs. *soziale Kohäsion* zu finden.

Abbildung 8: (Bildungs-)Zielviereck

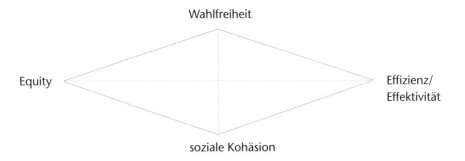

Quelle: eigene Darstellung

Das erste Zielpaar, Effizienz/Effektivität und Equity, kann in der Bildungspolitik, speziell aber in der Bildungsfinanzierung, als zentral angesehen werden (siehe z. B. McMahon & Geske 1982). Besonders in den Vereinigten Staaten steht die Effektivität als bildungspolitisches Ziel neben der Wahlfreiheit im Vordergrund, da ein grosser Prozentsatz der Schulabgänger weder lesen noch schreiben kann

---

24 Wenn in der vorliegenden Arbeit der Begriff Effizienz gebraucht wird, so ist nicht die Effizienz im mikroökonomisch-paretianischen Sinne gemeint, sondern eine technische oder Kosteneffizienz.

25 Unter Effektivität wird hier verstanden, in welchem Mass der Eingriff überhaupt – jedoch grundsätzlich unabhängig von den Kosten – geeignet ist, das anvisierte Ziel zu erreichen. Beispielsweise: Wenn das Ziel darin besteht, dass alle 15- bis 16-jährigen Schüler bei Beendigung der obligatorischen Schulzeit lesen und schreiben können, wird untersucht, ob das Bildungsangebot «effektiv» zur Erreichung diese Ziels geführt hat. Im folgenden wird das Hauptaugenmerk allerdings auf die Effizienz gelegt, da das Effektivitätsziel in der Schweiz im Gegensatz zu den USA kein grosser Streitpunkt ist.

(Schultz 1982, S. 37; Chubb & Moe 1990, S. 3ff.). Die Effizienz wird häufig (siehe etwa Levin 1991, S. 151ff.) noch in eine Mikro- und eine Makroeffizienz unterteilt. Mit Mikroeffizienz ist die Kosteneffizienz der einzelnen Bildungsinstitution, mit Makroeffizienz die Kosteneffizienz des Bildungswesens als ganzes (inkl. Schulverwaltung usw.) gemeint. Den Zielen Effizienz und Effektivität steht häufig das Ziel Equity entgegen.[26] Aus Gründen der Gerechtigkeit oder Chancengleichheit wird etwa auf Schulformen verzichtet, die zwar für gewisse Schüler eine gesteigerte Effektivität oder für gewisse Schulen eine höhere Effizienz brächten, gleichzeitig aber die Varianz der Schulleistungen vergrössern würden.

Das zweite Zielpaar, soziale Kohäsion und Wahlfreiheit, offenbart häufig starke politische und kulturelle Unterschiede zwischen einzelnen nationalen Bildungssystemen. Während in den angelsächsischen Systemen die Wahlfreiheit traditionell einen hohen Stellenwert geniesst, wird die soziale Kohäsion im europäischen Bildungswesen häufig gross geschrieben. Der Gegensatz zwischen den beiden Zielen rührt daher, dass eine grössere Wahlfreiheit in der Regel mit einer sozialen und/oder ökonomischen Entmischung der Schülerverbände einhergeht und umgekehrt.

In den nachfolgenden vier Abschnitten soll detailliert auf die einzelnen Ziele eingegangen werden, und es soll gezeigt werden, dass die Wahl der Finanzierungsmethode von der Wahl der Ziele abhängig ist.

Effizienz und Effektivität

Ein Bildungssystem sollte ein Maximum an Effizienz und Effektivität aufweisen, damit der Einsatz der beschränkt vorhandenen Ressourcen einer Volkswirtschaft einen maximalen Ertrag generiert. Es stellt sich nun die Frage, ob die Effizienz des ganzen Bildungswesens (Makroeffizienz) oder auch nur einer einzelnen Produktionsstätte, Schule, des Bildungssystems (Mikroeffizienz) durch die Wahl des Finanzierungsinstrumentes überhaupt beeinflusst wird und falls ja, in welcher Weise.

---

26   siehe etwa auch Valsecchi (1988)

Abbildung 9: Effizienzsteigerung im Bildungswesen durch Marktelemente

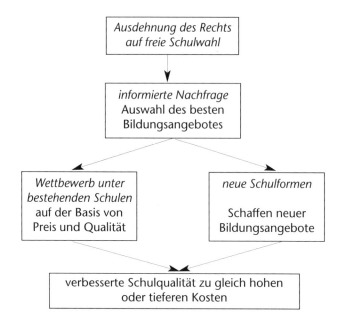

Quelle: nach Henning 1999, S. 71

Vertreter einer nachfragerorientierten Bildungsfinanzierung[27] argumentieren entsprechend der in Abbildung 9 dargestellten Wirkungskette, dass bei einer Finanzierung der Nachfrager anstelle der Produzenten von Bildung und der Gewährung einer möglichst freien Schulwahl (siehe auch weiter unten den Abschnitt «Wahlfreiheit») die Angebotsseite derart beeinflusst wird, dass als Resultat bessere Schulqualität (Effektivität) zu gleich hohen oder gar tieferen Kosten (Effizienz) resultieren müsste.[28] Damit sich aufgrund des Wettbewerbs zwischen den Anbietern

---

27 Auf die Möglichkeiten und Ausgestaltungsformen nachfragerorientierter Bildungsfinanzierung ist im Kapitel 3 detailliert eingegangen worden.
28 Wenn man die Diskussion in den USA zusammenfasst, muss man darauf hinweisen, dass beim Bildungsziel Effizienz/Effektivität bedeutend mehr Gewicht auf den Punkt «verbesserte Schulqualität» als auf den Punkt «tiefere Kosten» gelegt wird. Dies weil man in den USA einerseits durch die internationalen Schülertestdatenvergleiche und die relative Position der

Bildungsfinanzierung zwischen Markt und Staat

ein erhöhter Zielerreichungsgrad auch einstellt, müssen verschiedene Bedingungen erfüllt sein. Weiter gilt es klar zwischen einer Steigerung der Effizienz einzelner Schulen (Mikroeffizienz, siehe nächsten Abschnitt) und einer Steigerung der Effizienz des gesamten Bildungswesens (Makroeffizienz, siehe übernächsten Abschnitt) zu unterscheiden. Für die Mikro- wie die Makroeffizienz ist eine gemeinsame Grundvoraussetzung, dass die Nachfrager bei ihrem Schulwahlentscheid auch wirklich den besseren Anbieter wählen, was aufgrund evidenter Informationsasymmetrien zwischen Nachfragern und Anbietern teilweise in Zweifel gezogen wird (siehe etwa Weiss 2000). Verschiedene Untersuchungen zeigen beispielsweise, dass viele Eltern die Schule nicht aufgrund überprüfbarer oder objektiver Qualitätskriterien wählen, sondern sich ausschliesslich auf die Reputation verlassen.[29] Angenommen, zwischen der Reputation einer Schule und der tatsächlichen Qualität der schulischen Leistung bestehe nur ein loser Zusammenhang, dann führt diese Wahl nicht notwendigerweise zu einer qualitativen Verbesserung des Schulsystems. Neben der Fähigkeit von Bildungsnachfragern, aufgrund von Qualitätsmerkmalen zwischen verschiedenen Anbietern zu diskriminieren, muss aber auch der Wille ausgeprägt sein, überhaupt den besseren Anbieter zu wählen. Dafür, dass Eltern sich bei ihren Wahlentscheiden durchaus rational im Sinne einer Präferenz für eine höhere Qualität der schulischen Leistung leiten lassen, gibt es allerdings empirische Nachweise (siehe etwa Hoxby 1999).

Mikroeffizienz

Eine Steigerung der Effizienz der dem Wettbewerb ausgesetzten Schulen wird grundsätzlich von den veränderten Anreizstrukturen erwartet (vgl. auch Kap. 2). Im traditionellen öffentlichen Bildungswesen gibt es auch Anreizstrukturen, nur sind diese derart ausgestaltet, dass sich Sparanstrengungen der Schulen in der Re-

---

USA in diesen Tests negativ überrascht wurde und weil andererseits die hohen qualitativen Unterschiede zwischen den einzelnen Schulen zu einer ernstzunehmenden Diskriminierung jener Bildungsnachfrager führen, die in schlechte Schulen zu gehen gezwungen sind. Obwohl man in den achtziger Jahren die «Schools-for-profit»-Bewegung aufkommen sah, muss man hier schon einschränkend und relativierend anfügen, dass in den USA heute immer noch die grosse Mehrheit der Privatschulen religiösen Charakter haben und schon deshalb auch als Non-profit-Organisationen konzipiert sind. Die «Schools-for-profit»-Bewegung hat also bis heute kein quantitativ nennenswertes Angebot hervorgebracht.

29   Die Wahl eines Schulanbieters alleine aufgrund seiner Reputation mag auf den ersten Blick als nicht optimal erscheinen. Allerdings gilt es dabei zu bedenken, dass der Arbeitsmarkt sich in der Regel auf eben diese Reputation einer Schule und des von ihr ausgegebenen Diploms verlässt (sogenannter Sheepskin-Effekt, siehe etwa Jaeger & Page 1996 oder Van der Meer & Wielers 1996), was wiederum die Wahl der Eltern als durchaus rational erscheinen lässt.

gel kontraproduktiv auswirken, indem sie zu Budgetkürzungen in den nächsten Jahren führen können. In diesem Umfeld hat man ein Interesse, möglichst hohe Mittelaufwendungen auszuweisen (Inputsteuerung), damit man im nächsten Jahr wiederum mit den gleich hohen Mitteln rechnen kann. In einem Wettbewerbssystem wird davon ausgegangen, dass die Steuerung über die Nachfrager nicht über den Input geschieht, sondern über die Relation von Input und Output. Jene Schulen, die die beste Input/Output-Relation ausweisen können, werden in der Lage sein, die meisten Nachfrager anzuziehen. Dies zahlt sich unter den meisten nachfragerorientierten Finanzierungsmodellen für die Schulen gleich doppelt aus, da zusätzliche Schüler erstens in der Regel Einnahmen verschaffen, die höher sind als die dadurch entstehenden Grenzkosten, und zweitens – falls wir Skalenerträge unterstellen – die Durchschnittskosten mit steigender Schülerzahl weiter fallen. In einer dynamischen Betrachtung wird in der ökonomischen Logik davon ausgegangen, dass durch die Anreizstrukturen im Wettbewerbsumfeld das Bildungssystem auch in der Lage wäre, innovativere und produktivere Arbeitnehmer (Lehrer) anzuziehen, die vorher andere Berufe oder Branchen vorgezogen haben, was wiederum neue Produktivitätssteigerungen ermöglichen würde (vgl. Friedman 1997).

Ohne den in Kapitel 5 dargestellten empirischen Resultaten vorzugreifen, gilt es hier allerdings festzuhalten, dass empirische Arbeiten, die die Wettbewerbswirkung auf die Effizienz und Effektivität der Schulen analysieren, immer noch dünn gesät sind.[30] Die in den Abbildungen 10 und 11 illustrativ[31] dargestellten Resultate von Hoxby (1998, siehe auch 1994a, b) sind eine beachtenswerte Ausnahme.[32] Diese Studien haben nicht nur die Wirkung des Wettbewerbs zwischen öffentli-

---

30   Die Studien, die Wettbewerbswirkungen auf die Schulproduktivität untersuchen, dürfen grundsätzlich nicht mit denjenigen vermischt werden, die untersuchen, ob zwischen privaten und öffentlichen Schulen Produktivitäts- oder Qualitätsunterschiede bestehen (wie etwa Hoffer et al. 1997). Letztere sind häufig in einem Umfeld angesiedelt, das durch keinen oder lediglich einen eingeschränkten Wettbewerb zwischen den Schulen gekennzeichnet ist. Ein Beispiel für eine Wettbewerbsstudie ist jene von Marlow (2000) für Kalifornien, wo er zum Schluss kommt, dass die Schülerleistungen in Gegenden mit höherem Wettbewerb steigen, jedoch nicht, wenn die Schulausgaben steigen, ohne dass gleichzeitig Wettbewerb herrscht.

31   Die Resultate von Hoxby sind sicherlich repräsentativ für den momentanen Wissensstand, d. h. die Mikroeffizienz scheint durch ein Wettbewerbssystem tendenziell positiv beeinflusst zu werden. «In summary, the market choice approach promises some improvement in micro-efficiency by increasing the range of choices for families and by showing slightly higher achievement test scores on the basis of available evidence. Presumably the market system would also provide greater competitive benefits towards efficiency for any given output» (Levin 1992a, S. 52, im Zweitabdruck von 1997). Kritiker werfen diesen Resultaten methodische Unzulänglichkeiten vor, da es sich in der Regel um relativ hoch aggregierte Querschnittsvergleiche handle (siehe etwa Mangold et al. 2000 und Weiss 2000).

32   Siehe daneben auch Zanzig 1997, Dee 1998 und Marlow 2000. Hess et al. (2000) stellen in

chen und privaten Schulen gemessen, sondern auch die Wirkung eines Wettbewerbs nur unter staatlichen Schulen. Dies ist weiter bedeutsam, da es deutlich
zeigt, dass die Frage, ob das Schulangebot öffentlich, privat oder gemischt sein
sollte, grundsätzlich von jener der Finanzierungsart und der Frage des davon aus-
gehenden Wettbewerbs getrennt werden kann.

Abbildung 10: Ergebnisse bei Wettbewerb zwischen öffentlichen Schulen

Variable	Effekt
Einfluss auf die Höhe der Schulausgaben pro Schüler	17-prozentige Abnahme
Einfluss auf Schülerleistungen, gemessen mit Test-Scores	Verbesserung um 3 Percentilpunkte
Einfluss auf Schülerleistungen, gemessen in Löhnen nach Studium	4-prozentige Zunahme
Einfluss auf Schülerleistungen, gemessen am höchst erreichten Bildungsstand	0,4 Jahre an zusätzlicher Bildung
Einfluss auf die Beteiligung der Eltern an der Schülerkarriere	30-prozentige Zunahme der Wahrscheinlichkeit, dass die Eltern die Schule mindest einmal im Jahr besuchen

Quelle: Hoxby 1998, S. 144; eigene Übersetzung aus dem Englischen

---

ihrer Studie einen positiven Einfluss auf öffentliche Schulen fest, die dem Wettbewerb mit
Charter-Schulen ausgesetzt sind. Die empirische Untersuchung bezieht sich auf den US-
Bundesstaat Arizona zwischen 1994–1998. Sie stellen weiter fest, dass der grösste Erfolg dort
gemessen wurde, wo die öffentlichen Schulen ursprünglich am schlechtesten abgeschnitten
hatten. Da die Studie nur kurzfristige Verhaltensänderungen messen konnte, ist zurzeit noch
unklar, welche langfristigen, positiven wie negativen Auswirkungen der verstärkte Wettbewerb schliesslich haben wird. Rapp (2000) fand in seiner Untersuchung, dass Wahlmöglichkeiten innerhalb von Schulbezirken einen positiven Einfluss auf das Verhalten von Lehrern an
öffentlichen Schulen haben. Ein genereller positiver Einfluss auf das Lehrerverhalten aufgrund von mehr Wettbewerb unter den Schulen konnte aber nicht festgestellt werden.

In der statischen Sicht gehen wir davon aus, dass beim Wettbewerb einfach jene Schulen ausgewählt werden, die eine höhere Produktivität ausweisen. Durch diesen Druck entstehen Anreize für Produzenten, die ihre potenzielle Produktivität noch nicht erreichen, d. h. suboptimal produzieren, Anstrengungen zu unternehmen, ebenfalls produktiver zu sein. Von dieser Form der Wettbewerbswirkung ist ein anderer denkbarer Weg der Produktivitätssteigerung zu unterscheiden. Wenn wir Skalenerträge in der Produktion von Bildungsleistungen unterstellen, dann würde in einer dynamischen Betrachtung der Wettbewerb unter bestehenden Schulen dazu führen, dass gute Anbieter mit mehr Nachfragern somit auch zu mehr Ressourcen kämen, was diese wiederum befähigen würde, noch bessere Leistungen anzubieten. Die Argumentation, dass die durch den Wettbewerb verursachte *Ressourcenreallokation* auch eine höhere Produktivität nach sich ziehen werde, wird allerdings aufgrund empirischer Resultate von vielen Experten in Zweifel gezogen. Die meisten solchen Untersuchungen finden keinen kausalen Zusammenhang zwischen Ressourceneinsatz und Produktivität.

Abbildung 11: Ergebnisse bei Wettbewerb zwischen öffentlichen und privaten Schulen

Variable	Effekt
Einfluss auf die Höhe der Schulausgaben pro Schüler in öffentlichen Schulen	keiner
Einfluss auf Schülerleistungen, gemessen mit Test-Scores in öffentlichen Schulen	Verbesserung um 8 Percentilpunkte
Einfluss auf Schülerleistungen, gemessen an den Löhnen der Schüler in öffentlichen Schulen nach dem Studium	12-prozentige Zunahme
Einfluss auf den Bildungsabschluss von Schülern an öffentlichen Schulen	12-prozentige Zunahme der Wahrscheinlichkeit eines Abschlusses auf College-Stufe

Quelle: Hoxby 1998, S. 148; eigene Übersetzung aus dem Englischen

---

Bildungsfinanzierung zwischen Markt und Staat

Wie die Schulqualität und die Produktivität mit dem Ressourceneinsatz zusammenhängen, ist trotz einer grossen Anzahl empirischer Studien[33] eine offene Frage geblieben, weshalb wir uns kurz dem Zusammenhang zwischen Ressourcen und Produktivität zuwenden.

Abbildung 12: Produktivität und Ressourceneinsatz

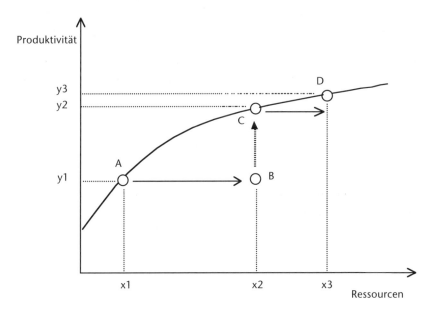

Quelle: eigene Darstellung

---

33 Siehe etwa Hanushek 1986a, b, 1994, Mortimore 1997, Weiss 1997 und Marlow 2000 sowie Hanushek (1996a und 1997) für Metaanalysen zur Wirkungsweise von Schulressourcen auf die Schulqualität. Mayston (1996) kritisiert an diesen Analysen, dass 1) die Produktionsfunktion in diesen Studien falsch spezifiziert würde, da Angebots- und Nachfrageverhalten falsch modelliert und 2) dementsprechend auch die ökonometrischen Methoden falsch gewählt seien. Auch Betts (1998) zielt mit seiner Kritik in dieselbe Richtung, wenn er festhält, dass das Fehlschlagen von Schulreformen, bei denen die Inputressourcen erhöht worden waren, auch auf ein rationales Verhalten der Produzenten (Schulen) zurückzuführen sei, wenn diese nicht gleichzeitig mit höheren Outputstandards gezwungen seien, ihre Leistung tatsächlich zu verbessern: «Only by coupling these two policies [höhere Ausgaben pro Student und längere Studiendauer] to higher standards – and by testing the ability of students to meet the standards – are we likely to see large improvements in school quality» (S. 113). Insgesamt kann man davon ausgehen, dass auch über den Zusammenhang zwischen Schulressourcen und Schülerleistungen noch nicht das letzte Wort gesprochen ist.

Anhand der Abbildung 12 kann man graphisch einige dieser Untersuchungsresultate zeigen; sie unterstellt einen positiven Zusammenhang zwischen Ressourceneinsatz und Produktivität (Skalenerträge), allerdings mit abnehmender Wirkung (abnehmende Grenzerträge des Ressourceneinsatzes). Die Kurve zeigt die Produktivität, bei der die maximale technische Effizienz erreicht wird. Punkte unterhalb dieser Kurve sind möglich, aber nicht effizient. Die empirischen Ergebnisse, die zwischen Produktivität und Ressourceneinsatz keinen positiven Zusammenhang finden, lassen sich auch in einem Rahmen erklären, der – wie unsere Abbildung – einen theoretisch positiven Zusammenhang postuliert.

So kann es einerseits sein, dass eine Schule vom Ausgangspunkt A bei einem erhöhten Ressourceneinsatz (x1→x2) sich nicht nach C bewegt, sondern lediglich nach B, d. h. sie hat die zusätzlichen Mittel für Aufwendungen verwendet, die sich nicht in zusätzlicher Produktivität niedergeschlagen haben, obwohl dies technisch möglich gewesen wäre. Die empirische Literatur zeigt einige Beispiele von Ressourcenverwendungen, die sich anscheinend nicht positiv auf die Produktivität einer Schule auswirken, sondern neutral «verpuffen».[34]

Neben der Möglichkeit, dass ein erhöhter Input wirkungslos bleibt, gäbe es theoretisch noch die Variante, dass sich die beobachteten Schulen schon an einem Punkt der Produktivität befinden (Punkt C), an dem jeder zusätzliche Input nur noch geringfügige Produktivitätssteigerungen zulässt (von y2 nach y3), da die Grenzerträge an diesem Punkt schon sehr tief sind.[35]

Entgegen dem in unserer Abbildung unterstellten theoretisch möglichen positiven Zusammenhang zwischen Ressourceneinsatz und Produktivität gibt es Autoren, die die Resultate in die Richtung deuten, dass ein solcher positiver Zusammenhang überhaupt nicht möglich sei[36], und daraus weiter ableiten, dass damit

---

34 Hanushek et al. (1999) zeigen, dass Aufwendungen für höhere Lehrergehälter sich nicht unbedingt in höherer Produktivität niederschlagen, da sich zwischen der Entlohnung einer Lehrkraft und ihrer Produktivität kein signifikant positiver Zusammenhang finden lässt. Allerdings gilt das nur für neue Lehrkräfte oder Lehrkräfte auf Probe; bei älteren Lehrern mit mehr Erfahrung zeigt sich eine signifikante Beziehung zwischen dem Gehalt und den Schülerleistungen. Eine weitere, verbreitete Möglichkeit besteht in der Verkleinerung der Klassengrössen. Das reduziert zwar den Aufwand der Lehrkraft, führt aber nicht automatisch zu einem grösseren Output in Form besserer Schülerleistungen (siehe Hanushek 1998b). Hingegen zeigen Amuedo-Dorantes und Mach (1999), dass kleinere Schulklassen die Kriminalitätsrate bei Schülern senken. Dieses Beispiel zeigt, dass die Wirkung von Inputgrössen in der schulischen Produktion auch stark davon abhängt, welche Outputgrössen man betrachtet.
35 Diese Meinung wird etwa von Card und Krueger (1992) und Krueger (1998) vertreten.
36 «Die für den Bildungsbereich charakteristische 'Technologie-Vagheit', das Fehlen von Po-

---

Bildungsfinanzierung zwischen Markt und Staat

auch gleich die Möglichkeit von besserer Schulqualität zu gleich hohen oder tieferen Kosten, wie sie vom Marktmodell unterstellt wird, eine Illusion sei.

Dagegen ist einzuwenden, dass das Fehlen einer positiven Korrelation zwischen Ressourcen und Schulleistungen noch lange kein eindeutiger Beweis ist, dass Schulen nicht unterschiedlich produktiv produzieren können, im Gegenteil.[37]

Die auch empirisch belegten grossen Unterschiede in den Schülerleistungen zwischen Schulen, besonders in den USA, legen den Schluss nahe, dass sich viele Schulen in einem suboptimalen Bereich der Ressourcen/Produktivitätsbeziehung befinden (etwa bei Punkt B) und durch geeignete Massnahmen, die nicht unbedingt einen höheren Ressourceneinsatz bedingen, sondern lediglich eine Reallokation der Mittel, eine höhere Produktivität erzielen könnten. Das bedeutet auch, dass die in Abbildung 9 unterstellte Wirkungskette zwischen Nachfragerverhalten und Anbieterreaktion potenziell möglich ist (unter Erfüllung gewisser Nebenbedingungen), die Verfügbarkeit von mehr Ressourcen dafür aber weder eine notwendige (wie B→C zeigt) noch hinreichende (wie A→B zeigt) Bedingung darstellt.

Wir würden den heutigen Wissensstand dahingehend interpretieren, es spreche nichts dagegen, dass theoretisch die höhere Verfügbarkeit von Ressourcen die Produktivität positiv beeinflusst. Um jedoch diese Produktivitätssteigerungen realisieren zu können, müssen zwei Massnahmen ergriffen werden: zum einen braucht es mehr Wissen darüber, wie schulische Qualität und Produktivität überhaupt entstehen und verbessert werden können; dass eine reine Ressourcenerhöhung noch keine hinreichende Bedingung ist, hat die bestehende Literatur bewiesen. Zum andern müssen die Beziehungen zwischen Nachfrage und Angebot besser verstanden werden, damit nicht aufgrund falscher oder völlig fehlender Anreizstrukturen die potenziellen Produktivitätssteigerungen ausbleiben.

---

tenzialen für substanzielle Produktivitätssteigerungen durch technischen Fortschritt und der starke Einfluss externer Mitproduzenten stellen strukturelle Rahmenbedingungen dar, die die Möglichkeit einer effizienten Gestaltung von Schule und Unterricht stark einschränken. Wettbewerb und Dezentralisierung können an diesem Sachverhalt wenig ändern» (Weiss 2000, S. 9).

37 «Perhaps the most important fact to underscore is that this finding [das Fehlen einer positiven Korrelation zwischen Schulressourcen und Produktivität] does not imply that all the schools and teachers are the same. Quite the contrary … The Coleman Report, which found that measured school resources explained a small portion of the variance in student achievement, has been commonly interpreted as implying that 'schools don't make a difference'. This interpretation confuses the effects of measured differences with the full effects of schools and has been shown to be wrong. There is a significant difference between measured resources … and the true effects of schools» (Hanushek 1998a, S. 19).

Makroeffizienz

Wenn wir davon ausgehen, dass ein verstärkter Wettbewerb unter den Bildungsanbietern tatsächlich eine effizienzsteigernde Wirkung auf den einzelnen Anbieter hat, ist damit noch nicht gesagt, dass damit das ganze Bildungssystem effizienter wird. Um von einer erhöhten Mikroeffizienz auch zu einer höheren Effizienz des gesamten Bildungssystems zu gelangen, müssten mehrere Bedingungen erfüllt sein, die wir nachfolgend untersuchen werden. Die Wirkungen der Effizienzsteigerungen auf der Mikroebene für die Makroebene sind abhängig davon,
a) was mit jenen Schulen passiert, die ihre Produktivität nicht steigern oder gar
Produktivitätseinbussen erleiden, und b) von der Entwicklung der systemischen
Steuerungskosten.

a) Was geschieht mit den «unproduktiven» Anbietern?
Zu einer Steigerung der Makroeffizienz müsste es kommen, wenn Anbieter mit einem schlechten Bildungsangebot aus dem Markt ausscheiden und somit die neue
durchschnittliche Effizienz (und Effektivität) nur noch durch die produktiveren
Bildungsanbieter gebildet würde. Diese Form der Effizienzsteigerung setzt einen
quasi darwinistischen Wettbewerb voraus. Weder in einem rein öffentlichen Bildungsangebot noch bei einem gemischten Angebot ist diese Bedingung, dass
schlechte Bildungsanbieter überhaupt aus dem Markt ausscheiden, ohne weiteres
gegeben. Das Überleben von suboptimal produzierenden Anbietern, welches etwa schon aus regionalpolitischen Gründen gefördert werden kann, limitiert
natürlich die erwartete positive Wirkung des Wettbewerbs. Wenn schlechtere
Schulen nicht aus dem Markt ausscheiden, dann entstehen durch den Wettbewerb sogenannte «Restschulen», die von noch schlechterer Qualität sind und die
noch gerade jene Schüler aufnehmen, die aus irgendwelchen Gründen nicht an
die besseren Schulen wechseln konnten.

Wegen der abnehmenden Skalenerträge bei «schrumpfenden» Schulen wäre zudem zu untersuchen, ob es überhaupt gelingt, den Produktivitätsverlust bei den
schlechten Schulen durch den Produktivitätsgewinn bei den guten Schulen zu
kompensieren. Abgesehen davon, dass mit den Restschulen Bildungziele wie
«Equity» oder «soziale Kohäsion» verletzt werden, müsste, damit sich wirklich eine steigende Effizienz auf der Makroebene einstellt, dafür gesorgt werden, dass
schlechte Schulen geschlossen und bessere Schulen an deren Stelle entstehen
würden und/oder aber den Schülern der Besuch an den anderen, besseren Schulen auch tatsächlich ermöglicht wird. Gerade letztere Bedingung lässt die Experten befürchten, dass die Vorteile einer gestiegenen Effizienz auf der Systemebene
durch Transport- und Administrationskosten wieder zunichte gemacht würden.

b) Steuerungskosten

Levin und Driver (1997, siehe auch Levin 1998) errechneten in ihrer Untersuchung die Kosten eines Grundstufen-Bildungsgutscheins für den Fall, dass ein solcher flächendeckend in den USA eingeführt würde. Sie kamen dabei auf 27% Mehrkosten gegenüber dem herkömmlichen, gemischten Bildungssystem. Diese Mehrkosten setzen sich zusammen aus 9,3% für die Schüler, die bis anhin schon Privatschulen besuchten, aber die Gebühren selbst bezahlten, 15,6% für zusätzlichen Transport von Schülern zu den Schulen ihrer Wahl und schliesslich rund 2,5% für die Überwachung der Schulen, Verwaltungsaufwand, Informationsbereitstellung und Gerichtskosten. Bei den 9,3% Mehrkosten, die dem Staat dadurch entstehen, dass er sich nun an den Schulgebühren jener Schüler beteiligen muss, die diese vor der Einführung des Bildungsgutscheines selbst bezahlt hatten, handelt es sich nicht eigentlich um eine Steigerung der Bildungskosten (staatliche und private), sondern lediglich um eine Umverteilung. Letztere kann aus sozialpolitischen Gründen unerwünscht sein; sie bedeutet allerdings nicht, dass für den gleichen Output nun mehr bezahlt werden müsste. Um wirkliche Mehrkosten für das ganze Bildungssystem handelt es sich hingegen bei den Transport- und den Verwaltungskosten. Würden tatsächlich gegenüber dem heutigen System Mehrkosten in diesem Umfang entstehen, dann müssten substanzielle Effizienzgewinne bei der schulischen Produktion durch den Wettbewerb entstehen, um diese Mehrkosten zu kompensieren. Würde dies nicht gelingen, so könnte es, trotz Effizienzgewinnen auf der Mikroebene, zu einem Effizienzverlust auf der Makroebene kommen. Die Verwaltungskosten sind im Vergleich zu den anderen Kosten in den Berechnungen von Levin und Driver eher gering ausgefallen; trotzdem sind auch diese Berechnungen nicht unumstritten.[38]

Weit gewichtiger sind allerdings die Transportkosten, die hier anscheinend jegliche Produktionseffizienz auf der Mikroebene zunichte machen. Das Problem bei diesen Kosten ist weniger die Art ihrer Berechnung, als vielmehr die Bezeichnung als Mehrkosten, d. h. es wird unterstellt, dass bei der Messung der Bildungskosten des aktuellen Systems (Status quo) alle diese Kosten schon gemessen sind (siehe auch den Abschnitt «Wahlfreiheit»). Gerade dies ist nicht der Fall, und deshalb müssten diese Kosten entweder beim bestehenden System hinzugerechnet oder beim Gutscheinmodell als Einsparungen in Abzug gebracht werden.[39]

---

[38] Dass es bei Gutscheinmodellen zu höheren Verwaltungskosten komme, bestreitet etwa West (1997): «... finds no reason to believe that costs such as those associated with monitoring student attendance and quality of education should be any higher ... Even in the unlike event that administrative costs did rise, such an increase would be more than offset by the savings realized ... Indeed, a strong argument for governments to use vouchers is the need in these days of budgetary stringency to economize on public spending» (S. 99f.).

[39] Siehe zur Erläuterung Punkt g im Kapitel 4, Abschnitt «Wahlfreiheit».

Zusammenfassend kann an dieser Stelle festgehalten werden, es bestehe eine gewisse Einigkeit unter den Experten darüber, dass Wettbewerb im Bildungswesen die Produktivität von Schulen steigert. Diesen Effizienzvorteilen auf der Mikroebene werden aber Kosten auf der Makroebene entgegengestellt, die in den Augen der Kritiker von nachfrageorientierten Finanzierungsmodellen die Einsparungen auf der Mikroebene bei weitem übersteigen. Wir haben hier Gründe dargelegt, warum diese Kostenschätzungen teils falsch verstanden und verwendet werden, und kommen deshalb zum Schluss, dass den Gewinnen auf der Mikroebene noch keine überzeugenden Kostenargumente auf der Makroebene gegenüberstehen. Deshalb spricht die empirische Evidenz im Moment bezüglich des Effizienzkriteriums eher zugunsten der nachfrageorientierten Bildungsfinanzierung.

Equity (Gerechtigkeit und Chancengleichheit)

In den meisten Schulsystemen der industrialisierten Welt wird davon ausgegangen, dass neben dem generellen Recht auf Schulbildung diese auch mit Chancengleichheit verbunden sein sollte. Dies in dem Sinne, dass Qualität und Quantität an Schulbildung in einem Schulsystem für alle Bildungsnachfrager möglichst gleich hoch sein sollten.

Bei diesem bildungspolitischen Ziel ist festzuhalten, dass entgegen einer weit verbreiteten Meinung der Vorschlag einer nachfrageorientierten Bildungsfinanzierung gerade wegen des Ziels der Chancengleichheit entstanden ist. Ausgehend vom amerikanischen System mit hohen qualitativen Unterschieden zwischen öffentlichem und privatem Schulangebot, wurde in der nachfrageorientierten Bildungsfinanzierung eine Möglichkeit gesehen, unterprivilegierten Schülern, die im herkömmlichen System die Staatsschulen wählen mussten, den Zugang zu besseren (staatlichen und privaten) Schulen zu gewähren.

Dem Gebot der Gerechtigkeit und/oder der Chancengleichheit beim Schulangebot, auf Englisch häufig in dem schwierig ins Deutsche zu übersetzenden Begriff «equity» zusammengefasst, stehen (a) Effizienzüberlegungen und (b) das Recht auf Wahlfreiheit häufig im Wege.

Wer in einem System die Qualität der schulischen Leistungen durch Wettbewerb erhöhen will, nimmt damit notgedrungen in Kauf, dass sich Schulen in ihrer Leistung unterscheiden und dass folglich auch nicht alle Anbieter die gleiche schulische Qualität bieten können. Das Gebot der Equity wäre allein dadurch noch nicht verletzt, wenn Gewähr bestünde, dass die Nachfrager in solchen Fällen ohne Probleme zu einem besseren Anbieter wechseln könnten. Diese Möglichkeit ist jedoch oft eingeschränkt und nur unter Inkaufnahme von Kosten zu erhalten. Einerseits sind gute Schulen – dies zeigen empirische Beispiele – schnell einmal mit einem Nachfrageüberhang konfrontiert, worauf sie in der Regel selbst in Systemen, die eine Schülerselektion (d. h. ein Zurückweisen von Schülern) nicht erlauben, mit einem Schülerstopp reagieren können. Andererseits können insbesondere geographische Barrieren den Wechsel von einer Schule zur anderen verhindern. Dies zwingt die Nachfrager, in Schulen zu verharren, die eine in ihren Augen minderwertige schulische Qualität bieten, womit das Ziel der Equity verletzt wird.

Allerdings ist auf den ersten Blick nicht einzusehen, warum es durch eine Differenzierung des schulischen Angebotes aufgrund des Wettbewerbsdrucks zwingenderweise zu einer Verletzung des Pareto-Kriteriums kommen muss, wie dies einige Autoren vorbringen. Diese Autoren unterstellen, dass sich Wohlfahrts- und Effizienzgewinne immer nur durch eine Verschlechterung der Wohlfahrtsposition einer anderen Gruppe von Nachfragern erkaufen lassen. Was diese Autoren implizit fordern, ist ein Verzicht auf die Effizienz- und Wohlfahrtgewinne für eine Gruppe von Nachfragern, um damit zu verhindern, dass die Position von anderen Nachfragern verschlechtert würde. Dem ist entgegenzuhalten, dass es erstens durchaus denkbar ist, dass sich solche Gewinne auch ohne Verschlechterung der Situation für andere einstellen können (die Abbildungen 10 und 11 von Hoxby zeigen in diese Richtung); jedenfalls ist empirisch längst nicht hinreichend bewiesen, dass Wohlfahrtsgewinne ausschliesslich durch diesen postulierten «trade-off» zustande kommen müssen. Zweitens ist es durchaus denkbar, dass man, um nicht auf die potenziellen Wohlfahrtsgewinne zu verzichten, die Innovation auf der einen Seite zulässt und auf der anderen Seite staatliche Eingriffe gezielt dort einsetzt, wo Schulen leistungsmässig abfallen. Dies würde es sogar ermöglichen, dass es zu einem *Innovations-«spill-over»* von guten auf weniger produktive Schulen kommt.

Weiter ist zu bedenken, dass die Alternativen eines Verzicht auf das Innovationspotenzial einer Wettbewerbslösung zugunsten eines eng ausgelegten Equity-Ziels auch nicht immer vollständig zu überzeugen vermögen. Beispiele aus der helvetischen Bildungspolitik zeigen etwa, dass Gemeinden eine Ausweitung des öffentlichen schulischen Angebotes untersagt wurde, weil damit die Regel der Equity zwischen den Gemeinden verletzt worden wäre[40], dies in der Annahme, dass

---

40   Hier handelt es sich interessanterweise um eine Anwendung der Pareto-Regel, die sich auf stabile Unterschiede (relative Differenzen) und nicht auf die absolute Situation bezieht.

nicht alle Gemeinden die Ressourcen und den politischen Willen gehabt hätten, mit dieser Ausdehnung des Angebotes mitzuziehen. Ein solches Verbot belegt aber gerade einen Fall, bei dem das paretianische Kriterium der Wohlfahrtsfunktion nicht verletzt worden wäre, da die verbesserte Stellung der einen Nachfrager keine Verschlechterung der absoluten Situation der anderen Nachfrager mit sich gebracht hätte. Die Equity-Regel wäre nur dann verletzt worden, wenn diese nur die relative Position und nicht die absolute Höhe der Wohlfahrt im Auge gehabt hätte. Dieses Beispiel zeigt, dass eine enge Auslegung des Equity-Ziels dazu führen kann, dass man eine Situation A, in der es allen schlecht geht, einer Situation B vorzieht, bei der es niemandem schlechter geht als in A, dafür einigen besser. [41]

Als bildungspolitisches Ziel kann deshalb auch Equity nicht einfach maximiert, sondern lediglich im Zusammenspiel mit den anderen bildungspolitischen Zielen optimiert werden.

Abschliessend kann nochmals darauf hingewiesen werden, dass die meisten lokalen Versuche von Bildungsgutscheinen in den USA sich gerade von dieser Form der Bildungsfinanzierung eine Erhöhung der Equity erhofften. Sozial benachteiligten Schülern sollte mittels dieser Gutscheine die Möglichkeit gegeben werden, an bessere Schulen zu gehen, sei es an staatliche oder in wenigen Fällen an private Schulen. Aus diesem Grund waren viele Bildungsgutscheinversuche in ihrem Anwendungsbereich auf defavorisierte Familien beschränkt. Die Frage, ob das Ziel einer höheren Equity mittels Bildungsgutscheinen erreichbar ist, ist umstritten und nicht eindeutig geklärt. [42]

---

41 Ein Verharren in der Situation A würde aus ökonomischer Sicht nur dann Sinn machen, wenn die Gerechtigkeit oder die Gleichheit in diesem Fall einen Wert an und für sich hätte, der mindestens so gross wäre wie der entgangene Wohlfahrtsverlust der potenziellen Gewinner in der Situation B.

42 Manski (1992) beurteilt die Frage aufgrund von Modellsimulationen skeptisch «They do not support the argument that poor young people will be better off with a voucher system. Even in the most favourable case … a systemic choice system would not come close to equalizing educational opportunity across groups» (S. 351). Ambler (1994) unterstützt diese Haltung bei der Betrachtung der europäischen Situation: «The European experience clearly suggests that whatever its merits in other respects, educational choice tends to intensify class segregation through the effects of different preferences and information costs» (S. 454).

Soziale Kohäsion

Für die Entwicklung einer Gesellschaft ist die soziale Kohäsion, der soziale Zusammenhalt, von unbestrittener Bedeutung. Soziale Kohäsion weist auch einen nicht zu vernachlässigenden ökonomischen Wert auf, wenngleich erst in letzter Zeit begonnen worden ist, diesen zu erforschen (siehe nächsten Abschnitt). Die Schule ist geradezu ein klassischer Produktionsort sozialer Kohäsion, weil sie es ermöglicht, die junge Generation in den gesellschaftlichen und ökonomischen Normen sowie den kulturellen, religiösen und politischen Werten zu erziehen (oder zu sozialisieren).

Als erste haben die Kirchen den Wert gemeinsamer Erziehung für die religiöse Sozialisierung erkannt und das Bildungssystem in ihren Dienst gestellt.[43] Im achtzehnten Jahrhundert folgten die aufgeklärten Monarchien Preussens und Österreichs, wo die Bildung vornehmlich den Zweck verfolgte, die Untertanen zum Gehorsam gegenüber der Krone zu erziehen. Das neunzehnte Jahrhundert sah in Europa die Nationalstaaten, die in einem ersten Schritt mittels der Verstaatlichung der Bildung sich von der Bevormundung durch Kirche, Adel und Besitzbürgertum lösen wollten (Budde & Klemm 1994, S. 106), gleichzeitig jedoch ein gemeinsames Curriculum zur Etablierung einer eigenen gesellschaftlichen (laizistischen) und politischen (teilweise auch demokratischen) Kultur brauchten. In den Einwanderungsstaaten ausserhalb Europas, insbesondere in Nordamerika, benötigte man die gemeinsame Bildung, um den Einwanderern aus den verschiedensten Staaten und Regionen der Welt neue, gemeinsame Werte zu vermitteln. Als erstes diente dazu die Erziehung in der gemeinsamen Sprache, dem Englischen.

Die Bildung hat sich im Laufe der Jahrhunderte immer wieder in den Dienst neuer Herren stellen müssen und dabei immer wieder die Rolle des unverzichtbaren Instrumentes zur Erzielung höchstmöglicher sozialer Kohäsion eingenommen. Zu Zeiten der Kulturkämpfe[44] war unbestritten, dass die Bildung zu diesem

---

43 Die gemeinsame Erziehung der (männlichen) Juden in der religiösen Lehre (Lesen der Thora) ist bald zweitausend Jahre alt und garantierte neben rein religiösen Zwecken in der Diaspora auch den kulturellen und sozialen Zusammenhalt der jüdischen Gemeinden (vgl. Gradstein & Justman 1999a).
44 Noch heute ist in den meisten Staaten der Gegensatz öffentliches Schulwesen vs. private Anbieter ein eigentlicher Gegensatz von öffentlicher (laizistischer) Schule und religiösen Schulen. So sind etwa rund 80% der privaten Schulen in den USA religiöse Schulen (siehe auch Kapitel 5).

Zwecke eingesetzt werden müsse; der Streit entbrannte lediglich darüber, in wessen Dienst sich die Bildung zu stellen hätte. Vor dem Hintergrund der totalitären Regimes des 20. Jahrhunderts[45] vermag es aber nicht zu erstaunen, dass die Verfechter freier Schulwahl und nachfrageorientierter Bildungsfinanzierung das Ziel der sozialen Kohäsion als solches grundsätzlich in Frage zu stellen begannen.[46] So zieht Friedman (1962) in seinem Buch «Capitalism and Freedom» (Kapitel 6) das Recht eines Staates in Zweifel, die jungen Generationen als «civic citizens» zu erziehen, und stellte diesem das Recht auf freie Schulwahl und damit natürlich auch auf freie Wahl der Bildungsinhalte als zentrales Freiheitsrecht gegenüber. Gerade weil das Bildungsziel der sozialen Kohäsion von den Verfechtern freier Schulwahl derart radikal in Frage gestellt wird, lohnt es sich, in einem nächsten Schritt die ökonomische Bedeutung sozialer Kohäsion genauer zu betrachten.

Die ökonomische Bedeutung sozialer Kohäsion[47]

In der Ökonomie kann die soziale Kohäsion im Begriff des Sozialkapitals operationalisiert werden. Das Sozialkapital stellt den Bestand an gemeinsam geteilten Normen und Werten und sozialen Beziehungen dar, drückt aber auch die Quantität und die Qualität der sozialen Interaktionen aus. Eine hohe soziale Kohäsion wäre somit praktisch gleichbedeutend mit einem hohen Bestand an Sozialkapital. Obwohl bis heute keine umfassende und von allen geteilte Definition des Sozialkapitals besteht, kann man aufgrund der am häufigsten verwendeten Beschreibungen[48] das Sozialkapital als multidimensional beschreiben, wobei in der Regel

---

45 Von vielen wird das Ziel der sozialen Kohäsion per se als positiv angesehen und dabei ausser Acht gelassen, dass die gemeinsamen Werte, die über die Bildung vermittelt werden, nicht zwingenderweise positiver Natur sein müssen. Auch die totalitären Regimes des 20. Jahrhunderts haben die Bildung in ihren Dienst gestellt, um ihre menschenverachtenden Ideologien zur allgemeinen Norm des sozialen und politischen Zusammenlebens zu machen.

46 Gerade in der heutigen Zeit wird häufig übersehen, dass die ursprünglichen Motive, die zur Idee des «Bildungsgutscheines» geführt haben, sich weit weniger am Bildungsziel der Effizienz und Effektivität orientierten als am Ziel der sozialen Kohäsion und der Wahlfreiheit. Der Bildungsgutschein war deshalb in seiner Urform eher ein Kind eines ideologischen Kampfes als ökonomischer Argumente. Die heutige Diskussion, die hauptsächlich durch ökonomische Argumente geprägt ist, hat ihre Wurzeln in der Bewegung für mehr Markt und ein profitorientiertes Bildungswesen, die erst in den achtziger Jahren in den USA eine gewisse Bedeutung erlangte.

47 Für die Literaturhinweise und Diskussionen zu diesem Abschnitt danken wir Tom Healy von der OECD und Philipp Mäder.

48 Für Basisliteratur zum Thema des Sozialkapitals sei auf die Aufsätze/Bücher von Coleman (1988), Putnam (1993) sowie Knack und Keefer (1997) verwiesen.

zwischen individuellem[49], kollektivem[50] oder zivilem[51] und staatlichem[52] Sozial-kapital unterschieden wird. Von Humankapital unterscheidet sich Sozialkapital dadurch, dass es eigentlich erst durch die Interaktion mit anderen Menschen zu-stande kommt. Im Gegensatz zu Humankapital, das durch eine einzelne Person für sich geschaffen werden kann, bedarf das Sozialkapital einer Kooperation von mehreren Personen. Es kann daher davon ausgegangen werden, dass die soziale Kohäsion, wie sie in Schulen aufgebaut wird, das Sozialkapital einer Gesellschaft erhöht. Wie Humankapital weist auch das Sozialkapital Aspekte eines öffentli-chen Gutes auf, da es normalerweise weder einen rivalisierenden noch ausschlies-senden Charakter aufweist, d. h. es profitieren auch Personen vom von anderen aufgebauten Sozialkapital, die nichts dazu beigetragen haben. Dies wiederum rechtfertigt in einem gewissen Mass, ähnlich wie beim Humankapital, staatliche Eingriffe in die Bildung von Sozialkapital, da aufgrund der positiven Externalitä-ten eine Unterversorgung mit Sozialkapital entstehen würde.

Sozial- und Humankapital sind einerseits komplementär und andererseits kausal verbunden, d. h. sie bedingen einander. Vereinfachend kann man das Zusam-menspiel so beschreiben, dass Humankapital benötigt wird, damit überhaupt So-zialkapital aufgebaut werden kann[53], während das Sozialkapital wiederum be-nötigt wird, damit sich das Humankapital gewinnbringend in ökonomischen Prozessen einsetzen lässt.

Sozialkapital kann über verschiedene Kanäle auf die ökonomischen Prozesse Ein-fluss nehmen, aufgrund der in der Regel schwierigen Operationalisierbarkeit die-ser Prozesse sind aber lange nicht alle potenziellen Kanäle auch empirisch er-forscht. Zudem wirkt das Sozialkapital häufig über eine Interaktion mit anderen Grössen, wobei die Richtung der Kausalität nicht immer schlüssig bekannt ist. Diese Interaktionen lassen sich beispielhaft anhand der empirischen Ergebnisse von Fedderke und Klitgaard (1998) zeigen (siehe Abbildung 13).

---

49 Darunter fallen etwa individuelle Beziehungsnetze, soziale Beziehungen usw.
50 Darunter fallen etwa gemeinsame Werte, Normen, formelle und informelle Netzwerke, Ver-einigungen, Verbände usw.
51 dito
52 Darunter fallen etwa formale institutionelle Beziehungen und Strukturen wie Rechtsgrund-sätze, politische und bürgerliche Freiheiten usw.
53 Helliwell und Putnam (1999) fanden in einer empirischen Untersuchung in den USA, dass der Bestand an Humankapital eine signifikante Auswirkung auf den Bestand an Sozialkapital hat. Coleman (1990b) wiederum zeigt, dass auch die umgekehrte Wirkung zu beobachten ist, dass also ein höherer Bestand an Sozialkapital sich positiv auf die Akkumulation von Hu-mankapital auswirken kann.

Generell reduziert Sozialkapital Transaktionskosten über Vertrauensbildung, verstärkt die ökonomische Effizienz der Austauschprozesse, da es eine höhere Arbeitsteilung ermöglicht, und begünstigt die Investitionen in Human- und physisches Kapital (siehe etwa Knack 1999). Erste empirische Untersuchungen sprechen dafür, dass in Wachstumsmodellen Sozialkapital gleichberechtigt neben Arbeit, physischem Kapital und Humankapital berücksichtigt werden müsste.

Abbildung 13: Rangkorrelationen zwischen Humankapital und verschiedenen Indikatoren für staatliches Sozialkapital

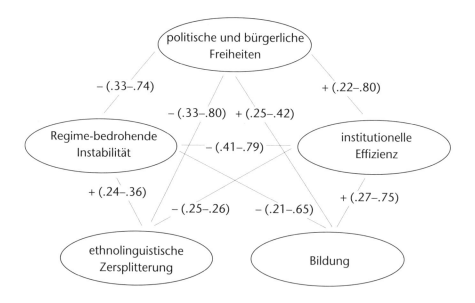

Quelle: Darstellung nach Fedderke & Klitgaard 1998, S. 465

Auch wenn die Erforschung der Rolle des Sozialkapitals in ökonomischen Prozessen erst am Anfang steht, reicht doch der heutige Wissensstand aus, um wenigstens sagen zu können, dass das Bildungsziel der sozialen Kohäsion über die Interaktionen, die es mit dem Humankapital aufweist, und seine daraus folgende Bedeutung für das wirtschaftliche Wachstum seine Rechtfertigung erhält.

Nach der Klärung dieses Punktes stellt sich die Frage, wie die soziale Kohäsion durch die Organisation des Bildungswesens beeinflusst werden kann und wird.

Bildungsangebot und Bildungsfinanzierung und ihre Auswirkungen auf die soziale Kohäsion

Der Zusammenhang zwischen Bildungsfinanzierung und sozialer Kohäsion ist grundsätzlich nur ein indirekter. Entscheidender ist an und für sich, ob das Schulangebot (im Inhalt) einheitlich oder heterogen ist und ob es vom Staat angeboten wird oder ob verschiedene (staatliche und private) Bildungsanbieter auftreten. Dabei sind zwei Kanäle der Beeinflussung der sozialen Kohäsion zu unterscheiden, denen ein unterschiedlich hoher Einfluss auf die soziale Kohäsion zugeschrieben wird:

1) Die soziale Kohäsion wird gestärkt, wenn die Schüler unabhängig von ihren Präferenzen (oder von jenen ihrer Eltern) und von ihrem soziodemographischen und -ökonomischen Hintergrund in die gleichen Schulen gehen müssen. Diese stärkste Form der sozialen Kohäsion bedingt praktisch, dass es nur einen staatlichen Anbieter geben kann und dass die Nachfrager auch unter den verschiedenen staatlichen Schulen keine Wahl treffen dürfen. Theoretische Modelle von Kremer und Sarychev (1998)[54] oder Gradstein und Justman (1999a, b)[55] erklären die starke Verbreitung von durch staatliche Anbieter dominierten Bildungssystemen durch deren Überlegenheit in bezug auf den damit erzielbaren Grad an sozialer Kohäsion[56]. In ihren Modellen wird der Einfluss des Bildungssystems auf die soziale Kohäsion und der Einfluss letzterer auf das Wachstum in einem einheitlichen Modell dargestellt.

---

54 Kremer und Sarychev (1998) schliessen aus ihren Beobachtungen, dass Schulwahl zu höherer sozialer Segregation und ideologischer Diversität in einer Gesellschaft führe, dass aber das Ausmass an Kosten, die durch diese Segregation verursacht werde, von einem Land zum anderen stark schwanke und deshalb keine generelle Aussage möglich sei: «... the analysis suggests that vouchers lead to ideological sorting, but that the costs of this sorting differ across societies. Societies may not be significantly harmed by this sorting if contact across groups is sufficient to restrain extremism ...» (S. 29).

55 «Popular support for vouchers is most often based on their offering better access to high-quality education, especially to children of disadvantaged families. However, their impact on social cohesion may be no less important, else gains from better scholastic performance may be outweighed by losses from increased social fragmentation» (Gradstein & Justman 1999b, S. 24).

56 Eine ganz andere Begründung für ein staatliches Bildungsangebot finden wir bei Brown (1992), der nicht Externalitäten, sondern Unsicherheit und Transaktionskosten beim Bildungsangebot als Argument ins Feld führt. Sein erstes Argument (Unsicherheit) führt im Modell dazu, dass sich öffentliches und privates Angebot gezwungenermassen ähneln müssen («mirror image»), und mit dem Argument der Transaktionskosten im Umfeld der «public choice» findet er die Begründung, warum die Öffentlichkeit in einem solchen Fall ein öffentliches gegenüber einem privaten Angebot präferiert.

2) Eine abgeschwächte Form der sozialen Kohäsion wird erzielt, wenn die Schüler bezüglich des Anbieters zwar eine Auswahlmöglichkeit haben, diese aber hinsichtlich des Curriculums strikten Auflagen unterliegen, so dass wenigstens über den Bildungsinhalt gemeinsame Werte und Normen vermittelt werden.[57]

Während etliche Autoren davon ausgehen, dass nur die erste Variante eine wirkliche soziale Kohäsion garantiere und die freie Wahl eines Bildungsanbieters automatisch zu sozialer Segregation und Polarisierung führe[58], muss dagegen eingewandt werden, dass auch ein staatliches Angebotsmonopol keine Absicherung gegen soziale Segregation darstellt. Die geographische Mobilität der Eltern führt auch in einem System mit vornehmlich öffentlichem Angebot dazu, dass Schulklassen entmischt werden und sich eine soziale Segregation einstellt. Dies lässt sich in den USA anhand verschiedenster Studien zeigen[59], kann aber beispielsweise auch in der Schweiz schon alleine anhand der sehr grossen Varianz des Ausländeranteils in öffentlichen Schulen belegt werden.

Zusammenfassend kann man feststellen, dass der Tatbestand eines einheitlichen, öffentlichen Schulangebotes noch keine höhere soziale Kohäsion garantiert als ein System mit freier Schulwahl.

Wenn wir allerdings davon ausgingen, dass die Erreichung des bildungspolitischen Ziels der sozialen Kohäsion für ein einheitliches staatliches Angebot ohne Wahlmöglichkeiten für die Nachfrager spricht, dann drängte sich auch eine ein-

---

57 Exemplarisch sei auf den Fall der Niederlande verwiesen (siehe Kapitel 5).
58 Neuere empirische Untersuchungen von Greene (1998, 1999) stellen diese Meinung in Frage. Er bestreitet auf der Basis seiner Resultate die Meinung, soziale Kohäsion könne nur durch einen Prozess garantiert werden, bei dem möglichst alle Schüler einer einheitlichen, allgemeinen Bildung unterzogen werden. Bezüglich «ethnischer Toleranz», «Effektivität der Vermittlung bürgerlicher Werte» und der «Selbstverpflichtung zu öffentlichen Aufgaben» untersuchte er die Unterschiede zwischen öffentlichen und privaten Schulen. Er kontrollierte dabei auch die soziodemographische und sozioökonomische Herkunft der Schüler. In allen Belangen schnitten die privaten Schulen signifikant besser ab als die öffentlichen Schulen. Er kommt dabei zum Schluss: «The evidence ... suggests that there is no reason to fear that school choice programs will undermine democratic education by allowing more students to choose private schools. There is even good reason to believe that school choice programs may improve democratic education as well as educational achievement» (1998, S. 105). Es ist schwer zu beurteilen, wie sehr diese Resultate auch für Bildungssysteme ausserhalb der USA Geltung haben, bei denen das öffentliche Schulwesen gegenüber den privaten Schulen nicht derart stark abfällt.
59 Coleman (1990a) beobachtet beispielsweise eine höhere soziale Segregation in öffentlichen als in privaten Schulen.

heitliche und öffentliche Finanzierung des Bildungsangebotes auf.[60] Eine nachfrageorientierte Bildungsfinanzierung würde nur unter diesen Prämissen keinen grossen Sinn machen.

Soziale Kohäsion in Abhängigkeit der Schulstufe

So unbestritten die Rolle der Schule als Produzentin sozialer Kohäsion und damit von Sozialkapital ist, so einleuchtend ist es auch, dass dies wohl nicht auf allen Schulstufen mit der gleichen Bedeutung der Fall ist. Allerdings gibt es keine einheitliche Meinung darüber, wie die Schulstufen bezüglich ihrer Bedeutung für die soziale Kohäsion einzuteilen sind. Straubhaar und Winz (1992) etwa sehen eine

Abbildung 14: Sozialisierungs- und Qualifizierungsfunktion nach Schulstufen

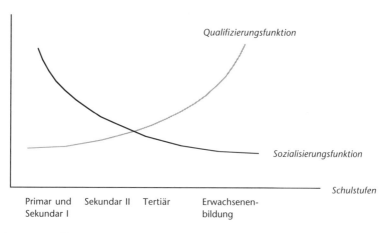

Quelle: eigene Darstellung

---

60   An dieser Stelle ist es vielleicht interessant, darauf hinzuweisen, dass die volle staatliche Finanzierung der Bildung in Frankreich und Preussen erst Jahrzehnte nach der Einführung der allgemeinen Schulpflicht und der staatlichen Kontrolle des Bildungsangebotes erfolgte (Gradstein & Justman 1999a, S. 4).

sozialisierende Rolle der Schule lediglich auf der Primar- und der Sekundarstufe I, allenfalls noch der Sekundarstufe II; auf der Tertiärstufe stehe die Rolle der Sozialisierung im Hintergrund und die Qualifizierungsfunktion im Vordergrund.

Die Ansicht, dass die Sozialisierungsfunktion mit aufsteigender Schulstufe an Gewicht verliert und die Qualifizierungsfunktion an Bedeutung gewinnt (siehe Abbildung 14), wird hier geteilt; die Möglichkeit, die Schulstufen klar einteilen zu können oder gewissen Stufen eine sozialisierende Rolle gar abzusprechen ist damit jedoch nicht gegeben. Gerade das Beispiel angelsächsischer Tertiärsysteme zeigt anschaulich, wie dort die Universitäten über die Selektion der Studenten eine ganz spezifische Sozialisierung betreiben und auch ein ganz spezifisches Sozialkapital aufgebaut wird.[61]

Zusammenfassend kann man sicherlich sagen, dass das Bildungsziel der sozialen Kohäsion bis und mit Sekundarstufe II als relevant angesehen werden kann und dass es für eine Bildung nach der tertiären Stufe in den wenigsten Fällen noch eine Rolle spielt. Zwischen diesen Trennlinien liegt das tertiäre System, bei dem man sich über die Bedeutung des Ziels der sozialen Kohäsion streiten kann.

Wahlfreiheit

«In a free world where people have a choice in almost everything that is important in their lives, it cannot be that what, where, when and even how they learn is determined by others» (Van Ravens 1998, S. 101).

Wahlfreiheit ist nicht nur das konstituierende Merkmal einer marktmässigen Steuerung des Bildungssystems (vgl. Kap. 2), sie ist auch ein Wert an und für sich und muss deshalb auch als eigenständiges Ziel bezeichnet werden. Die Wahlmöglichkeit an und für sich und nicht erst die damit erzielte allfällige Wohl-

---

61 Es handelt sich in diesem Fall vor allem um privates Sozialkapital (Werte, Normen, Beziehungsnetze), bei dem die positiven Externalitäten wahrscheinlich eher gering sind und der meiste Nutzen von den Ausgebildeten selbst internalisiert werden kann. Soziale Kohäsion kann bei diesem Beispiel höchstens noch als Kohäsion innerhalb einer sozialen Gruppe (Schicht) verstanden werden. Es kann nun durchaus legitim sein, dass man über ein egalitäres Universitätssystem diese Herausbildung einer schichtspezifischen Sozialisierung verhindern will; damit hätte das Bildungsziel der sozialen Kohäsion auch auf der tertiären Stufe eine ebenso grosse Bedeutung und Berechtigung wie auf den unteren Bildungsstufen.

fahrtsverbesserung steigert schon die Wohlfahrt. Dies wird häufig ausser Acht gelassen, wenn man der Wahlmöglichkeit nur instrumentalen Charakter zubilligt, d. h. als Instrument versteht, das es erlaubt, zwischen Möglichkeiten auszuwählen, die sich durch einen subjektiv unterschiedlichen Beitrag zur eigenen Wohlfahrt auszeichnen. Der Freiheit der Wahl oder auch dem Recht zur Selbstbestimmung wird von vielen Personen unabhängig von der Inanspruchnahme schon ein positiver Wert zugebilligt. Schulwahlmöglichkeit ist deshalb gerade in der amerikanischen Diskussion über Bildungsfinanzierung zum eigentlichen Hauptthema der Bildungsdiskussion der neunziger Jahre geworden (siehe etwa Peterson & Hassel 1998 und Sugarman & Kemerer 1999).

Wie bei den anderen Bildungszielen unterscheidet sich die Wertschätzung dieses Ziels natürlich stark, d. h. nicht jeder Bürger und auch nicht jede Gesellschaft misst diesem Recht den gleichen Wert zu.

Abbildung 15: Wahlmöglichkeiten nach Schulangebot und -finanzierungsmodalitäten

Grad der Schulwahl	Form des Schulangebots
keine Schulwahl	nur öffentliche Schulen
Schulwahl («public choice»)	nur öffentliche Schulen
keine Schulwahl bei öffentlichen Schulen, aber «market choice» unter privaten Schulen	öffentliche und private Schulen
freie Schulwahl bei öffentlichen und bei privaten Schulen	öffentliche und private Schulen

Quelle: eigene Darstellung

Wenn man von Wahlfreiheit spricht, muss man sich zuallererst bewusst werden, dass es verschiedene Formen von freier Schulwahl gibt, die sich teilweise erheblich unterscheiden. Abbildung 15 zeigt in aufsteigender Form, die mindestens vier verschiedenen Stufen von Schulwahl. Eine vollständige Marktwahl («market choice») besteht dann, wenn frei zwischen öffentlichen und privaten Schulen ausgewählt werden kann. Eine eingeschränkte Schulwahl lässt nur die Wahl unter den privaten Anbietern zu, während bei den öffentlichen Anbietern eine Zuteilung besteht. Weiter ist es möglich, dass nur zwischen öffentlichen Schulen («public choice») gewählt werden kann.

Abbildung 16: Zufriedenheit der Eltern mit der Schulwahl (Unterschied des Prozentsatzes zufriedener Eltern bei freier Schulwahl und bei keiner Schulwahl)

Gebiete erhöhter Elternzufriedenheit

Programm	1	2	3	4	5	6
Milwaukee	1	16	16	16	k. a.	17
Indianapolis	25	39	40	32	k. a.	k. a.
San Antonio	k. a.	k. a.	44	41	k. a.	k. a.
Cleveland	31	34	22	k. a.	33	35

Gebiete erhöhter Elternzufriedenheit
1 Lehrer
2 Unterricht
3 Disziplin der Schüler
4 Quantität des Gelernten
5 Sicherheit in der Schule
6 Enflussmöglichkeiten der Eltern

Quelle: eigene Übersetzung nach Peterson 1998, S. 18; für weitere Untersuchungen siehe auch Vanourek et al. 1988

Abbildung 17: Starke Zustimmung der Eltern (in Prozent) zu Fragen der Schulqualität, nach Schultyp und Wahlmöglichkeiten

	staatliche Schule ohne Schulwahl	staatliche Schule mit Wahl	private Schule
Das Kind ist in der Schule gefordert	83	85	97
Das Kind geht gerne in die Schule	87	91	94
Die Lehrer halten die Disziplin aufrecht	89	92	98
Schüler und Lehrer respektieren sich	86	90	98
Schulleiter hält Disziplin aufrecht	91	93	98

Quelle: eigene Übersetzung nach Cohn 1997, S. 6

Bildungsfinanzierung zwischen Markt und Staat

Trotz der manchmal schwer vergleichbaren Ausgangslage in den einzelnen Schulwahlprogrammen ist in vielen Studien hinlänglich belegt, dass die Zufriedenheit der Eltern mit dem Schulangebot und den schulischen Ergebnissen in vielerlei Hinsicht steigt, sobald eine Wahlmöglichkeit vorhanden ist. Die Abbildungen 16 und 17 zeigen illustrativ Resultate solcher Zufriedenheitsuntersuchungen bei Wahlmöglichkeiten.[62]

Der hohe Stellenwert der Wahlmöglichkeit bei den Verfechtern dieser Freiheit, wie aber auch die vielen und vielfältigen Einwände dagegen, rechtfertigen es, dass letztere hier detailliert besprochen werden. Die Einwände (a–g) werden zuerst vorgestellt und dann jeweils im Lichte der bekannten Literatur diskutiert.

a)   Nur ein kleiner Teil von Eltern mässen der Wahlfreiheit überhaupt eine Bedeutung zu; für viele Eltern habe diese Freiheit keine nennenswerte Bedeutung, da sie schon der Bildung keine grosse Bedeutung zumessen.

Hinter diesem Argument steht häufig auch die Meinung, dass es Nachfrager gibt, die man vor ihrem Desinteresse oder ihrer Ignoranz schützen muss. Dem kann erstens entgegengehalten werden, dass in Situationen, in denen gar keine Wahlmöglichkeiten bestehen, die rationale Strategie durchaus darin besteht, «ignorant» zu bleiben. Bei der Schulwahl ist deshalb zu bedenken, das die Wertschätzung dieser Wahlmöglichkeit davon abhängt, ob man diese Möglichkeit überhaupt schon kennt. Wie in anderen Dingen, kann hier von einem sogenannten «Gewöhnungseffekt» ausgegangen werden, d. h. Personen, die diese Möglichkeit schon haben, schätzen sie in der Regel höher ein, als Personen, die sie noch nicht kennen. Daher sind Umfragen bei Eltern oder Untersuchungen zu ihrer Einstellung gegenüber Schulwahlmöglichkeiten immer mit einer gewissen Vorsicht anzugehen. Man kann sogar davon ausgehen, dass die meisten Studien praktisch wertlos sind, die das Informationssuchverhalten von Eltern in Situationen untersuchen, in denen Wahlmöglichkeiten gar nicht oder noch nicht bestehen.

Gegen das Argument a sprechen insbesondere die Untersuchungen der Fälle, in denen Wahlmöglichkeiten schon eingeführt wurden. In der Regel wur-

---

62   Gegen diese Form der positiven Darstellung von Wahlmöglichkeiten wird etwa eingewendet, dass sich lediglich die Einstellung der Eltern zur schulischen Leistung verbessert habe, nicht jedoch die schulische Leistung selbst. Diese harte Kritik (etwa Waring 1996, S. 68) lässt sich erstens in dieser Form nicht beweisen und zweitens würde selbst wenn diese vollkommen zutreffend wäre, immer noch das Argument bestehen bleiben, dass die Wahlmöglichkeit als solche schon einen Nutzen stiftet.

den solche Wahlmöglichkeiten nach politischen Abstimmungen zu diesem Thema eingeführt, was die Möglichkeit ergab, erstens das Abstimmungsverhalten verschiedenster Bevölkerungsschichten detailliert zu untersuchen. Zweitens wurden die meisten Modelle mit Schulwahlmöglichkeiten weiteren Evaluationen unterzogen, dank deren man auch die Einstellungen der Betroffenen vor und nach der Einführung von Schulwahlmöglichkeiten untersuchen konnte. Die vorliegenden Berichte zeigen zusammengefasst folgendes Bild: Bildungsgutscheinmodelle mit freier Schulwahl vergrössern die Wahlmöglichkeiten für wohlhabende Bildungsnachfrager nur marginal; diese konnten ja schon im herkömmlichen System bei Bedarf auf Privatschulen ausweichen. Diese Eltern haben dementsprechend auch weniger Interesse an einer allgemeinen Wahlmöglichkeit. Bildungsnachfrager mit tiefen Einkommen, Schwarze, Katholiken (mit Präferenz für religiös geführte Schulen) und Einwohner in Regionen mit schlechten staatlichen Schulen hingegen präferierten signifikant stärker die Einführung eines Bildungsgutscheinsystems als der Rest der Einwohner (siehe etwa Sandy 1992). Insgesamt kann man also davon ausgehen, dass gerade jene Eltern der Wahlfreiheit eine höhere Bedeutung zumessen, die im Status quo hinsichtlich des Schulangebotes benachteiligt sind. Dies bedeutet noch lange nicht, dass damit auch alle Personen der Bildung als solcher die gleiche Bedeutung zumessen. Um eine stärkere Sensibilisierung bestimmter Bevölkerungskreise für die Bedeutung von Bildung und Bildungsqualität zu erreichen, bräuchte es zugegebenermassen mehr als nur die Wahlmöglichkeit.

b) Gewisse Eltern seien bei der Wahl benachteiligt, da sie über weniger Möglichkeiten verfügen (Informationsstand usw.), die für sie richtige Wahl zu treffen.

Das Argument unterstellt, dass gewisse Nachfrager keinen oder nur einen erschwerten Zugang zu Bildungsinformationen hätten. Dazu kann folgendes festgehalten werden: Verschiedene Studien zeigen, dass drei Reaktionen eintreten, sobald Wahlmöglichkeiten bestehen. Zum einen verstärkt sich die Suche nach Informationen über Schulqualitäten, und dies insbesondere unter Eltern, die sozioökonomisch benachteiligt sind (weil gerade diese aus der Wahlmöglichkeit auch den grössten potenziellen Nutzen ziehen können, siehe etwa Schneider et al. 1996), und zweitens ist zu beobachten, dass die Anbieter von Bildung einen stärkeren Anreiz zur Transparenz und zum Vermitteln von Informationen haben. Drittens sorgen auch schon wenige Nachfrager, die sich informieren, dafür, dass die Bildungsanbieter ihr Informationsverhalten verbessern, so dass durch diese Aktivität einiger «informierter» Kunden auch die Konsumenten geschützt werden, die sich nicht aktiv informieren (siehe Ladmin & Mintrom 1997, S. 222).

c) Der Bildungsnachfrager habe in der Regel trotz Wahlmöglichkeit keinen grossen Einfluss auf die Qualität der Bildungsleistung. Dies wird mit einem «Principal-agent»-Problem erklärt. Der Bildungsnachfrager («principal») verfüge über zu wenig Informationen, um den Anbieter («agent»), d. h. die Lehrer oder Schulleiter, überwachen zu können. So komme es dann jeweils dazu, dass die Schulen die ihnen zur Verfügung stehenden Ressourcen zu Zwecken verwendeten, die ihre eigene Situation verbessern (etwa höhere Löhne oder kleinere Klassen), hingegen auf die schulischen Leistungen der Schüler nur geringen oder gar keinen Einfluss hätten. Somit habe die Wahlmöglichkeit praktisch keine Auswirkungen auf die Effizienz und Effektivität des Systems.

Auf den ersten Blick scheint das «Principal-agent»-Argument überzeugend; es stellt sich jedoch die Frage, ob es wirklich gegen die Wahlfreiheit spricht oder nicht vielmehr generell ein Problem ist, das sich bei jeder Form der Schulsteuerung ergibt. Die Alternative einer direkten Schulsteuerung durch die Nachfrager ist die heute verbreitete Steuerung über Politiker[63], die in der Sprache der politischen Ökonomie nichts anderes als «delegierte Agenten» des Prinzipals sind, mit der Aufgabe, den produzierenden Agenten zu überwachen. Ob dieser delegierte Agent diese Aufgabe nun effizienter als der Prinzipal und vor allem im Interesse des Prinzipals löst, ist nicht abschliessend zu beantworten; kollusives Verhalten zwischen dem delegierten Agenten und dem produzierenden Agenten ist sogar mehr als nur wahrscheinlich.[64] Das «Principal-agent»-Argument muss deshalb in jeder Form der Schulsteuerung beachtet werden und spricht sicherlich nicht exklusiv nur gegen eine freie Schulwahl seitens der Bildungsnachfrager.

d) Bei der Schulwahl könne es zu sogenannter «adverse selection» kommen (siehe etwa Weiss 2000, S. 11), d. h. die Schüler wählen die Schulen mit den tiefsten Leistungsanforderungen. Wenn in einer Schule der Abschluss gefährdet

---

63 Die Politik delegiert die Steuerungs- und Überwachungsaufgabe weiter an die Verwaltung und Schulaufsichtsbehörden, die wiederum politisch gewählt sind.

64 «If the politician [delegierter Agent] and the firm [produzierender Agent] cannot communicate, then in a static model it is difficult to escape from the conclusion that truthful behavior is the most natural outcome. But the presumption that the Constitution can control communication between the two agents appears highly unrealistic. ... The two agents will then understand that there is a common stake for collusion and the self-interested politician will be tempted to propose to hide his signal ... if the firm agrees to share with him the information rent ...» (Laffont 2000, S. 30). Das Zitat beschreibt einen anderen Zusammenhang, deshalb wird hier der Begriff «firm» verwendet; das Argument lässt sich aber ebenso gut auf schulische Institutionen übertragen.

ist, wechsle man in eine Schule mit tieferem Leistungsstandard. Dies führe zu keinen Nachteilen für den Absolventen, solange der abnehmende Markt keine Abschlussdifferenzierung vornehme, was durch die vorhandene Forschung bestätigt werde.

Neben der von Weiss zitierten Literatur kommen auch andere Studien zum Schluss, dass nicht nur die Schulressourcen keinen statistisch signifikanten Einfluss auf die schulische Qualität in Form von Schülerleistungen haben, sondern diese Schülerleistungen auch keine Erklärung für spätere Lohnunterschiede auf dem Arbeitsmarkt liefern (etwa Betts 1996).[65] Damit ist aber noch nicht abschliessend beurteilt, ob die Qualität von Diplomen wirklich keine Rolle für den Arbeitsmarkt spielt und ob man bei der Schulwahl wirklich ohne weiteres von einer Institution mit hohen Anforderungen in eine mit tiefen Anforderungen wechseln kann, ohne dabei auf dem Arbeitsmarkt Nachteile zu erleiden. Die Beantwortung dieser Frage hängt sicherlich auch mit den Traditionen des jeweiligen Bildungssystems und dem Zusammenspiel mit dem Arbeitsmarkt ab. In den USA spricht die lange Tradition des öffentlichen Rankings schulischer Institutionen der Tertiärstufe eher gegen die Konsequenzlosigkeit solcher strategischer Entscheide von Eltern und Bildungsnachfragern.[66] Stärker noch als in den USA und schon auf der Sekundarstufe findet eine solche externe Evaluation der Höhe der Anforderungen einer Schule in Frankreich und in den Niederlanden statt, wo sich Eltern konsequent die Schule mit der Reputation für die höchsten Anforderungen an die Schüler auswählen.[67] Die Gefahr, dass freie Schulwahl «adverse selec-

---

65 Diese Aussagen sind jedoch, wie viele andere, nicht unumstritten. Card und Krueger (1996) kommen bei ihrer Analyse der Literatur zum Schluss, dass die schulischen Leistungen positiv von der Schulqualität abhängen und dass diese wiederum einen signifikant positiven Einfluss auf die späteren Löhne der Studenten habe. In einer ökonometrisch ausgefeilten Weiterentwicklung dieser Untersuchungen schliessen Heckmann et al. (1996), dass die Resultate von Betts zwar gestützt werden können, dass vieles jedoch darauf beruhe, dass man bezüglich der Schulqualität keine richtigen Variablen habe und deshalb jede Aussage bezüglich des Zusammenhangs zwischen Schulqualität und Löhnen nur vorläufiger Natur sei.

66 Ganz abgesehen davon, sind die Wahlentscheide von Eltern in diesen Modellen nur unzulänglich modelliert, weil man zu wenig darüber weiss: «Estimating equations used in the literature do not capture explicit choice mechanisms for parents and school authorities or the detailed schooling production process required to justify specific policy interventions» (Heckman et al. 1996, S. 254).

67 «In the Netherlands and France ... the reputations of teachers and schools are affected by student achievement on the exams. Parents base their selection of the upper secondary school their child will attend ... in part on these reputations. Parents tend to set difficult goals for their children, so most students are placed in programs that for them are very demanding» (Bishop 1996, S. 141).

Bildungsfinanzierung zwischen Markt und Staat

-tion» im grösseren Stil produziert, hängt deshalb sehr stark vom Umfeld ab, in dem sie praktiziert wird. Sobald Informationen über die Qualität von Schulen transparent werden, nimmt die Neigung zur «adverse selection» automatisch ab und somit auch die Gefahr einer Nivellierung des Schulsystems auf dem tiefsten Anspruchsniveau.

e) Wahlfreiheit wirke sich negativ auf die Reformfähigkeit des Bildungswesens aus, da Eltern in der Regel konservativer seien als Bildungspolitiker und Pädagogen. Weiter seien die Eltern häufig in technologisch überholten Berufen tätig und orientierten sich in ihren Entscheiden somit an falschen Signalen des Arbeitsmarktes.

Dieses Argument, dessen schlüssigen Beweis die Urheber schuldig bleiben, ist nicht leicht beurteilbar. Dagegen sprechen immerhin einige Beobachtungen. Einerseits ist der Lehrerberuf durch eine statistisch erwiesene geringe interberufliche Mobilität gekennzeichnet. Lehrer oder Pädagogen sind schon deshalb sicherlich den arbeitsmarktlichen Signalen nicht mehr, eher sogar weniger ausgesetzt als Durchschnittseltern. Es kommt hinzu, dass mit der demographischen Überalterung der Industrieländer auch beim Lehrerberuf das Durchschnittsalter mehr als zehn Jahre über dem Durchschnittsalter der Eltern liegt. In einer solchen Situation ist die Unterstellung, Eltern seien in der Bildungswahl konservativer eingestellt als Pädagogen und Bildungspolitiker, schwer nachvollziehbar. Eine einzige Erklärung, die in die Richtung des vorgestellten Argumentes gehen könnte, liegt in einer möglichen Risikoaversität der Eltern: Pädagogen oder Bildungspolitiker sind wahrscheinlich bei Schulreformen weniger risikoavers, da sie von fehlgeschlagenen Reformen nur indirekt betroffen werden. Da die Kinder der entscheidenden Eltern bei schulischen Reformen direkt betroffen sind, ist eine Risikoaversität gegenüber Reformen plausibel und kann sich bremsend auf Reformen auswirken. Die gleiche Argumentation kann man natürlich umgekehrt auch für Reformen auf der Systemebene machen. Dort kann man feststellen, dass gerade die Pädagogen und Lehrer sich häufig gegen solche Reformen stemmen. Hier sind sie direkt betroffen oder Erstbetroffene, und somit wirkt sich hier ihre grössere Risikoaversität aus. Es ist ohnehin interessant zu beobachten, dass dieselben Leute, die auf der Schulebene eine vitale Reformfreudigkeit an den Tag legen, auf der Systemebene bei Reformen zuerst lange Vorlaufzeiten und Versuche fordern und gleichzeitig denselben Widerstand auf der Mikroebene von seiten der Eltern als negativ und konservativ abtun.

f) Eltern verliessen sich bei ihrer Wahl auf Kriterien der Schule, die für die Qualität der schulischen Produktion gar nicht aussagekräftig seien, wie Statusmerkmale, Nähe zum Wohnort oder soziales Milieu oder auch Lerninhalte, die nicht akademisch orientiert seien, wie etwa das Sportangebot.

Die Befürchtung, die hinter diesem Argument steht, ist ein Qualitätszerfall des Bildungswesens, falls Eltern Schulen präferieren würden, die sich nicht mehr an akademischen oder schulischen Zielen orientieren. Das Argument muss von zwei Richtungen her beleuchtet werden. Einerseits gibt es bei den Befürwortern von Wahlfreiheit explizit den Wunsch, dass sich eine Vielfalt von Schulen herausbilden sollte, die sich nicht alle an den gleichen Zielsetzungen orientieren würden. Andererseits finden empirische Studien keine grossen Belege dafür, dass sich die elterlichen Präferenzen bei Wahlfreiheit von akademischen Zielen wegbewegen würden. Was natürlich zur Folge hat, dass sich die Schulen letztendlich dann gar nicht so gross – bezüglich ihrer Lehrinhalte – unterscheiden. Die sensible Reaktion von Eltern auf die sozioökonomischen Charakteristika der Familien der Mitschüler (Mitproduzenten) (vgl. bspw. Lankford & Wyckoff 1997[68], S. 416ff.) lässt sich auch mit der Sorge um die schulisch-akademische Qualität begründen. Insgesamt wird in den empirischen Studien bezüglich der Schulqualität rationales Wahlverhalten der Eltern festgestellt (vgl. bspw. Buddin et al. 1998). Allerdings weisen diese Autoren auch darauf hin, dass es wegen der hohen Einkommenselastizität der Nachfrager trotz der Wahlmöglichkeit zu keinen grossen Veränderungen im Privatschulanteil komme. Dies führt dann dazu, dass die nachfragerorientierte Finanzierung häufig lediglich einer Subvention[69] der bereits Privatschulen besuchenden Schüler gleichkommt. Neben diesen Studien gibt es durchaus ernst zu nehmende Hinweise darauf, dass Eltern bei ihren Entscheiden unvollständige Informationen haben und sich teilweise auf Kriterien verlassen (müssen), die den Schulerfolg gar nicht erklären (vgl. etwa Glomm et al. 1999). Dies bedeutet für Bildungsfinanzierungsmodelle mit Schulwahlmöglichkeiten, dass diese Märkte nur funktionieren, wenn zusätzliche Infrastruktur angeboten wird, die solche Entscheide erleichtert, und eine solche ist natürlich mit Kosten verbunden. Diese Kosten rechtfertigen sich dann, wenn die durch die effizienzsteigernde Wirkung des Wettbewerbs unter den Anbietern entstehenden Einsparungen grösser sind. Insgesamt ist allerdings die Befürchtung, Eltern würden die Möglichkeit, eine Schule zu wählen und somit auch einen grösseren Einfluss auf die Lernin-

---

68 Die Studie stammt aus dem Jahr 1992 und wurde in Cohn (1997) neu gedruckt.
69 Siehe auch Anhang 1.

Bildungsfinanzierung zwischen Markt und Staat

halte zu nehmen, quasi zu «falschen» Zwecken gebrauchen, höchstwahr-
scheinlich nicht nur unbegründet, sondern schlichtweg falsch, wie empirische Untersuchungen wie etwa die von Hoxby (1999) zeigen.[70]

g)   Die freie Schulwahl sei mit ungeheuren Transportkosten verbunden, wenn
     die Eltern Schulen wählen, die sich nicht in der Nähe des Wohnortes befin-
     den.

Dieses Argument widerspricht schon einmal in einem gewissen Sinne dem
Argument f, bei dem gerade unterstellt wird (und was sich ja sogar noch auf
der Tertiärstufe beobachten lässt), dass die Bildungsnachfrager einen Hang
dazu haben, Schulen in Wohnnähe auszuwählen. Popularität hat das Argument durch die Berechnungen von Levin und Driver (1997) gefunden, die in
ihren Berechnungen riesige Transportkosten auswiesen für den Fall, dass ein
Bildungsgutscheinmodell flächendeckend eingeführt würde. Die Transportkosten werden als Mehrkosten des Bildungskostenmodells gegenüber der
heutigen Lösung ausgewiesen, und dabei wird völlig ausser Acht gelassen,
dass das heutige Modell auch Transport- oder Mobilitätskosten aufweist; diese werden allerdings nicht berechnet. Diese Kosten bestehen im heutigen
System, weil auch ohne formelle Schulwahlmöglichkeit bestimmte Nachfrager Schulwahl betreiben können, indem sie einfach den Wohnort wechseln.
Thiebout hatte schon 1956 in einem Aufsatz dargelegt, dass die Wohnortwahl einerseits von den Steuern, andererseits aber auch von der Verfügbarkeit und Qualität öffentlicher Güter abhängt. Es ist nun naheliegend, dass
gerade auch das Schulangebot die Wohnortwahl entscheidend mitprägt.[71]
Nun sind in diesen Vergleichen weder die mit Wohnortwechsel verbunden
Kosten[72] berücksichtigt, noch wird dem Umstand genügend Rechnung ge-

---

70   «In general, the results suggest that choice, which would give parents' preferences more
     weight relative to those of teachers and administrators, would not undermine academic and
     disciplinary standards in U. S. schools. On average, parents appear to choose [real] higher
     academic standards and stricter environments than do school staff. ... The results imply that
     school reforms, such as vouchers and charter schools, that allow parents to put more pres-
     sure on school policy are likely to trigger somewhat higher academic standards on average,
     not a collapse of standards» (Hoxby 1999, S. 312).
71   Rangazas (1995) erwähnt eine Untersuchung aus den USA, die erbrachte, dass 52,7% der
     befragten Personen angaben, die Qualität der öffentlichen Schule habe ihre Wahl des Wohn-
     ortes beeinflusst.
72   Bei diesen Kosten handelt es sich um die Kosten, die entstehen, wenn die Familien Arbeits-
     und Wohnort aufgrund des Schulangebotes trennen müssen und es für die arbeitenden El-
     tern zu Pendelkosten kommt. Den Transportkosten, die bei Levin und Drivers berechnet wur-
     den, müsste man also die Pendelkosten der Eltern gegenüberstellen. «Although existing re-

tragen, dass diese Form der Schulwahl ebenso zu einer Entmischung der Schüler und somit zu einem Verlust der sozialen Kohäsion führt wie andere Formen der freien Schulwahl. Auch diese Form der Segregation führt zu den von den Gegnern einer freien Schulwahl häufig befürchteten Schaffung von sogenannten Restschulen. Deutlich nachteilig wirkt sich hier nur aus, dass die Möglichkeit der Schulwahl an die finanziellen Ressourcen der Bildungsnachfrager gebunden ist und sich lange nicht alle Nachfrager eine solche Form der Wahl leisten können. Dies wiederum erklärt, warum sozial benachteiligte Bildungsnachfrager in Befragungen in der Regel viel stärker für eine freie Schulwahl optieren (siehe auch Argumente a und b) und dass eine solche wiederum durchaus kompatibel mit dem Ziel der «equity» ist, wohingegen eine Schulwahl mittels Wohnortwahl dieses häufig verletzt.

Wie soll man die alternativen Finanzierungsmöglichkeiten der Bildungsfinanzierung evaluieren?

Finanzierungsvorschläge im Bildungssystem können nicht absolut beurteilt werden, sondern immer nur relativ zu Alternativen. Bei derartigen Vergleichen stellen sich Probleme auf drei Ebenen:

1. Der Zielerreichungsgrad ist aufgrund empirischer Untersuchungen nur schwer messbar.

search tells us little about how families make the joint decision of where to live and where to send their children to school, a recent paper by Nechyba (1997) points to the potential payoffs of such research. Nechyba constructs a simulation model that explores what might happen in terms of school choices and residential location choices under a full-scale voucher system. His most interesting result is that an important link between school choice and residential location exists. In his simulations, a voucher program may reduce residential segregation by income class. An elastic supply of private schools makes it possible for people to uncouple school choice and place of residence. Families can live near their job and let good schools come to them. Nechyba's paper raises the possibility that a broad-based voucher program might also serve as an urban renewal program. How many commuters would decide to live in the cities where they work if they could use vouchers to choose from a menu of private schools? This is a question worthy of further investigation» (Neal 1998, S. 84). Auch Friedman (1997) erwähnt in einem neueren Artikel zugunsten von Gutscheinmodellen das Argument der Wohnortwahl. Für ihn würde ein Gutscheinmodell vor allem den Bewohnern der «inner cities», die sich bessere Wohnlagen und somit bessere Schulen unter dem heutigen System nicht leisten können, eine Verbesserung bringen.

2. Zielerreichungsgrade verschiedener Bildungsziele sind eigentlich nicht in vergleichbaren quantitativen Grössen beschreibbar.
3. Selbst bei Einigkeit über den Zielerreichungsgrad bei den Bildungszielen ist eine Gesamtbeurteilung erschwert, da die Bedeutung der einzelnen Bildungsziele einer subjektiven, politischen oder ideologischen Einschätzung unterliegt.

Die Beurteilung der empirischen Evidenz

Die Beurteilung der vorhandenen empirischen oder auch theoretischen Evidenz ist in vielerlei Hinsicht schwierig. Dabei kann man die wichtigsten Schwierigkeiten wie folgt zusammenfassen:

a) Die vorgeschlagenen Finanzierungsmodelle entsprechen in den wenigsten Fällen jenen, die in der Realität auch erprobt wurden (siehe auch im Kap. 3 den Abschnitt «Die Ursprünge und die Geschichte des Bildungsgutscheins»). Es ist deshalb schwer zu sagen, inwiefern die eingeschränkten Versuche überhaupt Schlüsse für andere, weitreichendere Vorschläge zulassen.

b) Die meisten empirischen Untersuchungen erfolgten in den USA und sind deshalb in ihrer Übertragbarkeit etwa auf europäische Bildungssysteme eingeschränkt. Dabei spielen nicht nur die Unterschiede in den Bildungssystemen und -traditionen eine Rolle, sondern auch die übrigen Rahmenbedingungen, wie Arbeitsmarktregulierungen und anderes mehr.

c) Fast alle realen Versuche mit Bildungsgutscheinen wurden auf der Volksschulstufe, also für die obligatorische Schulzeit unternommen. Einige Versuche betrafen die Sekundarstufe II («high schools»), praktisch keine wurden im höheren Bildungswesen, insbesondere im tertiären System unternommen. Nur wenige Versuche mit nachfrageorientierten Instrumenten kennt man aus dem Bereich der Erwachsenenbildung (Weiterbildung), allerdings wiederum meistens ohne eine wissenschaftliche Evaluation der Wirkungen.

d) Praktisch alle Versuche in der Wirklichkeit beschränkten sich auf spezifische Bildungsnachfragergruppen und entsprechen somit nicht einer generellen Anwendung eines Modells auf das ganze Bildungswesen.[73]

---

73 Solche Einschränkungen, meistens wurden nur sozial defavorisierte Nachfragergruppen zu solchen Modellen zugelassen, finden die Unterstützung von vielen Experten (siehe etwa die Schlussfolgerungen von Hoenack 1997), da bei flächendeckenden Programmen eine zu grosse Kostenunsicherheit und zu grosse Mitnahmeeffekte seitens der Nachfrager befürchtet werden, die beim Status quo den Hauptteil der Bildungskosten privat tragen.

e) Die meisten Feldversuche haben dementsprechend keine grossen statistischen Datenmengen produziert.[74] Metauntersuchungen leiden in den meisten Fällen daran, dass zwar eine grosse Zahl von Untersuchungen vorhanden ist, diese wiederum aber in zu vielen Fällen auf dem gleichen statistischen Ausgangsmaterial basieren.

f) Die meisten Versuche wurden ohne wirkliche Kontrollgruppen durchgeführt, so dass häufig zu Querschnittsvergleichen (Inter-Bundesstaaten-Vergleiche) Zugriff genommen werden musste, die die Aussagekraft einschränken. Bei diesen ist nicht sicher, dass alle übrigen Einflussfaktoren kontrolliert werden konnten.

g) Eine ähnliche Kritik betrifft die Quasi-Experimente, bei denen die Kontrollgruppen durch ökonometrische Techniken geschaffen werden. Die meisten Experten sind sich darin einig, dass die individuellen Faktoren, die den Schulerfolg determinieren, in solchen Berechnungen nur unzureichend berücksichtigt werden können, was besonders gravierend ist, weil die Schüler ja sogenannte Mitproduzenten bei der Erstellung der Bildungsleistung sind. Abhilfe würden hier nur wirkliche Sozialexperimente schaffen, bei denen die Teilnahme an einem Programm oder eben die Nichtteilnahme durch den Zufall bestimmt würde (vgl. auch Witte 1992, S. 268). Die Choice-Programme von Milwaukee (Beginn 1990), Cleveland (Beginn 1996), New York City (Beginn 1997), Dayton (Ohio, 1998) und Washington D. C. (gegründet 1993 und ausgeweitet 1998) werden in Zukunft stark verbesserte Möglichkeiten zur Evaluation bieten, da die Zuteilung zu diesen Programmen über eine Lotterie erfolgt[75] (siehe bspw. Peterson 1998, S. 14) und somit die Bedingungen für ein soziales Experiment erfüllen. In Europa sind ähnliche Sozialexperimente eher undenkbar, da dafür aufgrund ethischer Überlegungen in den wenigsten Fällen eine rechtliche Basis gefunden würde.

---

[74] Im fünften Kapitel werden die zahlenmässig grösseren Versuche beschrieben. Daneben gibt es aber noch viele Modelle, an denen manchmal gerade einmal ein paar Dutzend Studenten beteiligt sind. So beschäftigte Anfang 2000 ein Voucher-Programm in Florida die Gerichte. Das Programm begann 1999 in Escambia und erlaubte 52 Schülern den Besuch von Privatschulen auf Staatskosten. Das Programm hätte nachher ausgedehnt werden sollen, aber Gegner bestreiten seine Verfassungsmässigkeit, so dass die 52 Schüler nun nicht mehr in die von ihnen gewählten Schulen gehen können.

[75] Die Programme sind praktisch ausschliesslich von privat getragenen Organisationen bezahlt und begannen in der Regel als Initiativen von Privatpersonen (siehe dazu Howell et al. 2000, Howell & Peterson 2000 und Wolf et al. 2000).

Bildungsfinanzierung zwischen Markt und Staat

Die tatsächliche Schwierigkeit bei der empirischen Überprüfung von Bildungsreformen wird von den Gegnern häufig schon als Beweis für ein Scheitern der Reformen interpretiert. Abgesehen davon, dass dies einer Verletzung der Regel «in dubio pro reo» entspricht, würde eine strenge Auslegung einer solchen Denkweise unweigerlich dazu führen, dass überhaupt keine Reformen mehr möglich wären, und dies nicht nur im Bildungswesen.[76] Die geringe Zahl von empirischen Untersuchungen lässt rein auf der Basis wissenschaftlicher Evidenz weder eine starke Befürwortung von Bildungsgutscheinprogrammen zu, noch lassen sich diese damit einfach ablehnen.[77] Die Lehre, die man aus den bekannten Untersuchungen ziehen kann und muss, ist jene, dass weitere Experimente und ihre Evaluation notwendig wären, um den zu geringen Wissensstand in diesem Bereich zu verbessern.

Die Vergleichbarkeit von Zielerreichungsgraden

Nehmen wir an, es gelänge, die Zielerreichung aufgrund wissenschaftlicher Untersuchungen für jedes einzelne der vier Bildungsziele zu berechnen. Damit wäre noch nicht garantiert, dass sich auch alle gleich gut in quantitativen Grössen ausdrücken lassen. Wie lässt sich etwa eine Erweiterung der Schulwahl quantifizieren oder welches Mass soll man der sozialen Kohäsion geben? Neben diesen Fragen, stellt sich dann die Schwierigkeit, dass man diese so verschieden definierten Zielgrössen miteinander verrechnen müsste, um zu einem Gesamturteil zu gelangen. Eine absolute gegenseitige Verrechnung ist aber nicht möglich, denn niemand könnte angeben, ob 3% Effizienzgewinn nun weniger oder mehr wert seien als ein Verlust von 10% sozialer Kohäsion. Damit wird klar, dass wir den Zielerreichungsgrad allenfalls qualitativ beurteilen können, nicht jedoch quantitativ.

---

76 Ganz ähnlichen Problemen unterliegen etwa Evaluationen von Reformen der Arbeitsmarktpolitik.

77 «For some questions, there is a paucity of credible evidence. For others, evidence from nonvoucher systems is used inappropriately to forecast the impact of vouchers. The review concludes that empirical evidence is not sufficiently compelling to justify either strong advocacy or opposition to large-scale voucher programs» (McEwan 2000, S. 1).

Abbildung 18: «Score card» zur Beurteilung von Bildungsfinanzierungsmodellen

	Finanzierungsmodelle	
	traditionell	Vouchers
Wahlfreiheit		**
Equity	*	
Effizienz/Effektivität	*	**
soziale Kohäsion	**	

Quelle: eigene Darstellung nach Levin[78]

Diese Erkenntnisse haben auch das Team um Levin dazu gebracht, die Beurteilung von alternativen Bildungsfinanzierungsmodellen in Form sogenannter qualitativer «score-cards» vorzunehmen, bei denen die qualitative Ausprägung der einzelnen Zielerreichungsgrade angegeben ist.

Die Bedeutung und Gewichtung der einzelnen Bildungsziele

Wenn eine solche qualitative Beurteilung der einzelnen Zielerreichungsgrade vorgenommen worden ist, ist damit noch kein Gesamturteil gefällt. Auch wenn die «score-card» von Levin den Eindruck erweckt, man könne am Schluss einfach die einzelnen (qualitativen) Sterne zusammenzählen und so zu einer Schlussbeurteilung kommen, ist dem nicht so. Dies verhindert die unterschiedliche Beurteilung der Bedeutung der einzelnen Bildungsziele, die man in der Bevölkerung findet. Eine einfache additive Beurteilung des Zielerreichungsgrades wäre nur dann zulässig, wenn man davon ausgehen könnte, dass alle Bildungsziele das gleiche Gewicht bei der Gesamtbeurteilung haben. Vertreter von Marktlösungen legen in der Regel ein viel stärkeres Gewicht auf die Wahlfreiheit und auf die Effizienz des

---

78   Informationen zu den neuesten Arbeiten von Levin finden sich unter der Internetadresse http://www.tc.columbia.edu/ncspe/indexframe.htm.

Bildungswesens, während Vertreter von Staatslösungen der sozialen Kohäsion und der Equity eine höhere Bedeutung zumessen.[79]

Abbildung 19: Zielstärken von Befürwortern einer Marktlösung und von Befürwortern einer einheitlichen, staatlichen Lösung

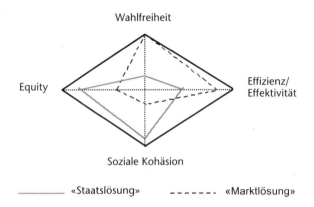

Quelle: eigene Darstellung

Die beiden Parteien unterscheiden sich aber nicht nur durch eine unterschiedliche Ausprägung der Wünschbarkeit ihrer präferierten Ziele, sondern gehen gleichzeitig häufig gar so weit, den von ihnen nicht als prioritär eingestuften Zielen die Existenzberechtigung abzusprechen.[80]

---

79 Die Unterscheidung von Befürwortern von Marktlösungen oder Staatslösungen wird von den meisten Autoren gemacht, da die ideologische Trennlinie bei der Frage nach der Rolle des Staates in der Bildung auftaucht: «The voucher question boils down to how societies feel politically about the responsibilities and role of the state in education» (Carnoy 1997, S. 114).

80 So haben wir gesehen, dass etwa Friedman in der sozialen Kohäsion nicht etwa ein weniger bedeutendes Bildungsziel gesehen hat, sondern dieses gar als nicht wünschenswertes Ziel beurteilte und somit Lösungen favorisierte, die es explizit verletzten. Auf der anderen Seite sind ähnliche Beurteilungen anzutreffen: «Wie weit die freie Schulwahl ein Rechtsgut darstellt, bleibt juristischen Abklärungen überlassen» (Mangold et al. 2000, S. 56).

Abbildung 19 zeigt eine schematische Darstellung der unterschiedlichen Beurteilung der Bedeutung der Bildungsziele durch Vertreter der beiden Pole, der Marktlösung auf der einen Seite und der Staatlösung auf der anderen Seite. Rein illustrativ kann man nun anhand dieser Abbildung und der «score-card» von Levin zeigen, dass man für eine Gesamtbeurteilung der Finanzierungsalternativen die qualitativen Resultate aus der «score-card» mit den Gewichten aus der Abbildung 18 multiplizieren müsste und dann erst die einzelnen Zielerreichungsgrade addieren dürfte.

Für das Gutscheinmodell («vouchers») und das traditionelle Finanzierungsmodell würden dann durch Vertreter einer Marktlösung oder einer Staatslösung je ganz unterschiedliche Noten resultieren.[81] Eine rein wissenschaftliche Beurteilung ohne Werturteile ist bei diesen Fragen ausgeschlossen.[82]

---

81 Zur Illustration kann man folgendes hypothetisches (da über die Gewichtung der Ziele natürlich keine Einigkeit besteht) Zahlenbeispiel wählen: Die Zielgewichtung wäre für die Befürworter eine Marktlösung bzw. einer Staatslösung für die Ziele Wahlfreiheit 3 bzw. 0, für Equity 1 bzw. 3, für Effizienz 3 bzw. 2 und für soziale Kohäsion 1 bzw. 3. Würde man die qualitativen Ausprägungen aus der «score-card» nun Punkten gleichsetzen und mit diesen Gewichten multiplizieren, dann ergäbe sich bei den Befürwortern einer Marktlösung ein Vorteil des Voucher-Modells über das traditionelle Finanzierungsmodell von 12 zu 8 Punkten, während die Vertreter einer Staatslösung zu einem gegenteiligen Resultat in der Höhe von 11 zu 4 kämen.

82 «For those who believe strongly in freedom of choice in schooling and maximization of family preferences, the issues of equity and social cohesion may not be important, regardless of empirical findings in these domains. For those who believe strongly in social cohesion and equity, the issues of family preferences and choice may not weigh heavily. ... Ultimately, the matter will be decided more on the basis of values and political might than on evidence ...» (Levin 1999, S. 136).

5. INTERNATIONALE BEISPIELE NACHFRAGER-ORIENTIERTER BILDUNGSFINANZIERUNG

Andrea Nagel-Drdla

Die Vorgehensweise in diesem Kapitel ist die folgende: Nachfragerseitige Bildungsfinanzierungsmodelle werden nach Kontinenten und Ländern unterteilt beschrieben und dargestellt. Dabei wird versucht, auf die kontextspezifischen Hintergründe der einzelnen Systeme einzugehen. Dann wird jeweils versucht, Evaluationen dieser Finanzierungsmodelle auszuwerten, wobei wir die in Kapitel 4 beschriebene Systematik anwenden. Wenn immer möglich wird auf Equity-Fragestellungen, auf die Effektivität und Kosteneffizienz der Schulen und des Bildungswesens als Ganzes, des weiteren auf die Auswirkungen auf die soziale Kohäsion und auf die Wahlfreiheit gesondert eingegangen. Wir beschränken uns bei der detaillierten Auswertung auf Bildungsgutscheinprogramme und gehen auf andere nachfragerseitige Bildungsfinanzierungsmodelle nur am Rande ein.[83] Es bestehen aber bei weitem nicht zu allen implementierten Modellen Studien, die die Bewertung nach allen diesen Gesichtspunkten zulassen. Zudem besteht zu einem Aspekt oft nur *eine* Untersuchung. Was hier zusammengetragen wurde, kann deshalb keine vollständige Evaluation der Modelle ergeben, wenngleich in vielen Fällen die zur Verfügung stehende Literatur vollständig ausgewertet wurde. Im Anhang zu diesem Kapitel sind die empirischen Studien tabellarisch aufgearbeitet worden. Im Anhang 2 wird eine Übersicht jener (meist europäischen) Länder präsentiert, die in ihrem Bildungswesen die Wahlfreiheit, insbesondere bezüglich religiöser Schulen, kennen. Der Anhang 3 listet Bildungsgutscheinprogramme verschiedener Länder und Schulstufen auf. Diesen beiden Tabellen ist eine Beurteilung nach den Kriterien Kosteneffizienz, Effektivität, Equity und soziale Kohäsion gemäss der untersuchten Literatur angefügt worden. Im Anhang 4 erscheinen alle einschlägigen Studien und ihre Resultate nach den genannten Kriterien chronologisch.

Als einzigem Abschnitt ist Europa eine Zusammenfassung angefügt worden, da diese sich mehr aufdrängt als bei den übrigen Kontinenten. Das nachfolgende Ka-

---

83 Das gleiche gilt für Modelle, die in verschiedenen Ländern diskutiert werden, aber noch nicht eingeführt sind. Zum Beispiel in Kanada, den Niederlanden (vgl. Oosterbeek 1998, S. 240ff.) und Australien (DEETYA 1998; Kemp 1999b).

pitel 6 wird die empirischen Ergebnisse getrennt nach Schulstufen wieder aufgreifen, weshalb in diesem Kapitel die Zusammenfassung nur kurz ausfällt.

Europa

Auch wenn in Europa die Diskussion über Bildungsfinanzierungsmodelle durch die amerikanischen Studien geprägt ist, muss man sich wieder einmal bewusst werden, dass gerade die freie Schulwahl in vielen europäischen Ländern seit dem letzten Jahrhundert besteht und häufig als völlig «normal» betrachtet wird. So normal allerdings, dass dieser Umstand auch fast nie Gegenstand von Evaluationen, Reflexionen und wissenschaftlichen Untersuchungen ist. Hingegen haben amerikanische Forscher schon etliche Male versucht, aus den europäischen Modellen Lehren für die Vereinigten Staaten herauszuarbeiten (zum Beispiel Ambler 1997, James 1997, Louis & Van Velzen 1997, Willms & Echols 1997). Obwohl fast alle hier dargestellten europäischen Staaten[84] eine umfassende Schulwahlfreiheit kennen, haben nur Dänemark, Spanien und die Schweiz ein grösseres Bildungsgutscheinmodell, ein geographisch beschränktes, selektives Gutscheinmodell bzw. ein Open-Enrollment-Regime vorzuweisen. Interessanterweise geht es dabei in den allermeisten Fällen um die Primar- und die Sekundarstufe I. Nur die Niederlande haben auf der Tertiärstufe einen grösseren Anteil privater als staatlicher Universitäten (die aber so stark reguliert sind, dass sie weit von der Unabhängigkeit entfernt sind [James 1997, S. 487]). Belgien und die Schweiz haben in ihrer Universitätsfinanzierung eine variable Komponente gemäss der Anzahl Studierender. Grossbritannien hat als einziges Land ein Gutscheinmodell im Weiterbildungsbereich lanciert.

84 Belgien, Dänemark, Frankreich, Grossbritannien, Niederlande, Schweden, Schweiz, Spanien, Ungarn. Nicht beschrieben ist Irland, das in Europa insofern eine Ausnahme darstellt, als praktisch alle Schulen private Träger haben. Allerdings ist das Land gerade aus diesem Grund wiederum wenig interessant, da vergleichende Studien zwischen privatem und staatlichem System dementsprechend fehlen.

Belgien

Seit 1914 werden alle staatlichen[85] und akkreditierten privaten[86] Schulen in Belgien durch den Staat finanziert (Toma 1996, S. 124). Die Vorschriften, die den Schulen dafür auferlegt werden, sind relativ gering. Sie beziehen sich einzig auf die Schulsprache[87] und das Curriculum, und zudem dürfen freie Schulen keine Schulgebühren erheben. Im Vergleich zu privaten Schulen in den USA sind jedoch die Schulen in Belgien stärker reguliert.

In Belgien beträgt der Anteil der Schüler, die eine private (katholische) Schule besuchen, über 50%, auf der Sekundarstufe gar 70% (ebd., S. 126). 1959 wurde ein Gesetz verabschiedet, das das Recht der Eltern, die passende Schule für ihre Kinder zu wählen, besonders hervorhob. Der Staat verpflichtete sich, verschiedene Arten von Schulen in angemessener geographischer Entfernung zu führen, zu subventionieren und den Transport dorthin zu sichern.

In Belgien erbringen Schüler von privaten Schulen gemäss der Studie von Toma, die sich auf eine Erhebung bei 13-Jährigen[88] stützt, signifikant bessere Leistungen als Schüler staatlicher Schulen. Toma führt dies auf die kleinere politische Kontrolle über die Privatschulen zurück (als Vergleich dient ihm Frankreich).

Die Finanzierung der belgischen Universitäten hat zwei Komponenten: einen festen Beitrag (der je nach Grösse der Universität unterschiedlich hoch ist; grössere Universitäten erhalten wegen steigender Skalenerträge relativ geringere Beträge) und einen variablen Beitrag, der nach der Anzahl Studierender und der belegten Fächer festgelegt ist (Oosterbeek 1998, S. 239f.).[89] Ob die Schwierigkeiten, die Tavernier (1993, S. 95) im belgischen Universitätssystem konstatiert[90], von der Finanzierungsmodalität abhängen – was Oosterbeek (1998, S. 240) nicht für wahrscheinlich hält –, müssen weitere Untersuchungen erst zeigen.

---

85   In Belgien sind die staatlichen Schulen unterteilt in Schulen unter gesamtstaatlicher, unter provinzialer und unter kommunaler Kontrolle und Finanzierung.
86   Diese «freien» Schulen werden von der römisch-katholischen Kirche geführt.
87   Dies ergibt sich aus der Dreisprachigkeit Belgiens (Französisch, Flämisch, Deutsch).
88   Getestet wurden nur die Resultate in Mathematik.
89   Das schweizerische Modell ist der belgischen Finanzierungsregel ähnlich, mit der Ausnahme, dass bei schweizerischen Universitäten zusätzlich noch projektgebundene Beiträge vorgesehen sind.
90   Zu viele Studenten mit zu wenig Talent, d. h. hohe Durchfallquoten und zu grosse Veranstaltungen.

Dänemark

Dänemark hat eine lange Bildungsgutschein-Tradition und damit auch die Tradition, Leistungen von staatsunabhängigen Bildungsinstitutionen zu finanzieren (Hepburn 1999, S. 21). Seit der Einführung der Schulpflicht 1849 garantiert der Staat das Elternrecht auf freie Schulwahl. Wenn Eltern ausserdem eine bestimmte Anzahl von Schulkindern vereinen, können sie den Status einer Schule erlangen und erhalten vom Staat einen gewissen Beitrag pro Schüler und Jahr (Patrinos 1999, S. 12). Diese Jahrespauschale ist je nach Grösse der Schule und Alter der Schüler und Lehrer unterschiedlich hoch. Etwa 75% der Schulkosten können damit gedeckt werden. Der Rest ist durch die Eltern aufzubringen, es sei denn, es träfe sie dadurch eine unangemessene finanzielle Härte (Hepburn 1999, S. 22). Trotz der Schulwahlfreiheit waren bis 1982 nur etwa 8% der Schüler in unabhängigen Schulen untergebracht, und 1998 waren es 13% (ebd., S. 23). Die Tendenz ist weiterhin steigend, da öffentliche Schulen zunehmend durch schlechte Leistungen auffallen (Gugger et al. 1999, S. 10f.). Die Bedingungen, denen private Schulen unterliegen, lauten, dass sie ihren Lehrern dasselbe Gehalt zahlen wie staatliche Schulen, dass sie geprüfte Lehrer einsetzen und ein nationales Curriculum unterrichten. Dagegen sind sie frei, Schüler ohne Nennung von Gründen abzulehnen (Hepburn 1999, S. 23), was die Gebote der Equity und der sozialen Kohäsion klar verletzt. Dies hat in den letzten Jahren keine grosse Rolle gespielt, da der Anteil der Schüler in Privatschulen derart klein war, dass keine soziale Entmischung zu befürchten war. Bei einer weiteren Ausdehnung dieses Privatschulanteils kann sich dies allerdings ändern.

Im Vergleich zu den Grundschulen (Stufen 1 bis 8, obligatorisch) haben weiterführende Schulen relativ wenig Entscheidungsspielraum. Dies wird interessanterweise mit dem Argument begründet, dass es auf dieser Stufe vor allem um akademische Leistungen gehe, da die Schüler ja das Universitätsniveau erreichen wollten. Zu erwähnen ist, dass Dänemark keine institutionalisierte Information über Methoden, Programme und akademische Resultate kennt. Die «Mund-zu-Mund-Werbung» funktioniere zu aller Zufriedenheit, behaupten die einen, während die anderen die allgemein schlechte Informationssituation in Dänemarks Bildungswesen beklagen. Für unsere Bedürfnisse ist dieser Umstand störend, da gerade das dänische Bildungswesen einen interessanten Studiengegenstand ergeben würde, insbesondere jetzt, da sich der Anteil der privaten Schulen ausdehnt.

Bildungsfinanzierung zwischen Markt und Staat

Frankreich

In Frankreich besteht seit 1959 ein Gesetz (Loi Debré), das massive Subventionen für private (meistens katholische) Schulen garantiert.[91] Wenn diese Schulen gewisse Bedingungen erfüllen[92], werden ihnen 100% ihrer laufenden Kosten erstattet. 98% der damaligen privaten Schulen akzeptierten eine mehr oder weniger strikte Form der Kontrolle (Ambler 1997, S. 357). Die Einführung des Gesetzes beinhaltete auch die Regulierung des privaten Bildungsangebots allgemein (zum Beispiel durch eine Wartefrist von fünf Jahren, bis Subventionen beantragt werden können). Damit wurden den privaten Schulen die Entscheidungskompetenzen stark beschnitten. Obgleich die Restriktionen gemildert wurden, stagniert der Anteil der Schüler, die subventionierte Privatschulen besuchen, bis heute bei ca. 17% (Fowler 1997, S. 471). Es wurden keine effizienzsteigernden Wirkungen als Folge des Wettbewerbs zwischen privaten und öffentlichen Schulen (der wohlgemerkt nicht beabsichtigt war) festgestellt; allerdings sind die Ansichten darüber kontrovers.[93] Im Gegensatz zu Fowler (1997), die keine Segregationseffekte findet, konstatiert Ambler (1997), die Entmischung habe leicht zugenommen. Interessant ist, dass Schüler aus tieferen sozialen Schichten in privaten Schulen mit höherer Wahrscheinlichkeit die Matura (das Baccalauréat) machen als in öffentlichen. Kinder aus einkommensstarken Familien gelangen mit etwa derselben Wahrscheinlichkeit zur französischen Matura, ob sie nun eine öffentliche oder eine private Schule besuchen. In diesem Zusammenhang kommt Toma (1996) in ihrer länderübergreifenden Studie zu folgendem Schluss: Gerade die hohe politische Kontrolle hindere private Schulen daran, bessere Schülerleistungen zu generieren. Die bekannten Studien kommen zur Folgerung, der Versuch der französischen Politik, eine weitergehende Segregation durch die Bildungswahl zu verhindern, habe ihren Preis in einer gewissen Uniformität der Schulen, und dementsprechend seien auch keine wettbewerbsbedingten Effizienzfortschritte zu beobachten oder zu erwarten.

---

91 Damit wurde nur ein vorläufiger Schlussstrich unter einen fast hundertjährigen Kulturkampf zwischen der laizistischen Republik und den katholischen Privatschulen gezogen. Mit einer nachfrageorientierten Bildungsfinanzierung oder gar der Absicht, den Wettbewerb unter den Schulen zu fördern, hatte dieses Gesetz nichts gemein.
92 Zum Beispiel alle angemeldeten Schüler und Curriculum akzeptieren (Fowler 1997, S. 466).
93 Die Studie von Hepburn (1999) beruht auf Experteninterviews.

Grossbritannien

Schon kurz nach Bildung der Regierung Thatcher (1979) wurde ein Gesetz verabschiedet, das das «open enrollment» garantierte (siehe Willms & Echols 1997, S. 425). Eltern mussten ihre Kinder fortan nicht mehr in die nächstgelegene Schule schicken, sondern konnten bei der «Local Education Authority» (LEA)[94] um eine Versetzung ersuchen. Bildungsreformen Ende der achtziger und Anfang der neunziger Jahre gingen noch weiter. Sie hatten das Ziel, in Grossbritannien ein kompetitives, marktähnliches Umfeld für Schulen zu schaffen (Woods et al. 1998, S. 3ff.). Die Schwerpunkte dieser Reformen können in folgenden sechs Elementen zusammengefasst werden:

1. «Local school management» (LSM), d. h. Dezentralisierung der Entscheidungskompetenzen an die einzelne Schule.
2. «Funds follow students», d. h. der grössere Teil des Schulbudgets ist nach Anzahl und Alter der Schüler festgelegt.
3. «Open enrollment», d. h. Schulen müssen bis zu einer gewissen Anzahl alle Schüler aufnehmen, die sich anmelden.
4. Wahlfreiheit der Eltern, d. h. Eltern können nicht gezwungen werden, ihre Kinder in die nächstgelegene Schule zu schicken. Der Präferenz der Eltern muss entsprochen werden.[95]
5. Schulvielfalt, d. h. die Bildung von Schulen mit verschiedenen Schwerpunkten wird gefördert.
6. Informationsverbesserung, d. h. Eltern sollen über die Besonderheiten und Resultate der Schulen besser informiert werden.

In Grossbritannien liegen verschiedene empirische Studien vor, die die Auswirkungen der Reformen auf die Wahlfreiheit und das Wahlverhalten der Bildungsnachfager und auf die Effizienz und Effektivität der Schulen untersucht haben.

Wahlfreiheit
Zahlreiche Studien haben sich seit der Einführung der marktorientierten Reformen mit ihren Auswirkungen auf die Schulen und auf das Wahlverhalten der Eltern befasst (so etwa West & Pennell 1997; Willms & Echols 1997; Woods et al.

---

94   LEAs sind zuständig für die Organisation der Schulen in einem Verwaltungsbezirk.
95   Eine Ausnahmeregelung kommt zum Beispiel dann zum Zug, wenn die Schule ihre Kapazität erreicht oder der Schüler den Qualitätsstandards nicht genügt. Gerade diese Einschränkungen haben sich aber als kritisch erwiesen, weil sie den Schulen ein «Abschöpfen» der besten Schüler erlauben.

1998; Levacic & Woods 1999). Woods et al. (1998, S. 158ff.) untersuchten das Schulverhalten sowie das elterliche Wahlverhalten in drei Fallstudien. Das Verhalten der Schulen sei geprägt vom Engagement, die sichtbaren Aspekte (die äussere Erscheinung der Schule) hervorzuheben, aber auch von der Verpflichtung, die Resultate in den vorgeschriebenen und deshalb transparenten staatlichen Prüfungen zu verbessern. Eltern hingegen würden eher aus persönlichen oder sozialen (Schicht- oder Religionszugehörigkeit) als aus «akademischen» Gründen wählen.[96] West und Pennell (1997) befassten sich auch mit den gestiegenen Wahlmöglichkeiten der Eltern und der erwarteten Steigerung der Effektivität von Schulen. Da die Hälfte der neu entstandenen Schulen in London liegt und alle Schulen das nationale Curriculum unterrichten (und deshalb auch normierte Tests durchführen müssen), hätten sich die Wahlmöglichkeiten nicht signifikant verändert, d. h. die Differenzierung zwischen den Schulen konnte nicht zunehmen. Willms und Echols (1997[97]) untersuchten die Auswirkungen der Schulwahlfreiheit in Schottland. Der Studie liegen aber Daten von 1984 zugrunde, die nur zwei Jahre nach Inkrafttreten des Gesetzes gesammelt wurden. Willms und Echols kommen denn auch zum Schluss, dass Eltern aus höheren sozioökonomischen Schichten ihr Wahlrecht öfter ausüben als Eltern aus tiefen sozioökonomischen Schichten. Aus den Resultaten kann weiter geschlossen werden, dass wählende Eltern zuerst die Schule wählen, welche am meisten Schüler aus der von ihnen bevorzugten Schicht unterrichtet, und erst in zweiter Linie – wenn überhaupt – ihre Effektivität berücksichtigen. Dieses Ergebnis würde darauf hinweisen, dass das Wahlrecht eine gewisse soziale Segregation begünstigt.

Effektivität/Effizienz

Levacic und Woods (1999) konstatieren, dass die Schülerleistungen in den letzten Jahren gestiegen, die realen Ausgaben pro Schüler jedoch gesunken seien, was auf eine gestiegene Effektivität und Effizienz zumindest auf der Mikroebene schliessen liesse. Durch eine Schulleiterbefragung wurden ausserdem Gebiete ausgemacht, in denen besonders grosser Wettbewerb herrscht. Entgegen der Erwartung konnten allerdings gerade dort keine überdurchschnittlichen Schülerleistungen gemessen werden, wo – gemäss Schulleiterbefragungen – besonders grosser Wettbewerb herrscht. Verschiedene Studien messen Effektivitätssteigerungen in englischen Schulen; West und Pennell (1997) bezweifeln aber, dass diese Zunahme (nur) auf die marktorientierten Reformen zurückzuführen sind, da der Trend schon vor 1988 erkennbar gewesen sei. Die Studie kommt damit zu ähnlichen Re-

---

96   Dies widerspricht dem Verhalten, das Hoxby (1999) in den USA festgestellt hat.
97   Die Studie von Willms und Echols stammt aus dem Jahre 1992 und wurde in Cohn (1997) neu gedruckt.

sultaten wie andere mit derselben Fragestellung (zum Beispiel Ambler 1997, S. 372ff.). Willms und Echols (1997) finden in ihrer Studie, dass bei einer angemessenen Berücksichtigung des familiären Hintergrundes der Schüler die Leistungsunterschiede der Schüler zwischen verschiedenen Schulen relativ klein bleiben. Ausgehend von diesen Resultaten stellen sie die Frage, ob die Kosten der durch die Wahlfreiheit gestiegenen Segregation den (relativ geringen) Nutzen überwiegen.

Programme

Die drei folgenden Bildungsgutscheinprogramme Grossbritanniens, die (ausser Programm 3) geographisch beschränkt sind, wurden als Pilotprojekte gestartet. Ausser beim Programm 1 kann die Darstellung nicht über eine Beschreibung hinausgehen, da die Programme noch zu wenig lange laufen, dass Evaluationsresultate vorlägen.

English Nursery Voucher Scheme

1994 versprach der damalige Premierminister Major jedem vierjährigen Kind einen Spielgruppenplatz (siehe Sparkes & West 1998). Ein Bildungsgutschein sollte die Eltern mit Kaufkraft ausstatten, was wiederum das Angebot vergrössern und vervielfältigen sollte. Es handelte sich hier um einen Gutschein, den die Eltern noch selbst aufstocken mussten, falls sie eine private Institution wählten, die höhere Gebühren forderte. 1996 wurde in vier Gemeinden das Gutscheinkonzept implementiert. Aus mehreren Gründen muss das erste Jahr als Misserfolg verbucht werden: Offensichtlich änderten die Eltern ihr Verhalten nach der Einführung des Bildungsgutscheins nicht. Das kann darauf zurückgeführt werden, dass sich 80% der Eltern schon für eine Spielgruppe entscheiden, bevor ihr Kind zwei Jahre alt ist. Ausserdem kehrte sich die beabsichtigte Wahlfreiheit für Eltern in eine Wahl der Nachfrager durch die Anbieter um, weil es viel zu wenig angebotene Plätze gab. Die erwartete Expansion des Sektors blieb in der ersten Phase aus mehreren Gründen aus.[98] Zudem stellte sich heraus, dass in der Vorbereitungsphase der Organisation und Finanzierung des Transports zu wenig Beachtung geschenkt worden war und für viele Eltern überhaupt nur eine einzige Spielgruppe in Frage kam. Die vorgängige Information stellte sich als mangelhaft heraus; Eltern waren verwirrt oder hatten keine Kenntnis des Programms. Alle diese Probleme führen Sparkes und West (1998) auf die unzulängliche Vorbereitung des Projekts (Information und Sensibilisierung der Eltern, Aufbau des Sektors durch Ausbildung und Kapitalkostenfonds) und fehlende Berücksichtigung (also Budgetierung) der weiteren Kosten (zum Beispiel Transportkosten) zurück.

---

98   Zum Beispiel wegen Mangels an ausgebildetem Personal.

Bildungsfinanzierung zwischen Markt und Staat

Education Maintenance Allowance

Ein vom Department for Education and Employment (DfEE) initiiertes Programm, das im September 1999 in 15 Pilotregionen startete, heisst «Education Maintenance Allowance» (EMA; DfEE 1999a). Schüler, die im elften Schuljahr sind und deren Eltern ein Bruttoeinkommen von nicht mehr als £ 30'000 (ca. sFr. 75'000.–) erzielen, können um einen Betrag zwischen £ 30 und £ 40 (also zwischen ca. sFr. 75.– und 100.–) pro Woche für Bildungsleistungen erhalten, vorausgesetzt, sie besuchen eine weiterführende (Vollzeit-)Schule (mindestens 12 Stunden pro Woche) und unterzeichnen ein «Learning Agreement». Der Student kann auch ausserhalb seiner Pilotregion eine Schule wählen und bleibt trotzdem bezugsberechtigt.

Individual Learning Accounts

Ein zweites Programm des DfEE betrifft den Sektor der Weiterbildung (DfEE 1999b). Mit einem Einsatz von £ 25 können Arbeitnehmer mit tiefem Ausbildungsniveau oder Wiedereinsteiger seit 1998 ein Konto («Individual Learning Account») mit £ 150 erwerben, wovon sie Weiterbildungsleistungen bezahlen können; später sollen sie noch 20% der Weiterbildungskosten (bis £ 500) erhalten. Damit soll das Sparen für die eigene Weiterbildung angeregt werden. Der Arbeitgeber kann steuerfrei in das individuelle Konto einzahlen. Eine genaue Beschreibung des Programms findet sich in Smith und Spurling (1997).

Die beiden letztgenannten Programme haben eine stark arbeitsmarktliche Ausrichtung und können nicht eigentlich als Bildungsfinanzierungsreform verstanden werden, da die Effektivität und Effizienz des Bildungssystems nicht im Vordergrund steht. Umverteilungsaspekte (Equity) sind wichtiger als etwa Wahlfreiheit. Trotzdem bleiben die Reformen von Grossbritanniens Bildungswesen von Interesse für westeuropäische Länder, die ebenfalls marktorientierte Reformen planen.

Niederlande

Als Folge des Kulturkampfs im 19. Jahrhundert zeichnete sich die niederländische Gesellschaft zu Beginn des 20. Jahrhunderts durch eine starke Trennung entlang der Konfessionsgrenzen aus (James 1997, S. 480f.). In der Verfassung von 1917 wurde das Prinzip der vollen finanziellen Parität aller christlichen Schulen verankert. Seit 1920 können Eltern eine Schule bilden (je nach Grösse der Gemeinde müssen sich mindestens 50–125 Eltern zusammentun). Der Staat versorgt sie mit den notwendigen Räumlichkeiten und bezahlt sowohl Lehrergehälter als auch sonstige laufende Ausgaben (Ambler 1997, S. 369ff.). Als Folge davon besuchen heute mehr als zwei Drittel der Schüler private Schulen, die zu 90% eine religiöse Prägung haben (James 1997, S. 483). Den Eltern werden Informationsveranstaltungen angeboten, welche ihnen die Entscheidungsfindung erleichtern sollen, denn es gibt keine automatische Zoneneinteilung. Obwohl die Wahl so leicht wie möglich gemacht wird, konstatierte der damalige niederländische Bildungsminister Jo Ritzen: «Choice works better for the well-educated parents» (Ambler 1997, S. 371). Diese hätten bessere Informationen und seien eher fähig, sich im System zurechtzufinden. Tatsächlich kann eine sogenannte «weisse Flucht» aus den öffentlichen Schulen beobachtet werden (Louis & Van Velzen 1997, S. 505), obwohl noch keine Evidenz dafür gefunden wurde, dass private Schulen in den Niederlanden bessere Leistungen erbringen. Eltern geben an, dass sie ihre Kinder aus Imagegründen nicht in öffentliche Schulen schicken. Ruf und Image sind denn auch die einzigen Informationen, die den Eltern leicht zugänglich sind. Daraus schliessen Louis und Van Velzen (1997), dass Eltern die schulische Qualität anhand der Kriterien sozioökonomische Zusammensetzung und Schultypus (religiöse / ethnische / pädagogische Ausrichtung) messen. Gemäss denselben Autoren besteht wenig Nachfrage nach Informationen über die Leistungen der Schulen. Allerdings muss einschränkend gesagt werden, dass alle Schüler am Ende der obligatorischen Schulzeit an einem nationalen Test teilnehmen müssen, was für die Eltern eine gewisse Garantie dafür bietet, dass die schulischen Leistungen einheitlich überwacht werden.

Die staatlichen Vorschriften und Regulierungen betreffen zuallererst den Lehrkörper. Er wird vom Staat direkt nach Ausbildung und Erfahrung entlöhnt. Jede Schule hat das Anrecht auf eine Lehrperson pro 31 Schüler (James 1997, S. 486f.). Daneben gilt für alle Schulen das nationale Curriculum, das die Anzahl Stunden pro Fach und Jahr vorschreibt. Neben diesen Restriktionen können die Schulen ihre Lehrer und Methoden selbst wählen. Die Kosten des niederländischen Bildungssystems werden um ca. 10–20% höher geschätzt als die Kosten von monopolistisch organisierten Bildungssystemen (ebd., S. 488ff.). Dies resultiert daher, dass viele kleine Schulen bestehen, die vergleichsweise hohe Durchschnittskosten aufweisen, da sie aufgrund der Grösse nicht in den Genuss der Skalenerträge kommen. Natürlich sind auch die Transportkosten höher, doch da das öffentliche Verkehrsnetz gut ausgebaut ist, sind die Grenzkosten relativ gering. Die Kosten der Regulierung werden nicht höher eingeschätzt als in monopolistischen Systemen.

Die Niederlande kennzeichnen sich im europäischen Vergleich durch einen relativ hohen Grad der Schulwahlfreiheit und einen grossen Anteil an privaten Schulen. Was die Effizienz des Bildungssystems anbelangt, so können keine nennenswerten Unterschiede zwischen privaten und staatlichen Schulen festgestellt werden. Die Auswirkungen auf die soziale Kohäsion sind umstritten; da die holländische Gesellschaft durch eine traditionell eher hohe Toleranz geprägt ist, werden religiöse und ethnische Segregation im Bildungswesen von den meisten Autoren als eher unproblematisch angesehen.

Schweden

In Schweden gewann 1991 nach 60 Jahren Regierung der Sozialdemokraten eine konservative Koalition die Wahlen. Damit setzten ambitionierte Privatisierungs- und Deregulierungsprogramme ein (Hepburn 1999, S. 26f.). Auch das Bildungswesen war davon betroffen, indem Eltern Rechte zur Wahl der Bildungsinstitution ihrer Kinder erhielten und neu bis zu 80% der Kosten unabhängiger Schulen von der jeweiligen Schulgemeinde getragen wurden.[99] Bis Mitte der achtziger Jahre besuchten weniger als 1% der Schüler Privatschulen (Patrinos 1999, S. 14f.); im Schuljahr 1998/99 waren es bereits 3,6% (Hepburn 1999, S. 27). Als 1994 die Sozialdemokraten wieder an die Macht kamen, behielten sie das Elternwahlrecht bei, den Schulsektor reregulierten sie jedoch erheblich. Privatschulen ist es fortan nicht mehr erlaubt, Schulgebühren zu erheben, und sie sind einem strikten Curriculum unterworfen. Ausserdem müssen sie nach dem Prinzip «first come, first served» Schüler aufnehmen, was einen Nachteil hat: Kinder von Eltern aus tieferen sozialen Schichten, die eher später wählen, werden zurückgewiesen.[100]

Eine schwedische Gemeinde, Nacka, hat ihr Bildungsgutscheinsystem besonders transparent ausgestaltet: Eltern erhalten jedes Jahr ein Anmeldeformular, das als Bildungsgutschein gilt, mit Informationen zu Schulen (pädagogische Ausrichtung, religiöse Zugehörigkeit) in der Nähe ihres Wohnorts. Sie geben das Anmeldeformular in der von ihnen gewählten Schule ab, wofür diese je nach Schulstufe einen Betrag pro Schüler und Jahr erhält (Weltbank 1999). Damit geht Nacka einen Schritt weiter als das nationale Programm. Die Schüler sind nicht mehr automatisch in Schulzonen eingeteilt, sondern alle Eltern müssen wählen. Der Segregation durch unterschiedliches Wahlverhalten verschiedener sozioökonomischer Schichten (Fernbleiben sozioökonomisch Schlechtergestellter) kann damit zum Teil entgegengetreten werden. Es liegen aber (noch) keine Untersuchungen über Entmischung oder Schülerleistungen vor.

---

99 Unterdessen ist diese Quote zuerst vermindert, dann aber auf 100% erhöht worden.
100 Ein Beispiel aus Stockholm belegt dies: Ein Lehrer eröffnete eine Schule für Kinder aus schwierigen Verhältnissen. Nachdem sich die Schule einen guten Ruf geschaffen hatte, meldeten Mittelstandsfamilien ihre Kinder sofort an und verdrängten die benachteiligten Kinder, deren Eltern tendenziell später wählen, von der Schule (Hepburn 1999, S. 27).

Schweiz

Ein naheliegendes Beispiel für ein «Open-enrollment»-Regime ist die Universitätsfinanzierung in der Schweiz. Der Heimatkanton jedes Studierenden zahlt an die Universität, die der Studierende aus allen öffentlichen kantonalen Universitäten ausgewählt hat, gemäss Interkantonaler Universitätsvereinbarung (IKV) eine Jahrespauschale je nach Studienrichtung (Zürcher 1999, S. 16f.). Dadurch werden die Universitäten teilfinanziert.[101] Der Kanton Genf führt zurzeit ein Bildungsgutscheinprogramm für Weiterbildungskurse ein, das Nachfragern die Kosten für Weiterbildung bis zu sFr. 750.– im Jahr decken soll. Im Kanton Tessin wurde 1997 eine Initiative eingereicht, die einen finanziellen Beitrag an im Tessin wohnende Familien, deren Kinder anerkannte Privatschulen besuchen, und zwar für den Primar-, Oberstufen- und Berufsschulbereich, verlangt. Die Initiative fordert einkommensunabhängige Gutscheine im Wert von 20 bis 50% der durchschnittlichen Kosten, die ein Schüler in einer öffentlichen Schule verursacht. Die Initiative soll als Gesetzesvorlage noch im Jahr 2000 im kantonalen Parlament beraten werden.

Spanien

In Valencia werden seit 1993 (aufstockbare) Bildungsgutscheine für Kinder bis zehn Jahre aus einkommensschwachen Familien abgegeben. Sie können damit private Bildungsleistungen erwerben, die in akkreditierten Kindergärten und Schulen angeboten werden (Valencia 2000). Den Eltern wird zu Beginn des Schuljahrs, je nach Höhe des Einkommens, ein Talonheft mit zehn Gutscheinen von je bis zu ca. sFr. 145.– (14'500 Pesetas) pro Kind ausgehändigt. Dieser Betrag erlaube es, viele der Kindergärten und Schulen Valencias gratis zu besuchen (Tres Años 1996, S. 51). 1996 konnten ca. 4000 Kinder einen Bildungsgutschein in Anspruch nehmen, wobei aus Kapazitätsgründen nur 11'000 der 14'000 eingereichten Bewerbungen geprüft werden konnten. Dieses Programm funktioniert scheinbar zur vollsten Zufriedenheit aller (OIDEL 1998, S. 3) und habe die staatlichen Kosten pro Schüler im zweiten Jahr um 75% gesenkt (ebd., S. 54). Die Qualität der Bildungsleistungen sei trotzdem gestiegen, was auf einen vermehrten Wettbewerb zwischen den Bildungsinstitutionen zurückzuführen sei (Tres Años 1996, S. 50). Da das Programm in Valencia ziemlich erfolgversprechend scheint, wäre eine vertiefte Analyse sicher angebracht, bevor man endgültige Schlüsse zieht.

---

101 Auf dieses Regime wird noch vertiefter im Kapitel 6, Abschnitt «Tertiärstufe», eingegangen.

Ungarn

Manche sehen den radikalen Transformationsprozess des ungarischen Bildungswesens als ein Produkt der Wende von 1989 (Patrinos 1999, S. 112); Halász (1997) weist jedoch darauf hin, dass schon Ende der sechziger Jahre erste Zeichen der Dezentralisierung sichtbar waren. Das Bildungsgesetz von 1985 stärkte die Position und Rechte der Schulen; Lehrer konnten beispielsweise ihre Schuldirektoren wählen, und der Weg zu einer freien Schulwahl der Eltern wurde geebnet. 1990 ist die Verantwortung für die Primar- und die Sekundarbildung den lokalen autonomen Verwaltungen übertragen worden. Seitdem ist das ungarische Bildungssystem geprägt von Wahlfreiheit der Schüler/Eltern, Schulselbstverwaltung, Anerkennung der Wichtigkeit des privaten Sektors und vor allem einer Akzeptanz des Wettbewerbs zwischen den Bildungsinstitutionen. Die akkreditierten privaten Schulen erhielten 1996 56% der laufenden Pro-Kopf-Ausgaben (variable Kosten) von staatlichen Schulen (siehe Halász 1997).

Halász präsentiert Resultate, die zeigen, dass die Qualität (gemessen in Veränderung der Leistungen mittels standardisierter Tests) zwischen 1991 und 1995 abgenommen hat. Er warnt allerdings davor, dies nur auf den Finanzierungsmodus zurückführen zu wollen. Bezüglich Kosteneffizienz konstatiert er Verbesserungen (sparsamerer Einsatz der Ressourcen), aber auch höhere Kosten pro Schüler als Folge von kleinen Schulen in kleinen Gemeinden. Als Folge der dezentralisierten Finanzierung sieht er die Chancenverschlechterung der ländlichen (armen) Bevölkerung im Vergleich zu städtischen (reichen) Institutionen. Allerdings kann eine höhere Korrelation zwischen dem Einkommen der Eltern der Schüler und den Schülerleistungen als zwischen Bildungsausgaben der Gemeinde und den Schülerleistungen festgestellt werden. Trotzdem sollen neue Gesetze für einen grösseren Finanzausgleich sorgen.

Zusammenfassung der Ergebnisse

Es fällt auf, dass in Europa auch Länder mit einer langen Tradition von Schulwahlfreiheit (Belgien, Dänemark, Frankreich, Niederlande) im Vergleich zu den USA ein relativ hoch reguliertes Bildungswesen aufweisen. Zweifelsohne rührt das davon her, dass der Gerechtigkeitsaspekt (Equity) und der soziale Zusammenhalt in Europa einen anderen Stellenwert hat als in den Vereinigten Staaten. Darum dürfen in einigen Ländern Privatschulen überhaupt keine Gebühren verlangen (Belgien, Niederlande, Schweden), oder sie dürfen keinen Schüler ablehnen, der die Gebühren nicht bezahlen kann (Dänemark). Private Schulen sollten nie einen elitären Charakter bekommen (mit Ausnahme des Vereinigten Königreichs), sondern grundsätzlich allen offenstehen. Hauptgrund der Schulwahlfreiheit ist, dies wieder eine Ähnlichkeit mit den USA, in der Regel die Möglichkeit, in religiös geprägte Schulen gehen zu können. Der Wettbewerbsgedanke hingegen war stets ein marginales Motiv. Dass mit dem religiös-pädagogischen Schulangebot eine gewisse soziale Entmischung stattfindet, liegt auf der Hand. Weil Schulen jedoch keine oder nur geringe Gebühren erheben, geschieht dies nicht in erster Linie nach sozioökonomischen Gesichtspunkten. Weil der Wettbewerbsgedanke und damit Effizienz- und Effektivitätsargumente nie im Vordergrund standen, können in Europa aber auch keine nennenswerten Leistungsunterschiede zwischen dem privaten und dem staatlichen Schulsystem festgestellt werden (wieder mit Ausnahme von Grossbritannien). In Einzelbereichen sind in jüngster Zeit Programme eingeführt worden (Nacka, Schweden; Valencia, Spanien; Individual Learning Accounts, Grossbritannien), die zwar einen sehr eingeschränkten Charakter aufweisen, was die Bildungsstufe oder die geographische Ausdehnung anbelangt, die aber aufgrund ihres Aufbaus Aufmerksamkeit und sorgfältige Evaluationen verdienen würden.

Amerika

Chile ist das einzige Entwicklungsland, das ein flächendeckendes Bildungsgutscheinsystem eingeführt hat. In den übrigen amerikanischen Ländern existieren zum Teil mehrere, geographisch oder auf Schulstufen beschränkte Programme, die unterschiedlich gut erforscht sind. Die Programme in den USA werden sehr kontrovers diskutiert, sind aber im Vergleich zu allen anderen Ländern auch vergleichsweise gut erforscht und haben damit wiederum Symbolcharakter bekommen.

Chile

Chile ist 1980 zu einer neuen Bildungspolitik übergegangen, die stark von einer Gruppe von Ökonomen um den Nobelpreisträger Milton Friedman beeinflusst ist (Parry 1996, S. 824). Das chilenische Bildungssystem nach 1980 hat einige Ideen Friedmans die Bildungsgutscheine betreffend aufgenommen. Die drei Hauptmerkmale sind: (1) Der Staat bezahlt an jede Schule (öffentlich oder staatlich) einen Betrag pro Schüler jeweils Mitte des Monats. (2) Der Betrag ist so hoch, dass die meisten Schulen gratis sind. Ein kleiner Sektor von Privatschulen, die 10% (1997) der Grundschüler unterrichten, ist ganz unabhängig und erhebt Gebühren (Larrañaga 1997, S. 20 und Mizala & Romaguera 2000, S. 397). Als Folge der Reform der Bildungsfinanzierung mussten 2000 staatliche Schulen (mehr als 25% der damals bestehenden) schliessen (Parry 1997, S. 310). 1997 besuchten ca. 34% der Grundschüler subventionierte private Schulen und ca. 56% öffentliche. Dabei ist zu beachten, dass in ländlichen Gebieten in der Regel keine privaten Schulen bestehen und dort oft nur eine Schule «zur Wahl» steht.

Mizala und Romaguera (2000) bieten einen ausführlichen Überblick über die Entwicklung des chilenischen Bildungssystems von 1980 bis heute. Allerdings sind nur die Primar- und die Sekundarschule in ihre Analyse eingeflossen. Weil der reale Wert des Bildungsgutscheins stetig abgenommen hat[102], ist es den privaten, subventionierten Schulen – und mit Einwilligung der Gemeindebehörden auch den Mittelschulen – seit 1994 erlaubt, Gebühren zu erheben. Schon seit Beginn der Reform sind grössere Schulen mit kleineren Beträgen pro Schüler ausgestattet worden (aus Gründen der steigenden Skalenerträge); davon haben vor allem ländliche Schulen mit einer kleinen Schülerzahl profitiert. Die Untersuchungen von Larrañaga und Parry (1996) zeigen, dass vor allem Familien der Mittelklasse private, subventionierte Schulen für ihre Kinder wählen. Von Eltern, die sich im obersten Decil der Einkommensverteilung befinden, wählen rund 64% eine Privatschule, die keine staatliche Unterstützung erhält (Mizala & Romaguera 2000, S. 399). Die Schulwahl wird jedoch nicht nur durch die Eltern bestimmt, sondern auch durch die Auswahlmöglichkeit der Schulen: Selektionsmechanismen wie Eintrittstests, Interviews mit Eltern und geforderte Mindestnoten, aber auch strategische Standortwahl[103] (in Quartieren mit höheren Durchschnittseinkommen) sind zwar an privaten häufiger als an staatlichen Schulen, werden aber auch an renommierten staatlichen Schulen angewandt. Der höhere Anteil an Kindern aus der Mittel- und Oberschicht erklärt denn auch den Effektivitäts- und Effizienzvorteil der privaten Schulen. Auf nichtselektive Schulen, die in ihrer Nachbarschaft auch selektive Schulen haben, wirkt sich dies besonders negativ aus: In ihnen versammeln sich die schlechten «Co-Produzenten» der ganzen Umgebung. Parry (1996, S. 837ff.) kommt in ihrer Studie, die 50 Schulen aus der Gegend von Santiago betraf, zum Schluss, dass es zu einer Segregation sowohl bezüglich Elterneinkommen als auch bezüglich Leistungsstand vor Eintritt in die Schule

---

102 Dabei ist zu berücksichtigen, dass es sich bei Chile um ein Entwicklungsland handelt und es zusätzlich in den neunziger Jahren durch eine starke ökonomische Krise geschwächt war. Immerhin weist Chile eine für Entwicklungsländer hohe Alphabetisierungsquote auf: 96,7% der 6- bis 13-Jährigen besuchen die Grundschule (Larrañaga 1997, S. 31ff.).

103 «... the social capital in the home of students from 'advantaged' backgrounds leads the students themselves to be more active coproducers of their own education» (Davis & Ostrom 1991, S. 325)

kommt. Diese Selektion beobachtet sie in städtischen wie auch in ländlichen Schulen. Der positiven Rückkoppelung, die sich durch gute Schüler (mit Eltern, denen eine gute Schulbildung wichtig ist) in guten Schulen ergibt, steht jene gegenüber, die sich ergibt aus der Ansammlung schlechter Schüler (mit unvorteilhaften Bedingungen), die von ihrer Schule nichts erwarten und darum Lehrer resignieren lassen.

Es bleibt darum zu prüfen, ob private Schulen immer noch bessere Leistungen erbringen, wenn die sozioökonomischen Variablen konstant gehalten werden. Darüber gehen die Meinungen in den paar wenigen bekannten Studien auseinander. McEwan und Carnoy (1999, S. 14f) errechneten, dass nicht-religiöse, subventionierte Privatschulen weniger effektiv sind als die meisten Staatsschulen. Die (meist katholischen) religiösen subventionierten Privatschulen schneiden am besten ab. Larrañaga (1997, S. 26ff.) bezieht sich hingegen auf eine Studie, in der die Autoren zum Schluss kamen, dass die Leistungsunterschiede zwischen subventionierten Privatschulen und staatlichen Schulen nach der Korrektur von sozioökonomischen Variablen nicht verschwinden. Allerdings konstatiert er, dass doppelt so viele Schüler in subventionierten Privatschulen einen Eintrittstest machen mussten. Ausserdem unterscheiden die zitierten Autoren nicht zwischen religiösen und nichtreligiösen Privatschulen. Parry (1997, S. 326f) kommt in ihrer Untersuchung zum Ergebnis, dass staatliche Schulen bessere Resultate erzielen, wenn sie benachteiligte Schüler unterrichten, subventionierte Privatschulen jedoch bei Schülern aus der Mittel- und oberen Schicht. Beide Arten von Schulen scheinen sich verbessert zu haben, wenn auch nicht im erhofften Ausmass.

Bezüglich der Effizienz zeigt sich jedoch, dass private subventionierte Schulen leicht besser abschneiden (Larrañaga 1997, S. 28f.; McEwan & Carnoy 1999, S. 11ff.). Die Schüler-Lehrer Rate liegt in den Privatschulen bei 30,6 Schülern pro Lehrer, in staatlichen Schulen jedoch nur bei 20,7. Einschränkend muss allerdings angefügt werden, dass die staatlichen Schulen auch den ganzen ländlichen Raum abzudecken haben, was zu kleineren Schulen und dementsprechend einer schlechteren Schüler-Lehrer-Verhältniszahl führt. Was die Ausgaben für das Lehrpersonal anbelangt, so sind diese in privaten Schulen tiefer, weil viele Lehrer nicht fest angestellt werden und in den katholischen Schulen nicht oder schlecht entlöhnte Ordensleute unterrichten.

Die neueste verfügbare Studie von Mizala und Romaguera (2000) untersucht im Gegensatz zu den übrigen Studien das ganze chilenische Schulwesen und kommt zum Schluss, dass nach einer Berücksichtigung der soziodemographischen und -ökonomischen Kriterien kein Effektivitätsvorteil von mit Gutscheinen unterstützten Privatschulen gegenüber den staatlichen Schulen messbar sei. Wenn man die Stichprobe allerdings auf die städtischen Bereiche beschränkt, lässt sich ein Effektivitätsvorteil von subventionierten Schulen feststellen. In allen Berechnungen schneiden Privatschulen, die keine staatlichen Subventionen erhalten, am besten ab. Die Autoren führen dies auf die höheren verfügbaren Ressourcen zurück, die diesen Schulen zur Verfügung stehen. Die Schulgebühren dieser Schulen betragen im Durchschnitt das Fünffache des Wertes eines Gutscheins.

Zusammenfassend kann gesagt werden, dass das Defizit von Chiles Bildungswesen vor allem im Gerechtigkeitsaspekt liegt. Vom Standpunkt der Bildungschancengleichheit (Equity) ist das System vor allem wegen der Möglichkeit der Schulen zur Selektion ungerecht. Dieser Nachteil ist allerdings nur teilweise auf den Bildungsgutschein zurückzuführen, da ja auch staatliche Schulen Selektion betreiben. Seit 1990 sind darum Programme gestartet worden, die einen Bonus für Schulen bereitstellen, die ärmere Kinder unterrichten. Ein zweites Programm unterstützt Schulen mit den schlechtesten Simce-Testergebnissen.[104] Diese Programme sollen die Selektionseffekte korrigieren. Das chilenische Beispiel zeigt weiter, dass es, insbesondere in ländlichen Regionen, nicht einfach zu einem Ausscheiden der schlechten Schulen aus dem Bildungsmarkt kommt und kommen kann (siehe im Kapitel 4 den Abschnitt zur Makroeffizienz) und dass deshalb solchen Schulen mit speziellen Programmen geholfen werden muss. Dies vermindert natürlich die Makroeffizienz.

Kolumbien

1960 hatte Kolumbien eines der ungerechtesten Schulsysteme mit einer durchschnittlichen Schuldauer von 2,5 Jahren (Calderón 1996). In den folgenden 15 Jahren expandierte der Schulsektor und steigerte so die durchschnittliche Schuldauer auf 5,5 Jahre. Die Primarstufe hat von der Expansion am meisten profitiert, die Einschreiberate betrug 1990 85%, ganz im Gegensatz zur Sekundarbildung, wo die Einschreiberate lediglich 50% betrug. Zwei Gründe können dafür angeführt werden, dass viele Kinder ihre Grundschulbildung nicht beenden: (1) keine (gebührenfreie) staatliche Schule liegt in erreichbarer Nähe und (2) viele Kinder müssen, wie in Entwicklungsländern häufig anzutreffen, arbeiten, um die Familie ernähren zu helfen.

---

104 Standardisierter nationaler Test, der am Ende des vierten und des achten Schuljahres in ganz Chile durchgeführt wird.

Um Kindern aus einkommensschwachen Familien die Fortsetzung der Schulbildung zu ermöglichen, wurde 1991 ein Bildungsgutscheinmodell eingeführt. Der Schüler kann den Bildungsgutschein benutzen, um eine private Schule zu besuchen, wobei der Staat 80% und die Gemeinde 20% der Schulkosten bezahlen (Patrinos & Ariasingam 1997, S. 29ff.). Um am Programm teilnehmen zu können, muss der Schüler die Primarschule in einer staatlichen oder nicht gewinnorientierten Schule abgeschlossen haben (nach der fünften Schulstufe), darf nicht älter als 15 Jahre alt sein und das Haushaltseinkommen darf einen bestimmten Betrag nicht überschreiten. Privatschulen, die Gutschein-Schüler aufnehmen wollen, müssen staatlich akkreditiert sein. Die Zahlungen an die Schule erfolgen dreimal jährlich über ein Konto des Banco Central Hipotecario (BCH)[105], worauf der Staat und die Gemeinden ihre Anteile einzahlen. Wie überall, wo Bildungsgutscheine eingeführt werden sollen, hatte das Programm mit opponierenden Lehrerverbänden zu kämpfen, obwohl die staatlichen Sekundarschulen völlig überfüllt waren und eine Entlastung dieser Schulen erwartet wurde (Calderón 1996).

216 Gemeinden (von insgesamt 1067) haben sich entschlossen, am Programm teilzunehmen, d. h. 20% der Kosten zu übernehmen (King et al. 1997). 1800 Privatschulen und 90'000 Schüler waren 1994, auf dem Höhepunkt des Programms, beteiligt. In den folgenden zwei Jahren ist die Zahl wieder gesunken (auf 1750 Schulen und 80'000 Schüler), weil die Regierung keine weiteren Gutscheine mehr ausgegeben hat und jedes Jahr nur noch die 5500 von der Weltbank finanzierten neu dazukamen.[106]

Ernsthafte Probleme ergaben sich mit «unechten Schulen», die erst nach Einführung des Programms entstanden und hauptsächlich Gutschein-Schüler auf einem tieferen Niveau unterrichten. Ansonsten finden King et al. (1997) keine Leistungsunterschiede zwischen am Programm teilnehmenden privaten Schulen und staatlichen Schulen.[107] Die Kosten schätzen sie auf ca. 77% der Kosten von öffentlichen Schulen; allerdings existieren noch keine Daten darüber, wieviel die Eltern aus eigenen Mitteln aufbringen. Obwohl mit einiger Sicherheit gesagt werden

---

105 Aus Gründen der Vertrauenswürdigkeit und als Anreiz für die privaten Schulen, am Programm teilzunehmen, wurde keine Verwaltungsinstitution gewählt.
106 Die Minderungen erklären sich auch durch Bildungsabbrecher. Weil aber der Gutschein an Wert verloren hat (bzw. die Preise der Privatschulen gestiegen sind) und Eltern aus eigenen Mitteln den Rest aufbringen mussten, war es den ärmsten Schülern nicht mehr möglich, die Privatschule weiterhin zu besuchen.
107 Cox und Jimenez (1997) waren vor der Einführung des Programms zum Schluss gekommen, dass private Schulen effektiver seien.

Bildungsfinanzierung zwischen Markt und Staat

kann, dass das Programm die Schüler erreicht hat, die es erreichen wollte, ist es politisch nicht unumstritten. Weiter sind einige Fragen mangels wissenschaftlicher Evaluationen unbeantwortet geblieben. Trotzdem kann man zusammenfassend sagen, dass gerade für Entwicklungsländer die kolumbianischen Erfahrungen mit der nachfrageorientierten Bildungsfinanzierung von grossem Interesse sein müssten.

Puerto Rico

Puerto Rico hat eine kurze Phase eines Bildungsgutscheinsystems hinter sich (Fernandez & Zalapì 1996). 1993 wurden zwei Gesetze erlassen, die es den staatlichen Schulen erlaubten, unabhängig zu werden, und die freie Schulwahl einführten. Dazu wurden Bildungsgutscheine im Wert von $1500 an jene Bildungsnachfrager ausgegeben, die ein kleines jährliches Familieneinkommen (unter $18'000) hatten und die eine private Schule wählten. Nachdem im zweiten Schuljahr (1994/ 95) 17'000 Schüler vom Bildungsgutschein Gebrauch gemacht hatten, erklärte das Hohe Gericht die beiden Gesetze von 1993 für verfassungswidrig und beendete so das Programm auf richterlicher Ebene.[108] Unterdessen ist wieder ein Betrag von $ 72,3 Mio. für die Wiedereinführung von Bildungsgutscheinen genehmigt worden (Hepburn 1999). Über das Programm in Puerto Rico sind leider keine weiteren Studien verfügbar.

Vereinigte Staaten

In den Vereinigten Staaten sind die Ideen von Friedman auf fruchtbaren Boden gefallen, die nachfrageorientierte Bildungsfinanzierung ist aber ein kontroverses und umstrittenes Thema geblieben. Davon zeugen nicht nur die intellektuellen Debatten in Büchern und Zeitschriften, sondern auch eine kontinuierliche Zahl von Gerichtsverhandlungen zu diesem Thema. In letzteren (etwa Ohio, Wisconsin) geht es in der Regel darum, dass die Gegner der nachfrageorientierten Bildungsfinanzierung die Verfassungswidrigkeit der Programme nachzuweisen versuchen, um sie so stoppen zu können. Da in allen Bundesstaaten die Trennung von Kirche und Staat verfassungsmässig verankert ist, dürfen etwa keine religiö-

---

108 Der Grund für die Verfassungswidrigkeit ist das Verteilen von öffentlichen Geldern an private Institutionen, was auch in den Vereinigten Staaten zur Debatte steht, wie sogleich gezeigt werden wird.

sen Institutionen mit öffentlichen Geldern finanziert werden, was durch Bildungsgutscheine faktisch geschieht. Hinter diesen Vorstössen stehen die Interessen der gut organisierten Lehrer, die um ihren Arbeitsplatz und ihren Lohn fürchten. Besondere Aufmerksamkeit erregte Ende August 1999 das Urteil des Obersten Gerichtes in Cleveland, das eine Verfassungswidrigkeit feststellte und damit (einige Tage vor Beginn des Schuljahres) die sofortige Auflösung des Bildungsgutscheinprogramms forderte, aber drei Tage später wieder revidiert wurde. Das Schuljahr 1999/2000 konnte dann wieder mit dem Bildungsgutscheinprogramm durchgeführt werden.

Neben den staatlichen Bildungsgutscheinmodellen existieren in 41 Städten der Vereinigten Staaten private Bildungsgutscheininitiativen (Hepburn 1999, S. 12). In Indianapolis, Indiana, lancierte 1991 ein Geschäftsmann das erste private Bildungsgutscheinmodell. Es richtet sich wie alle weiteren Programme dieser Art an Kinder aus einkommensschwachen Familien in Grossstädten (vor allem Minoritäten und Kinder von alleinerziehenden Eltern). Diesen Kindern wird damit ein Schulbesuch in der Privatschule ihrer Wahl ermöglicht. In fast allen Programmen müssen Eltern aber noch aus eigenen Mitteln für einen Teil der Schulgebühren aufkommen. Für das Schuljahr 1999/2000 wurde erwartet, dass ca. 50'000 Schulplätze auf diese Weise zur Verfügung stehen werden.

Viele Studien haben schon versucht, Licht in die Fragen der Effektivität und Effizienz privater und staatlicher Schulen, in die Auswirkungen des Wettbewerbs und in das Wahlverhalten der Eltern zu bringen (siehe im Kapitel 4 den Abschnitt zu «Effizienz und Effektivität»).

Es folgt nun eine Übersicht über die bereits eingeführten Bildungsgutscheinprogramme. In allen vier Fällen (Cleveland Scholarship Program, Florida Voucher System, Milwaukee Parental Choice Program und Pell Grants) handelt es sich um selektive, d. h. nur an eine bestimmte Zielgruppe abgegebene Bildungsgutscheine. Anschliessend an die Darstellung werden Anwendungsorte weiterer nachfrageseitiger Finanzierungsinstrumente («open enrollment», «charter schools», «tuition tax credits») aufgeführt, ohne dass jedoch speziell auf empirische Untersuchungen darüber eingegangen wird.

Cleveland Scholarship Program, Ohio
Das in Cleveland, Ohio, 1996 eingeführte Bildungsgutscheinmodell (Cleveland Scholarship Program, CSP) war das erste der Vereinigten Staaten, das neben säkularen Privatschulen auch religiöse einschloss (Hepburn 1999). Der Bildungsgutschein hat je nach Einkommen der Eltern einen variablen Wert und deckt bis zu 90% der Schulgebühren einer Privatschule pro Jahr, jedoch höchstens $ 2250 (ca.

sFr. 3825.–). Die Gutscheinempfänger werden aus der Menge der Bewerber durch das Los ermittelt. Das Ohio Education Department begrenzte den Anteil von Schülern, die schon vor der Bewerbung um einen Bildungsgutschein eine Privatschule besuchten, auf 25%[109] (vgl. Peterson et al. 1999). Im Schuljahr 1998/99 erhielten 3674 Kinder vom Kindergarten bis zur 5. Schulstufe einen Bildungsgutschein (vgl. Hirsch & Samuelsen 1999), wobei das ganze Programm auf die Schulstufen Kindergarten bis 8. Klasse beschränkt ist.

Im März 1998 veröffentlichte die Indiana University School of Education ihre Studie zum ersten Jahr (Schuljahr 1996/97) des CSP-Bildungsgutscheinprogramms (siehe Metcalf et al. 1998). Diese Studie fand keine signifikant besseren Resultate der Schüler, die nun private Schulen besuchten (vgl. auch Peterson et al. 1998). [110] Im April 1998 gab die Indiana University die Daten zu einer unabhängigen Überprüfung frei, welche die Harvard University durchführte. Nachdem Peterson et al. (1998) die Resultate der Hope-Schulen miteinbezogen und methodische Verbesserungen vorgenommen hatten, kamen sie zum Schluss, dass die Privatschüler in allen Fächern signifikant besser abgeschlossen hatten. Allerdings räumen sie ein, dass nach einem Jahr nur moderate Verbesserungen erwartet werden dürfen, da das System Anpassungszeit brauche. Nach dem zweiten Jahr, in dem mehr Daten gesammelt und ausgewertet werden konnten, fanden Peterson et al. (1999), dass Gutschein-Empfänger aus ökonomisch benachteiligteren Familien kommen als der Durchschnitt in Staatsschulen und dass sie öfter alleinerziehende Eltern haben. Ihre Mütter haben im Schnitt allerdings eine bessere Ausbildung, besuchen häufiger Gottesdienste und sind häufiger afro-amerikanischer Abkunft. Peterson et al. (1999) fanden auch im zweiten Jahr, dass die Eltern relativ zufriedener mit ihrer Schule sind als Eltern, deren Kinder die staatliche Schule besuchen, aber dass sie sich auch mehr um Schulanliegen bemühen und sich stärker engagieren. Was die Schulresultate betrifft, so konnten die Hope-Schulen den Vorsprung, den sie im ersten Jahr erzielt hatten, nicht weiter verbessern. Das vorerst letzte Wort kommt wieder von der Indiana University (siehe Metcalf et al. 1999). Die Forscher finden kleine, aber signifikante Vorteile der Gutschein-Schüler in Sprachfächern und Naturwissenschaften. Dies, obwohl die Infrastruktur an den Privatschulen

---

109 Damit wurde versucht den Mitnahmeeffekt, d. h. die Subventionierung von Personen, die auch ohne das Bildungsgutscheinprogramm eine private Ausbildung nachgefragt hätten, einzugrenzen.
110 In diesen Resultaten sind allerdings jene Schüler der beiden Hope-Schulen (zwei Privatschulen), die erst nach Einführung des Bildungsgutscheinmodells entstanden sind, nicht enthalten. In den Hope-Schulen wurden im ersten Schuljahr 25% der Gutschein-Schüler unterrichtet.

eher schlechter war, d. h. kleinere Klassenzimmer und Lehrer mit kürzerer Berufserfahrung. Eine sozioökonomische Entmischung konnte nicht festgestellt werden, und die vom Programm anvisierte Zielgruppe von Schülern war erreicht worden. Metcalf et al. konnten ebenfalls feststellen, dass die Eltern der Bildungsgutscheinempfänger insgesamt eine höhere Bildung haben und sich häufiger in der Schule engagieren.

Das Cleveland Scholarship Program weist insgesamt für die nachfragerorientierten Bildungsfinanzierungsmodelle interessante und unterstützende Resultate auf, die jedoch noch tiefer und länger erforscht werden müssten. Ob dies möglich sein wird, ist zurzeit nicht klar, da auch hier ein Gerichtsverfahren bezüglich Verfassungsmässigkeit des Programms läuft.

Florida Voucher System

Zu Beginn des Schuljahres 1999/2000 hat Florida als erster Bundesstaat ein gesamtstaatliches Bildungsgutscheinmodell eingeführt (Hirsch & Samuelsen 1999). Es handelt sich um einen selektiven Bildungsgutschein. Der Selektionsmechanismus orientiert sich allerdings nicht an sozioökonomischen Daten der Schüler, sondern an Leistungsgraden der Schulen, d. h. alle Schüler, deren Schulen vom Staat eine Note «F» («failing») erhalten haben, können den Bildungsgutschein von ca. $ 3400 pro Jahr (rund sFr. 5800.–) in Anspruch nehmen und in eine Privatschule wechseln. Das Programm läuft für alle Schulstufen bis zur 12. Klasse. Es sind auch religiöse Privatschulen zugelassen, wobei die Schulen keine zusätzlichen Gebühren erheben dürfen. Das Programm ist noch zu jung, um schon wissenschaftlich gesicherte Resultate aufzuweisen, und im Moment ebenfalls juristisch umstritten.

Milwaukee Parental Choice Program, Wisconsin

Das erste grössere Bildungsgutscheinprogramm in den Vereinigten Staaten wurde in Milwaukee, Wisconsin, im Jahr 1990 implementiert. Einer begrenzten Anzahl Kinder aus einkommensschwachen Elternhäusern[111] war es in der Folge möglich, die Schule ihrer Wahl zu besuchen, wenn diese keine religiöse Trägerschaft hatte. 1998/99 war das erste Schuljahr, in dem auch religiöse Schulen Kinder des Programms aufnehmen durften (Hepburn 1999). Die einzige Anforderung an alle Privatschulen besteht darin, dass die Aufnahme der Schüler nicht diskriminierend sein darf. Wenn eine Privatschule aus Platzgründen nur einen Teil der Angemel-

---

111 Das Familieneinkommen darf die sogenannte nationale Armutsgrenze nicht um mehr als 75% übersteigen.

Bildungsfinanzierung zwischen Markt und Staat

deten aufnehmen kann, so muss das Los über die Zulassung entscheiden, es sei denn, Geschwister besuchten bereits dieselbe Schule (Greene et al. 1996). Im Schuljahr 1998/99 machten die Eltern von 6200 Schülern (über 40% der potenziell gutscheinberechtigten 15'000 Eltern) Gebrauch von ihrem Wahlrecht und liessen ihre Kinder an eine Privatschule wechseln. Dafür erhielten sie ca. $ 5000 (rund sFr. 8500.–) in Form eines Bildungsgutscheins (Hirsch & Samuelsen 1999).

Mehrere Gruppen von Forschern haben sich mit der Evaluation des Programms befasst, allen voran der von staatlicher Seite mit dieser Aufgabe betraute John F. Witte von der University of Wisconsin-Madison. Er hat in Jahresabständen fünf Evaluationsberichte verfasst. Im Fünfjahresreport kommt er zum Schluss, dass das Programm die Zielgruppe von einkommensschwachen Familien (meist Alleinerziehende) erreicht habe und dass überdurchschnittlich viele dieser Alleinerziehenden über einen College-Abschluss verfügten, die Schüler aber vorher in der staatlichen Schule unterdurchschnittliche Leistungen erbracht hätten (Witte et al. 1995). Die Eltern sind sehr zufrieden mit der neuen Schulsituation. Witte (1996, S. 123) fand in seiner Studie aber auch, dass sich die Eltern der teilnehmenden Schüler schon als letztere noch staatliche Schulen besuchten, deutlich mehr um Schulbelange gekümmert hatten als Eltern von nicht teilnehmenden Schülern.

Was die Schülerleistungen anbelangt, so bleiben die Resultate zwar gemischt – am ehesten verzeichneten die Forscher einen Vorsprung beim Lesen –, insgesamt jedoch positiv, speziell nachdem die von Witte verwendeten Daten fünf Jahre nach der Erhebung auch anderen Forschern zugänglich gemacht wurden. Eine solche Sekundäranalyse (Greene et al. 1996) zeigte nach einer Anpassung der Kontrollgruppe[112] eine signifikante Verbesserung der Gutschein-Schüler nach drei Jahren Teilnahme am Projekt, sowohl in Mathematik (5–12 Punkte) als auch in Lesen (3–5 Punkte).[113] Rouse (1997) kommt in einer eigenen Überprüfung mit den gleichen Daten zu schlechteren Resultaten: Sie findet zwar eine relativ bessere Leistung der Gutschein-Schüler in Mathematik, jedoch nicht beim Lesen; dort kann sie keinen Unterschied nachweisen. Allerdings stellt sie fest, dass Schüler hispanischer Abstammung in privaten Schulen signifikante Fortschritte gegenüber hispanischen Schülern in öffentlichen Schulen gemacht hatten. Goldhaber et al.

112 Statt eines Querschnitts von Schülern der staatlichen Schulen wurden Schüler untersucht, die ebenso benachteiligt sind wie jene, die am Programm teilgenommen haben.
113 Eine Verbesserung von 8 Punkten entspricht der Hälfte des Leistungsunterschieds zwischen Weissen und Minoritäten in national standardisierten Tests (Greene et al. 1996, S. 27).

(1999, S. 266f.), die das Programm noch einmal auf Selektionsverzerrung testeten, konnten zeigen, dass sich Gutschein-Schüler in nichtbeobachtbaren Merkmalen (zum Beispiel Motivation) nicht von Schülern unterscheiden, die auch für das Programm qualifiziert gewesen wären, jedoch weiterhin die staatlichen Schulen besuchten. Dabei verglichen sie Schüler, die zwar am Programm teilnehmen wollten, jedoch nicht berücksichtigt worden waren (Losentscheid), und solche, die sich gar nicht angemeldet hatten. Damit war ein Hinweis dafür gefunden, dass die gemessenen Leistungsverbesserungen der Gutschein-Schüler nicht auf nicht-beobachtbare Vorteile derselben zurückzuführen waren.

Zusammenfassend ist zu bemerken, dass das Programm gemäss der zitierten Studien sein Ziel, einkommensschwache Familien mit einer grösseren Schulwahl auszustatten, erreicht hat. Die teilnehmenden Eltern sind mit dem Programm sehr zufrieden. Die Ergebnisse bezüglich Schülerleistungen sind insgesamt positiv und weisen auf eine höhere Effektivität des Bildungsgutscheinmodells hin. Über Effizienzfragen liegen uns keine Untersuchungen vor; ebenso sind Fragen des sozialen Zusammenhalts noch unerforscht.

«Pell grants» im tertiären Bereich
1973 wurden im tertiären Bereich Zuschüsse für Vollzeitstudierende mit geringem (Eltern-)Einkommen eingeführt (siehe Kane 1996). Die sogenannten «pell grants» vermochten die Einschreiberaten der Zielgruppe nicht im erwarteten Ausmass zu erhöhen. Kane führt dies auf unübersichtliche und komplizierte Antragsverfahren zurück. Ausserdem ergaben sich Probleme bei der Regulierung des privaten Sektors, wo der Zuschuss auch eingesetzt werden konnte. Kane zeigt damit auf, dass die Einführung eines selektiven Bildungsgutscheins immer auch mit Problemen behaftet ist, die auf die Ausgestaltung des Programms zurückgeführt werden können und nicht generell gegen die nachfragerorientierte Bildungsfinanzierung sprechen müssen.

Weitere nachfrageseitige Finanzierungsinstrumente
In einigen Staaten existieren verschiedene «Open-enrollment»-Programme, wie zum Beispiel in St. Louis, Missouri (Metropolitan Desegregation Plan, Wells 1996), im Staat Minnesota (siehe Fernandez & Zalapì 1996) und in San Antonio, Texas (Multilingual Program, siehe Martinez et al. 1996). Magnet Schools, Schulen mit unterschiedlichen bildungsmässigen Schwerpunkten stehen den Highschool-Schülern in verschiedenen Staaten über die Distriktgrenzen hinaus offen (siehe Blank et al. 1996; Waring 1996; Chriss et al. 1997; Lamdin & Mintrom 1997).

Bildungsfinanzierung zwischen Markt und Staat

In den Vereinigten Staaten wurde 1992 die erste Charter-Schule eröffnet (West 1998, siehe auch im Kapitel 3 den Abschnitt zu Charter-Schulen). Bis zum August 1999 gab es in 37 Bundesstaaten Charter-Schulgesetze, und in 26 Staaten existieren bereits 1200 Charter-Schulen (im Vergleich zu 87'000 Staatsschulen; Hepburn 1999, S. 8). Nur die Hälfte der Staaten mit Charter-Schulgesetzen sieht aber vor, dass die variablen Kosten voll getragen und vom Budget der vorher besuchten Schule abgezogen werden. In den anderen Staaten mit Charter-Schulgesetzen werden die variablen Kosten nur zum Teil übernommen oder die übernommenen Kosten haben keinen Einfluss auf das Budget der herkömmlichen staatlichen Schulen. Glomm et al. (1999) haben in einer empirischen Arbeit untersucht, welche Faktoren die Schaffung und die Lokalität von Charter-Schulen begünstigen. Sie sind zum Schluss gekommen, dass Charter-Schulen vor allem dort entstehen, wo keine grosse ethnische Diversität besteht. Ist der Anteil an Schwarzen oder hispanischen Familien hoch, ist auch die Zahl der Charter-Schulen hoch. Bezüglich Einkommen ergeben sich gegenläufige Trends; in Michigan gibt es «ceteris paribus» mehr Charter-Schulen in Distrikten, wo das Einkommen unterdurchschnittlich ist; in Kalifornien ist das Gegenteil der Fall. Charter-Schulen entstehen weiter vor allem dort, wo Schülerleistungen tief sind. Interessant ist das Ergebnis, dass Charter-Schulen vor allem auch dort entstehen, wo die durchschnittlichen Lehrerlöhne hoch sind. Dies wird damit erklärt, dass die Lehrerlöhne vor allem in den städtischen Distrikten hoch sind (als Entgelt für die hohe Unsicherheit und Kriminalität an den Schulen) und dass es gerade der Grad an Unsicherheit in den Schulen ist, der Eltern Charter-Schulen präferieren lässt. Zusammenfassend kommen die Autoren zum Schluss, dass Charter-Schulen, wenigstens in Michigan, eher ärmeren Bildungsnachfragern zugute kommen und dass Charter-Schulen vor allem dort entstehen, wo sozial benachteiligte Ethnien stärker vertreten sind. Bezüglich der Leistungen der bestehenden staatlichen Schulen notieren die Autoren, die Bildungsnachfrager hätten anscheinend sehr unvollständige Informationen und die Wahlentscheide könnten in dieser Beziehung nicht als effizient bezeichnet werden.

Vier Staaten der USA (Minnesota, Iowa, Arizona und Illinois) haben Gesetze eingeführt, die es Eltern, die Privatschulgebühren bezahlen, erlauben, einen Teil davon von den Steuern abzuziehen (siehe Hirsch & Samuelsen 1999). In Arizona können beispielsweise $ 500 pro Jahr (ca. sFr. 850.–) abgezogen werden, falls sie an akkreditierte private Bildungsgutscheininitiativen bezahlt werden.

Australien

Obwohl die Verfassung von Australien in vielen Punkten der amerikanischen ähnlich ist und eine ebenso strikte Trennung von Kirche und Staat vorsieht, hat das Hohe Gericht Australiens 1981 den Wortlaut dahingehend interpretiert, dass Steuergelder für private Schulen verwendet werden dürfen, solange nicht die Bildung einer Staatskirche gefördert werde (Boyd 1987, S. 183f.). 1999 besuchten ca. 30% der Schüler private Schulen, mit steigender Tendenz.[114] Der Exodus aus den staatlichen Schulen hält unvermindert an, was dazu führt, dass mehr und mehr Kinder auch aus Mittelklassefamilien nicht mehr in öffentlichen Schulen zu finden sind.[115] Dies wiederum schwächt die Stellung der staatlichen Schulen, obwohl die Finanzierungsmechanik auch auf die finanziellen Bedürfnisse der Anbieter (Schulen) Rücksicht nimmt. In neuester Zeit werden Finanzierungsmodelle diskutiert, die das sozioökonomische Umfeld berücksichtigen und damit für die Privatschulen einen Anreiz schaffen sollen, Kinder aus tieferen Schichten anzuziehen (Kemp 1999a).

Die Förderung der beruflichen Bildung ist in Australien mit der Wahlfreiheit kombiniert worden. Wenn ein Arbeitgeber für seine Auszubildenden eine akkreditierte Berufsbildungsinstitution wählt, wird dieser Institution vom Staat ein Betrag überwiesen, und der Arbeitgeber zahlt nur einen allenfalls verbleibenden Rest der Gebühren.

Ein Programm für arbeitslose Jugendliche ohne einen Schul- oder Lehrabschluss hat der Bundesstaat Victoria per Anfang 1999 lanciert (OPCETE 1999). Die berechtigten Jugendlichen erhalten einen Gutschein, den sie in verschiedenen Berufsbildungsinstitutionen einlösen können. Leider sind keine weiteren Informationen zu Wahlfreiheit oder Grösse des Projektes verfügbar.

---

114 Der prozentuale Zuwachs betrug in den letzten Jahren gemäss der Auskunft von Steve Neal (Director, Coordination Schools Division) jährlich 2%.
115 Wie stark das Image der staatlichen Schulen gelitten hat, zeigt sich an der Beobachtung, dass Arbeitgeber lieber Schüler aus Privatschulen ohne Highschool-Abschluss einstellen als Schüler staatlicher Schulen, die die Highschool erfolgreich abgeschlossen haben.

Auch auf der Universitätsstufe geht Australien einen eigenen Weg, was die Studienfinanzierung anbelangt. Das «Higher Education Contribution Scheme» (HECS) wurde 1989, nach 15 Jahren Gebührenfreiheit, eingeführt und verpflichtet Studierende und Akademiker, rund einen Viertel der Kosten ihrer Ausbildung einkommensabhängig zurückzuzahlen oder auch schon vor Antritt des Studiums mit einem Rabatt von 25% zu bezahlen (siehe Chapman 1997, S. 739). 1996 war der Betrag für ein vierjähriges Studium auf $ 9770 (ca. sFr. 9800.–) festgelegt worden. Die Analyse von Harding (1995) ergibt, dass 96% der männlichen und 77% der weiblichen Universitätsabgänger ihre Schuld bis zum 65. Altersjahr abbezahlt haben werden. Unklar ist, ob der zurückgezahlte Betrag direkt derjenigen Universität zufliesst, die der Studierende besucht hat. Die Begründung für die Einführung des HECS lag im privaten Nutzen, der in Form höherer Löhne für die Studierenden anfalle. Um die positiven externen Effekte zu berücksichtigen, wurde die Eigenbeteiligung auf 25% beschränkt. Inwiefern bei der Einführung auch Effizienz- oder Wahlfreiheitsüberlegungen gemacht wurden, konnte nicht eruiert werden. Das Konzept ist nicht als nachfrageseitiges Finanzierungsinstrument im Sinne eines Bildungsgutschein-Mechanismus zu bezeichnen und diente eigentlich nur dem Zweck, die Finanzierungslast für die tertiäre Bildung umzuverteilen.

Neuseeland

Die Wende von einer wohlfahrtsstaatlichen Interventions- zu einer neoliberalen Wirtschaftspolitik kam für Neuseeland 1984. Die wichtigsten Wirtschaftsreformen betrafen die Finanzmärkte, die Geld- und Währungspolitik, den Aussenhandel und die Strukturpolitik (siehe etwa Van Bergeijk et al. 1999). Die öffentliche Verwaltung wurde fast über Nacht einer New-Public-Management-Reform unterzogen; das Bildungswesen folgte, nachdem der sogenannte «Picot Report» 1988 den obligatorischen Schulbereich unter die Lupe genommen und geraten hatte, das Schulsystem grundlegend zu reformieren (siehe Hepburn 1999, S. 16). Interessanterweise wurden die Reformen von einer Labour Regierung durchgeführt. In der Folge wurden Schulen teilautonomisiert, d. h. sie erhielten sogenannte «boards of trustees», die die Kontrolle, aber auch die Verantwortung über das Schulbudget, die Personalpolitik und die Leistungen der Schule haben (vgl. etwa Whitty & Power 2000b). Die zu erbringenden Leistungen werden neu in Leitbildern (sogenannten Charters) festgehalten und über ein Qualitätsmanagement überprüft (vgl. Eberle 1999, S. 21). Für sozioökonomisch benachteiligte Schüler wurde 1996 das «targeted individual entitlement scheme» (TIES) eingerichtet. Es ermöglicht 160 Schülern pro Jahr den Besuch einer Privatschule. Das System in Neuseeland wird von Wylie (1999a) als ein Quasi-Voucher Regime bezeichnet, da das Schulwesen (noch) nicht ganz privatisiert ist.

Während Hepburn (1999) positive Resultate, besonders bezüglich Elternzufriedenheit zitiert, konstatieren Eberle (1999) und Wylie (1998), dass die Reformen nicht überall die angestrebten Ziele erreicht hätten. Insbesondere die Chancengleichheit habe gelitten, daneben sei die Lehrerbelastung gestiegen und dementsprechend auch die Lehrerzufriedenheit gesunken. Wylie (1999b, S. 92) konstatiert, dass das Engagement der Eltern nicht zugenommen habe, wie das zu Beginn der Reformen erhofft worden war. In einer Literaturübersicht kommt sie (1998) ausserdem zum Schluss, dass sich die Chancengleichheit nicht im erhofften Ausmass verbessert habe und dass weiter die Segregation gestiegen sei. Laut Wylie (1999b) seien die «Verlierer» des alten Systems auch im neuen System die «Verlierer» geblieben. Diese Aussage unterstreicht insbesondere die Studie von Fiske und Ladd (2000) zum neuseeländischen Bildungssystem (Primar- und Sekundarbereich). Sie kommen aufgrund ihrer Arbeiten zum Schluss, dass sich die Probleme der Schulen, die vorwiegend benachteiligte Kinder unterrichten (in gewissen Quartieren grosser Städte), nicht einfach durch Schulautonomie und Wahlfreiheit allein lösen liessen.

Auch für den tertiären Sektor entstand ein dem Picot Report ähnliches Regierungsdokument. Neu werden die Universitäten über Globalbudgets auf der Grundlage der Studentenzahlen finanziert, mit dem sogenannten «bulk-funding». Die Studierenden tragen dabei 25% der Studienkosten selbst, wobei die Gebühren je nach Studienfach unterschiedlich hoch sind. Daneben besteht ein System rückzahlbarer Studiendarlehen. 1998 wurde angekündigt, dass ab dem Jahr 2000 ein von der Kursart unabhängiger einheitlicher Geldbeitrag («university tertiary tuition allowance») jedem Studierenden zugeordnet werde, der irgendeine tertiäre Bildungsinstitution wähle. Damit wird ein Schritt in Richtung Bildungsgutschein getan. Laut Eberle (1999, S. 24) sind die Reformen im universitären Sektor bei weitem nicht so umstritten wie im Primar- und Sekundarbereich.

Afrika und Asien

Die Übersicht über Instrumente der nachfrageseitigen Bildungsfinanzierung in Entwicklungsländern ist bewusst kurz gehalten und sieht von einer Bewertung ab, da die Übertragbarkeit auf europäische Verhältnisse äusserst gering ist. Im Fall Japan ist die Knappheit an Informationen damit begründet, dass man dort kulturelle Gegebenheiten vorfindet, die sich zu sehr von jenen der westlichen Welt unterscheiden, als dass eine einfache Übertragung auf europäische Verhältnisse möglich wäre.

Japan

Im japanischen Bildungssystem ist die höhere Schulbildung (ab Sekundarstufe II) ohne Wahlfreiheit undenkbar (Benjamin 1997). In der Schulwahl stehen allerdings weltanschauliche oder pädagogische Werte nicht im Vordergrund, sondern vielmehr rein die akademischen Leistungen. Kein Schüler kann jedoch die bevorzugte Schule (privat oder staatlich) besuchen, wenn er den Zutrittstest nicht besteht. Die Konsumenten (Schüler und Eltern) müssen also diejenige Schule auswählen, in der der Schüler den Eintrittstest gerade noch besteht. Die «Wahl» der Schule ist absolut entscheidend für die spätere Karriere und wird auch sehr sorgfältig getroffen. Der Staat bestimmt jedoch, wie viele Plätze in staatlichen und privaten Schulen eines gewissen Leistungsniveaus zur Verfügung stehen. Das Bildungssystem existiert in dieser Form seit 1872.

Kenia

Ein Bildungsgutschein-Pilotprojekt, die «small enterprise training vouchers», ist in Kenia lanciert worden. Die Berechtigen erhalten einen Gutschein, den sie bei einer akkreditierten Ausbildungsinstitution einlösen können. Das Programm ist so konstruiert, dass 10% der Kosten vom Auszubildenden getragen werden müssen (Oosterbeek 1998, S. 243f.). Evaluationen des Programms sind nicht bekannt.

Philippinen

Eine interessante Möglichkeit, die universitäre Ausbildung zu finanzieren, wird auf den Philippinen praktiziert: Studierende können dort von ihrem individuellen Sozialversicherungskonto Geld abheben und damit die Studiengebühren bezahlen. Damit wird zwar ihre Pension kleiner, doch je nach erwarteter Bildungsrendite scheint sich diese Investition zu lohnen (Oosterbeek 1998, S. 243).

Kurze Zusammenfassung der empirischen Ergebnisse nach Ländern

Die Resultate lassen sich in vier Aussagen kurz (und überspitzt) zusammenfassen:

1. Die selektiven, nur an einen eingeschränkten Berechtigtenkreis ausgegebenen Bildungsgutscheine (zum Beispiel in Kolumbien oder den Vereinigten

Staaten) sind sowohl bezüglich Effektivität als auch bezüglich Gerechtigkeit und sozialen Zusammenhalts positiv zu beurteilen. Insbesondere die neueren Programme in den USA zeigen, dass in einem Bildungssystem, welches durch grosse Qualitätsunterschiede bei den Anbietern gekennzeichnet ist, solche Programme die Chancengleichheit deutlich erhöhen können. Studien über die Kosteneffizienz fehlen jedoch in den meisten Fällen noch.

2. Die dargestellten europäischen Länder mit einer umfassenden Wahlfreiheit (Belgien, Dänemark, Frankreich, Grossbritannien, Niederlande, Schweiz, Ungarn) können in der Regel weder Effektivitätsgewinne noch eine höhere Kosteneffizienz vorweisen. Solche Fragen werden in den historisch gewachsenen Systemen jedoch auch praktisch überhaupt nicht untersucht. Die Einbussen bei den Bildungszielen Equity und sozialer Zusammenhalt werden politisch hingenommen, da anscheinend der Wert der freien Schulwahl, insbesondere aufgrund religiöser Motive, höher bewertet wird.

3. Die meisten interessanten Programme, die Elemente der nachfrageorientierten Bildungsfinanzierung aufweisen, sind sehr jungen Datums und daher bezüglich ihrer Folgen und Konsequenzen noch nicht untersucht.

4. Bekannte Fehlschläge sind häufig auf sehr spezifische Charakteristiken des eingesetzten Modells oder auf wirtschaftliche und bildungspolitische Rahmenbedingungen zurückzuführen (etwa ungenügende finanzielle Höhe des Gutscheins, gleichzeitige Sparprogramme im Bildungswesen, ungenügende Informationskampagnen oder eingeschränkte Schulwahl durch Auswahlmöglichkeiten seitens der Anbieter) und lassen daher keine generellen Aussagen über die Wirkungsweisen der nachfrageorientierten Bildungsfinanzierung zu. Allerdings sind diese Fehler lehrreich, da sie bei neuen Versuchen durchaus vermieden werden könnten.

6. AUFARBEITUNG DER EMPIRISCHEN EVIDENZ FÜR DIE BILDUNGSSTUFEN

Wie schon erwähnt, kann die Einführung eines spezifisch ausgestalteten Instruments der nachfrageseitigen Bildungsfinanzierung nur für eine bestimmte Bildungsstufe geprüft werden. Zu diesem Zweck werden die verfügbaren Studien in diesem Kapitel nach den untersuchten Bildungsstufen geordnet und eine Bewertung nach den Kriterien Effizienz/Effektivität, Equity und sozialer Zusammenhalt vorgenommen (siehe Anhang 5[116]).[117]

Vor der näheren Betrachtung der Untersuchungen nach Bildungsstufen sollen noch grundsätzliche Gedanken zur Ergänzung der Resultate dargelegt werden. Die Wahlfreiheit, die mit der nachfrageorientierten Bildungsfinanzierung ausgeweitet wird, hat einen deutlich bildungsstufenabhängigen Wert, ebenso das Bildungsziel des sozialen Zusammenhalts (siehe auch Abbildung 14). Es wäre anzunehmen, dass der individuelle Wunsch nach Wahlfreiheit mit aufsteigender Schulstufe zunimmt, da mit höherer Bildungsstufe auch der private Nutzen der Bildung steigt und somit Qualitätsunterschiede zwischen verschiedenen Anbietern für den Nachfrager stärker ins Gewicht fallen. Auf der anderen Seite dürfte man annehmen, dass der gesellschaftliche Widerstand gegen eine durch die Wahlfreiheit verursachte Segregation abnehmen müsste, da der Sozialisierungsauftrag bei höheren Bildungsstufen tief ist. Eher bildungsstufenunabhängig dürften die beiden anderen Bildungsziele Effizienz/Effektivität und Equity sein.

Dieser Überlegung entsprechend, dürfte man davon ausgehen, dass die nachfragerorientierte Bildungsfinanzierung speziell bei höheren Bildungsstufen Sinn machen würde (vgl. auch Oosterbeek 1998). Dies kann aber interessanterweise in der empirischen Umsetzung nicht beobachtet werden, da die meisten Versuche die obligatorische Schulzeit betreffen. Erst in jüngster Zeit und spezifisch in Europa sind, wie Kapitel 5 zeigt, nachfrageorientierte Finanzierungsmodelle für die tertiäre Bildung und die Weiterbildung eingesetzt worden.

---

116 Es fliessen dabei auch Studien ein, die keine bestimmten Bildungsgutscheinprogramme oder Bildungssysteme, sondern allgemeine Aspekte wie Wettbewerb und Effektivität privater und staatlicher Schulen untersuchten.

117 Die Wahlfreiheit ist Voraussetzung aller betrachteten Reformmodelle und deren Ausprägung wird deshalb nicht noch spezifisch evaluiert.

Für die Vorschulstufe sind uns nur zwei Programme («English Nursery Voucher Scheme» und «Valencia Preschool Voucher System») bekannt, wobei das englische Modell von der Labour-Regierung bereits wieder gestoppt worden ist (Sparkes & West 1998). Über das Programm in Valencia, Spanien, sind noch keine Studien greifbar. Auch die Aussagekraft der Resultate von Sparkes und West (1998) muss eingeschränkt werden: Das Programm muss als politischer Schachzug der damaligen konservativen Regierung betrachtet werden, das ohne die nötigen Vorbereitungen implementiert worden ist. Die negativen Resultate sind vor diesem Hintergrund nicht überraschend. Sie zeigen hingegen deutlich, wie wichtig Information, Transport und Investition in die Ausbildung von Fachpersonen sind und dass die Planung und Kalkulationen von Finanzierungsinstrumenten solche Kosten- und Regulierungsfaktoren mitberücksichtigen müssten.

In der Schweiz ist die Vorschulstufe nicht einheitlich organisiert. Je nach Gemeinde besteht ein grösseres oder kleineres Angebot an Kinderkrippen oder Spielgruppen. Die Betreuungszeiten und Preise sind höchst unterschiedlich. Einige Unternehmen haben zudem eigene Betreuungsgruppen eingerichtet. Davon kann allerdings nur ein kleiner Teil der Familien profitieren. In einer Zeit, in der auch in der Schweiz immer häufiger beide Elternteile beruflich engagiert sind und es immer mehr Alleinerziehende gibt, stellt sich darum auch hier die Frage, wie weit der Staat in die Bereitstellung und Finanzierung der Kinderbetreuung eingreifen soll.

Aufgrund der hier verarbeiteten Evidenz ist ein Vorgehen in drei Schritten angebracht:

1) Es muss politisch der Entscheid gefällt werden, ob und, falls ja, in welcher Höhe eine öffentliche Finanzierung ins Auge zu fassen ist.
2) Bei einer öffentlichen Beteiligung an der Finanzierungslast würde es sich empfehlen, ein privates Angebot mit einer öffentlichen Subventionierung von einkommensschwachen Eltern ins Auge zu fassen. Diese selektive nachfrageorientierte Finanzierung könnte einerseits über das Instrument eines Bildungsgutscheins erfolgen oder auch über Steuergutschriften. Der administrative Aufwand spricht eher für die Steuergutschriften; andererseits ist jedoch nicht sicher, ob die Anreizwirkung dieselbe ist. Da hier aber die Anreizwirkung weniger im Vordergrund steht, wäre in diesem Fall die Steuergutschrift als einfachere Lösung dem Bildungsgutschein vorzuziehen.

3) Unabhängig vom ersten Entscheid muss geklärt werden, ob ein ausreichendes privates Angebot an Betreuungsplätzen zustande kommt oder nicht. Es kann sein, dass in Randregionen ein solches von Privaten nicht geschaffen würde und der Staat in Einzelfällen selbst als Anbieter auftreten müsste. Der Entscheid über die Angebotsstruktur ist deshalb von der Finanzierungsregel unabhängig zu fällen, weil hier durchaus alle Kombinationen von Angebot und Finanzierungslösung in Betracht gezogen werden können.

Primar- und Sekundarstufe I (inkl. Kindergarten[118])

Wie aus der Abbildung 1 in Anhang 5 deutlich wird, konzentrierten sich die Erprobung von nachfrageorientierten Bildungsfinanzierungsmodellen und ihre Erforschung auf die Grund- und die Sekundarstufe I. Zu diesen Resultaten sind einige Anmerkungen zu machen. Bezüglich der Kosteneffizienz auf der Mikroebene fällt auf, dass sich die Autoren der Untersuchungen in aussereuropäischen Ländern einig zu sein scheinen, dass eine steigende Kosteneffizienz zumindest auf der Mikroebene durch einen verstärkten Wettbewerb zwischen Bildungsinstitutionen zustande kommt. Levin und Driver (1997) berechnen für die USA allerdings einen Kostenzuwachs von ca. 27% oder mehr auf der Systemebene durch die Einführung eines flächendeckenden Bildungsgutscheinsystems. Wir haben im Kapitel 4 dargelegt, warum wir diesen Berechnungen keine grosse Bedeutung zumessen und wir deshalb auch hinsichtlich der Makroeffizienz keinerlei Beweise dafür sehen, dass ein nachfrageorientiertes Bildungsfinanzierungsmodell zwingenderweise zu höheren Kosten führen müsste. Zu den potenziellen ökonomischen Gewinnen addiert sich noch der Nutzen für die Bildungsnachfrager, der aus der grösseren Wahlfreiheit stammt. Führt diese Wahlfreiheit zu einer grösseren Differenzierung des Bildungsangebotes, was teilweise umstritten ist, dann kann es auch zu einer grösseren sozialen Entmischung kommen. Auch dieser Effekt ist jedoch nicht sicher. Ebenfalls nicht gesichert, aber wahrscheinlich ist, dass die Wahlfreiheit nicht alle Nachfrager gleich gut stellt und es daher zu einer Verletzung des Ziels der Equity kommen könnte.

---

118 Der Kindergarten wird deswegen miteinbezogen, weil die Programme in den USA den Kindergarten einschliessen und er in vielen Ländern zur obligatorischen Schulzeit gezählt wird.

Mit Sicherheit ist jedoch diese Bildungsstufe die, bei der das Bildungsziel der sozialen Kohäsion und der gesellschaftlichen Sozialisierung am wichtigsten ist. Dies wird bei der politischen Beurteilung der Wünschbarkeit von Wahlfreiheit ein wichtige Rolle spielen. Es ist deshalb auch die Schulstufe, bei der allfällige ökonomische Evidenz das geringste Gewicht in der bildungspolitischen Entscheidung haben dürfte.

Sekundarstufe II

Die vorgestellten Programme für die Sekundarstufe II («education maintenance allowance», Grossbritannien, und «youth allowance voucher», Victoria, Australien), die einerseits die Maturitätsschulen (Grossbritannien), andererseits die Berufsbildung (Australien) betreffen, sind noch nicht über ihre Anfangsphase hinausgekommen. Aufgrund der vorhandenen (dürftigen) Informationen kann bezweifelt werden, dass das Hauptmotiv für die Einführung der Programme die Wahlfreiheit der Nachfrager gewesen ist. Vielmehr wurde versucht, einen Beitrag zur Bekämpfung der Jugendarbeitslosigkeit zu leisten, indem selektiv die Bildungsbereitschaft von Hochrisikogruppen erhöht wird. Damit stehen bei diesen Modellen die Ziele der Verbesserung der Chancengleichheit und eine Erhöhung der sozialen Kohäsion im Vordergrund und weniger eine Erhöhung der Effizienz des Bildungssystems.

Im Unterschied zu Grund- und Sekundarstufe I gehört die Sekundarstufe II nicht mehr zur obligatorischen Schulzeit. Daraus kann geschlossen werden, dass die Bildung einen Teil des Charakters eines öffentlichen Gutes verliert (Lith 1985, S. 60ff.) und somit die privaten Erträge in den Vordergrund rücken. Gleichzeitig nimmt auch die Wichtigkeit der Bildung zur Förderung des sozialen Zusammenhalts ab und der Qualifizierungsauftrag zu, was für eine Differenzierung des Angebotes und für mehr Wahlfreiheit sprechen würde. Diese Situation lässt die Sekundarstufe II grundsätzlich als für die Einführung von Bildungsgutscheinen geeigneter erscheinen.

Eine Privatisierung der kaufmännischen Grundausbildung wurde in der Schweiz schon früher diskutiert (Nüesch 1994), ebenso kommen allgemeine Finanzierungsfragen in der Berufsbildung immer mehr ins Gespräch (Timmermann 1997, CEDEFOP 1998, Kath 1998). Der Entwurf zum neuen Berufsbildungsgesetz (BBG) in der Schweiz sieht eine Änderung im Modus der Ausrichtung der Bundesbeiträge vor. Neu sollen Pauschalabgeltungen pro Lehrling eingeführt werden. Eine Studie der Konjunkturforschungsstelle der ETH (Frick & Staib 1999) hat untersucht, welche Anknüpfungspunkte geeignet wären, solche Pauschalabgeltungen zu berechnen. Die Autoren schlagen grundsätzlich einen marktbasierten (nachfragerorientierten) Ansatz vor, der die Möglichkeit freier Schulwahl mittels Bildungsgutscheinen vorsieht. Da die Autoren jedoch mit politischem Widerstand gegen eine «aus theoretischer Sicht optimale Lösung» rechnen (S. 54), schlagen sie eine «praktikable» Lösung vor, die eine Finanzierung der Institutionen belässt, diese jedoch outputabhängig ausgestaltet. Dabei wird an Beiträge gedacht, die nach Ausbildungstypen zu differenzieren wären, da diese eine unterschiedliche Kostenintensität aufweisen; diese wäre etwa auf der Basis der ausgestellten Diplome zu berechnen. Für die Ausbildungsinstitutionen würde eine Aufnahmepflicht bestehen, damit der Gefahr des «Cream skimming»-Effekts[119] vorgebeugt werden kann. Ebenso müsste das Leistungsangebot staatlich festgeschrieben werden, um allen Studenten eine gleichwertige Ausbildung zu garantieren. Allerdings bestünde auf der Seite der Nachfrager keine Wahlfreiheit. Es ist möglich, dass aufgrund der Altersstufe (speziell bei Gymnasiasten) oder der Notwendigkeit der Nähe der Ausbildungsstätte zum Arbeitsort (Lehrlinge) der Wahlfreiheit auf der Sekundarstufe II tatsächlich weniger Gewicht beigemessen werden muss. Dieser Vorschlag ist dementsprechend weit davon entfernt, ein nachfragerorientierter Ansatz zu sein. Für die Autoren stehen klar Effizienzüberlegungen im Vordergrund, und sie erhoffen sich, dass von der Abkehr von der *inputorientierten* zur *outputorientierten* Finanzierung bei den Ausbildungsinstitutionen genügend Anreize geschaffen würden, das Angebot möglichst effizient bereitzustellen. Diese Berechnungsart der Kosten würde aber zwingenderweise einer einheitlichen Outputkontrolle bedürfen, etwa durch einheitliche Prüfungsvorgaben und -kriterien für die ganze Sekundarstufe II, da sonst für die Ausbildungsinstitutionen der Anreiz bestände, die Qualität der Ausbildung zu senken.

---

119 Die leistungsstärksten Institutionen würden nur noch diejenige Bildung anbieten, bei der die Gewinnmarge (Kostenbeitrag abzüglich Kosten) am grössten wäre. So käme es auch zu Randschulen, die die unrentablen Bildungsgänge für die «schwierigen» Auszubildenden anzubieten hätten.

Tertiärstufe

Die Rolle des Tertiärsektors hat sich in den letzten Jahrzehnten fundamental gewandelt (siehe etwa Barr & Crawford 1998, Eicher 1998, OECD 1998). Aus der Elitebildung von einst ist praktisch eine Ausbildung für alle geworden.[120] Mit einem tertiären Bildungssystem, das sich zu einem «Massenbildungssystem» wandelt, haben auch die Finanzierungs- und Kostenfragen eine ganz andere Bedeutung bekommen.

Bei den Programmen auf der Tertiärstufe, die mit einem Bildungsgutschein vergleichbar sind, handelt es sich ausser in Belgien, das ein ähnliches Finanzierungssystem wie die Schweiz hat, meist um Darlehen oder nichtrückzahlbare Zuschüsse für Studierende. Diese Instrumente haben allerdings nicht primär die Wahlfreiheit und den damit verbundenen Wettbewerb zwischen Anbietern zum Ziel, sondern vielmehr das Ziel höherer Equity. Generell haben die meisten konkreten Vorschläge zur Finanzierung der Tertiärbildung[121] weniger den Wettbewerb zwischen den Anbietern als die Disziplinierung der Nachfrager im Auge.[122] Im Vordergrund steht zum einen der Versuch, über eine verstärkte Überwälzung der Bildungskosten auf den Bildungsnachfrager diesen zu einem kostensparenden Umgang mit den Bildungsressourcen zu bringen. Die Nachfrager sollen einen verstärkten Anreiz haben, ihre Studienzeit nicht unnötig zu verlängern[123] und

---

120 Die OECD (1998, S. 37ff.) spricht von einem Paradigmenwechsel unter dem Motto «Tertiary Education for All».

121 Für allgemeine Aufsätze zur Hochschul- und Studienfinanzierung in Europa siehe Zöller 1983, Dohmen & Ullrich 1996, Eicher 1998 und Grözinger 1998.

122 Die Frage nach einem klaren Kostenteilungsschlüssel zwischen Bildungsnachfragern und Öffentlichkeit in der tertiären Bildung wird offen und kontrovers bleiben, wie schon die Zahl der Veröffentlichungen zu diesem Thema zeigt: Thompson & Fiske 1978, Zöller 1983, Brinkmann 1985 (Artikel von Timmermann und Pfaff), Woodhall 1987, Cohn & Geske 1990, Straubhaar & Winz 1992, Barr 1993, Johnes & Johnes 1994, Böttcher et al. 1997 (Artikel von Mattern, Grüske und Dohmen), Chapman 1997, Dohmen 1997, Barr & Crawford 1998, Oosterbeek 1998, Sturn & Wohlfahrt 1999, Wolter & Weber 1999a, b.

123 Anreizsysteme, die zu kürzeren Studienzeiten führen sollen, können auf verschiedenste Arten ausgestaltet werden. Verbreitet sind Semestergebührenregelungen, die nach einer gewissen Anzahl von Semestern die Gebühren «prohibitiv» erhöhen. Kombinierte Anreiz- und Bestrafungsmodelle würden vorsehen, dass dem Studenten eine beschränkte Anzahl von Bildungsgutscheinen abgegeben wird, die diesen zu einem kostenlosen Studium während einer festgesetzten Anzahl von Semestern ermächtigen. Studiert er nun länger als die durch die Bildungsgutscheinzahl ermöglichte Anzahl Semester, so muss er die nun anfallenden Bildungskosten privat decken (Bestrafung). Studiert er aber so schnell, dass er nicht alle Bildungsgutscheine aufbraucht, so verfallen diese nicht einfach, sondern er kann sie auch spä-

auch bei der Fächerwahl vermehrt ökonomische Überlegungen zur Rentabilität des Studiengangs einfliessen zu lassen. Weiter verfolgen gewisse Autoren auch ein Equity-Ziel. Hier steht aber nicht die Equity unter den Bildungsnachfragern im Zentrum, sondern die Equity zwischen Bildungsnachfragern und solchen, die keine höhere Bildung nachfragen (siehe auch den Abschnitt «Externalitäten und Investitionen ins Humankapital» in Kap. 1), d. h. man versucht, eine vermutete Umverteilung von unten (den finanziell schlechter gestellten Nicht-Akademikern) nach oben (den finanziell besser gestellten Akademikern) zu verhindern.

Ein System, welches die tertiären Bildungsinstitutionen zu einem grossen Teil oder ausschliesslich über die Nachfrager finanziert, unabhängig davon, ob diese ihre Nachfragemacht selbst finanzieren müssen oder dafür vom Staat entschädigt werden, gibt es bis heute nicht[124]. Auch in den USA gibt es in praktisch allen Staaten sogenannte State Universities, welche eine wenn auch nicht kostenlose, so doch kostengünstigere Ausbildung anbieten.

Sinn und Zweck einer nachfragerorientierten Finanzierung liegen eigentlich in der Etablierung der Wahlfreiheit für die Nachfrager und damit der Disziplinierung der Bildungsanbieter durch die Nachfrager. Eine solche wird auch durch das an Schweizer Universitäten verstärkt gewichtete «funds follow students» teilweise schon erreicht.[125] Im schweizerischen Hochschulwesen ist die Wahlfreiheit zwischen den verschiedenen Universitäten selbstverständlich.[126] Mit der Interkantonalen Universitätsvereinbarung (IKV) «wird eine volumen-, leistungs- und innovationsbezogene Finanzierung in Aussicht gestellt» (Zürcher 1999, S. 10), im Gegensatz zur bisherigen kostenorientierten Finanzierung. Das heisst konkret, dass Nichthochschulkantone pro Studierenden einen Jahresbetrag (nach Studienfach abgestuft) an diejenige Universität zahlen, an der die Studierenden eingeschrieben sind. Das ist die Verwirklichung des Prinzips «funds follow students». 1997 wurden so 9% der Gesamtaufwendungen der neun kantonalen Hochschulen gedeckt (Zürcher 1999, S. 17, Tabelle 1). Bei einer Ausweitung dieses Anteils wäre es fraglich, ob ein wirklicher Bildungsgutschein die Situation ändern würde. Grund-

---

ter für universitäre Weiterbildung einsetzen (Anreiz). Ein ähnliches Modell wurde schon von Ahonen (1996) vorgeschlagen und ist in Deutschland in Diskussion.

124 Für Europa siehe Anhang 6.

125 Die Finanzierung der Universitäten beruht jedoch auf drei Säulen und nicht ausschliesslich auf von den Studentenzahlen abhängigen Beträgen. Neben diesen werden auch Infrastrukturbeiträge und Projektbeiträge ausbezahlt, die grundsätzlich von den Studentenzahlen unabhängig sind.

126 Eine Ausnahme gilt für die mit einem Numerus clausus belegten Fächer.

bedingung ist jedoch, dass die freie Studienwahl auch tatsächlich gewährt wird, d. h. der Zugang zu den Studienfächern und den Studienorten nicht noch durch administrative Entscheide oder Hindernisse verfälscht wird. [127]

Wie schon bei der Sekundarstufe II erwähnt, ist die verstärkte nachfrageorientierte Bildungsfinanzierung auch hier an die Bedingung geknüpft, dass die Bildungsanbieter im Sinne eines «Konsumentenschutzes» einer genauen Qualitätskontrolle unterworfen sind. Weil man sich hier jedoch aus Gründen der zeitlichen Verzögerung nicht nur auf eine Ex-post-Evaluation verlassen kann, sind auch Bestimmungen notwendig, die den Marktzutritt (Akkreditierung von Bildungsanbietern) regeln. Beides versucht man in der Schweiz durch den Aufbau einer Akkreditierungs- und Qualitätsprüfungsstelle für das Universitätswesen zu erfüllen.

Weiterbildung

Was für die Tertiärstufe einleitend ausgeführt wurde, gilt auch für die Weiterbildung. Die Bedeutung der Weiterbildung hat stetig zugenommen, und somit sind auch Finanzierungsfragen des «lebenslangen Lernens» ins Zentrum der Aufmerksamkeit gerückt. [128] Wie bei der Vorschulstufe (siehe oben den Abschnitt zur Vorschulstufe) dominiert bei der Weiterbildung aber die Frage nach der öffentlichen Beteiligung an den Ausbildungskosten und weniger die Frage nach der Art der Finanzierung. Charakteristisch am Weiterbildungsbereich ist in der Regel, dass er durch einen sehr hohen Anteil von privaten Anbietern gekennzeichnet ist [129] und

---

127 Dass auch bei grundsätzlich freier Schulwahl die Gefahr besteht, dass beispielsweise durch Absprachen zwischen den Bildungsanbietern u. ä. der Wettbewerb verfälscht oder gar ausser Kraft gesetzt wird, beweist etwa eine Motion im Grossen Rat des Kantons Bern vom 5. 6. 2000 (Guggisberg & Gerber), in der die Motionäre fordern «Der Regierungsrat stellt sicher, ... dass ... die Studentinnen und Studenten bei mehreren gleichartigen subventionierten Studienangeboten ... frei wählen können. Umplatzierungen von Studenten und Studentinnen sind nur in kleinem Rahmen zum Auffüllen von Klassen/Gruppen möglich. Eventuelle Abspracheverträge sind aufzuheben.»

128 Siehe etwa das Buch von Aebi (1995), oder die Artikel von Levin (1978, 1998) und McMahon (1998), die sich spezifisch auch mit der Weiterbildung beschäftigen. Timmermann (2000) hat in aller Kürze über die möglichen Finanzierungsmodelle in der Weiterbildung referiert. Die staatlichen Eingriffe im Weiterbildungsbereich sind bis heute als eher unkoordiniert, punktuell (vgl. auch Sauter 1998) und zurückhaltend zu bezeichnen.

129 Die gesetzlichen Vorschriften, dass alle Fachhochschulen im Weiterbildungsbereich aktiv sein müssen, wie auch vermehrte Initiativen in diese Richtung seitens der Universitäten ha-

die Kosten häufig vollständig vom Bildungsnachfrager oder seinem Arbeitgeber getragen werden.

Problematisch am Weiterbildungsbereich ist weniger die Effizienz oder Effektivität des Systems, da grundsätzlich der Wettbewerb unter den Anbietern herrscht, noch die Wahlfreiheit, da der Nachfrager frei aus dem bestehenden Angebot auswählen kann. Eher unbedeutend ist auf dieser Bildungsstufe zudem das Bildungsziel der sozialen Kohäsion oder der Sozialisierung. Staatliche Eingriffe im Weiterbildungsbereich können vor allem mit dem Equity-Ziel und einem Wachstumsziel begründet werden. Das Wachstumsziel deshalb, weil die sogenannte «knowledge-based economy» eine hohe Beteiligungsquote an Weiterbildung voraussetzt, die häufig noch nicht der Fall ist. Das Equity-Ziel gründet wiederum auf der Beobachtung, dass sich nicht alle Bevölkerungsteile gleichermassen an der Weiterbildung beteiligen und dass gewisse Bevölkerungsteile auch einen schwierigeren Zugang zu Weiterbildung haben. Da gerade die berufliche Weiterbildung häufig über den Arbeitgeber initiiert, subventioniert und motiviert wird, sind wenig qualifizierte Arbeitnehmer oder Erwerbslose von der Weiterbildung vielfach ausgeschlossen. Massnahmen, die diesen Zustand verändern wollen, müssen gleichzeitig auf vier Ebenen greifen:

1) Bei der Finanzierungsseite muss berücksichtigt werden, dass gerade bei längeren Weiterbildungsaktivitäten die direkten Bildungskosten nicht das Haupthindernis sind. Die Opportunitätskosten, d. h. die entgangenen Löhne, sind in diesen Fällen weit bedeutender und treffen wiederum gerade schlecht qualifizierte Arbeitnehmer stärker, da sie solche Erwerbsausfälle in den wenigsten Fällen aus Ersparnissen decken können.

---

ben in der Schweiz einen recht aktiven Weiterbildungsbereich auf tertiärer Stufe entstehen lassen, bei der die Anbieter staatlich sind. Allerdings heisst dies nicht, dass die Finanzierung ganz oder teilweise öffentlich ist, da diese Anbieter den Nachfragern die Vollkosten der Ausbildung verrechnen müssen. Die staatlichen Anbieter treten also hier als «quasi-private» Anbieter in einer Wettbewerbssituation auf. Als Pendant zu den Aktivitäten, die auf dem tertiären Bildungsniveau angesiedelt sind, hat sich in der Schweiz in den neunziger Jahren auch ein breites staatliches Weiterbildungsangebot für schlecht oder wenig qualifizierte Arbeitnehmer entwickelt. Dieses Angebot wird über die Arbeitslosenversicherung subventioniert und hat den Nachteil, dass ein Arbeitnehmer zuerst arbeitslos werden muss, bevor er in den Genuss dieser Weiterbildung kommen kann. Dies führt wiederum zum sogenannten «replacement effect», d. h. es besteht die Gefahr, dass die Arbeitgeber wenig Qualifizierte entlassen und durch die Weiterbildungsprogramme weitergebildete Arbeitnehmer an deren Stelle einstellen. Somit gelingt es den Unternehmen, einen Teil ihrer Weiterbildungskosten zu sozialisieren.

2) Es fehlt in der Regel an finanziellen Anreizen in der Lohnstruktur, d. h. Weiterbildung zahlt sich zuwenig in höheren Löhnen aus.[130]

3) Die Information und die Motivation der erwachsenen Bevölkerung muss beeinflusst werden, da selbst bei einer ausreichenden Finanzierung immer noch festzustellen ist, dass die Hauptrisikogruppen (bezüglich Arbeitslosigkeit) selbständig nur schwer Zugang zu Weiterbildung finden.[131]

4) Es fehlt in der Regel, gerade weil die Punkte 1–3 zu wenig erfüllt sind, ein adäquates Bildungsangebot für alle Stufen im Bereich der Weiterbildung. Die berufliche Weiterbildung ist häufig nur auf sehr spezifische Weiterbildungsbedürfnisse ausgerichtet, so dass Angebote für weniger Qualifizierte erst geschaffen werden müssten.

In den meisten Ländern sind Staatsinterventionen im Weiterbildungsbereich auf recht tiefem Niveau, so dass auch Finanzierungsmodelle, die den nachfrageorientierten Typen entsprechen würden, selten implementiert wurden. Dies obwohl der Weiterbildungsektor, wenn man sich die Argumente aus dem Kapitel 4 nochmals vor Augen führt, wohl gerade der Bildungssektor wäre, für den Bildungsgutscheine am besten geeignet wären und am wenigsten Kontroversen auslösen dürften.

Eine Ausnahme stellt das in Kapitel 5 dargestellte Modell der «individual learning accounts» dar, welches neu in Grossbritannien eingeführt wurde. Diese richten sich in erster Linie an niedrigqualifizierte Arbeitskräfte in Kleinbetrieben und Wiedereinsteiger (also jene, die auch in der Schweiz am wenigsten Weiterbildung nachfragen; BFS 1997b, S. 54ff.). Es handelt sich daher um einen selektiven Bildungsgutschein. Obwohl noch keine Evaluationen dieses Programms vorliegen,

---

130 Zu den Punkten 1 und 2 siehe auch Wolter & Weber 1999c.

131 Bei der Weiterbildung ist eines der Hauptprobleme staatlicher, monetärer oder nicht-monetärer Anreizprogramme, dass es fast immer nur zu «Mitnahmeeffekten» kommt, d. h. praktisch nur Leute daran teilnehmen, die sich auch ohne die entsprechenden Programme an Weiterbildung beteiligt hätten. Ein solches Resultat zeigten etwa auch erste Evaluationen des dänischen «Educational-leave»-Programms (siehe Wolter & Knuchel 1997). Bei diesem Programm konnten sich Erwerbstätige während maximal eines Jahres an beruflicher Weiterbildung beteiligen und wurden während dieser Phase mit einem Lohn in der Höhe ihres Anspruchs auf Arbeitslosengeld entschädigt, falls der Arbeitgeber für die Dauer der Abwesenheit eine arbeitslose Person einstellte. Das Programm führte bei den Erwerbstätigen nicht zu mehr Weiterbildung. Da das Programm darauf ausgelegt ist, die Opportunitätskosten einer Weiterbildung teilweise zu subventionieren und nicht etwa die direkten Bildungskosten, ist es auch nicht in unsere Übersicht zu den nachfrageorientierten Bildungsfinanzierungsmodellen aufgenommen worden.

kann man aus der Anlage schliessen, dass damit die Chancengleichheit verbessert werden sollte. Die Auswirkungen auf die Effizienz sind nicht leicht auszumachen und auch hier wie in vielen anderen Fällen nicht das treibende Motiv der Initiative.

In der Schweiz sind drei Versuche bekannt, Bildungsgutscheine, das heisst eine nachfrageseitige Bildungsfinanzierung, im Weiterbildungsbereich zu lancieren. Ein ausgereiftes Modell ist im Kanton Luzern wieder im Sand verlaufen; im Kanton Solothurn hat Doris Aebi (Sozialdemokratische Partei) die Ausarbeitung eines Konzepts zur Umsetzung ihrer Erkenntnisse (Aebi 1995) in einer Motion gefordert (Solothurn, Regierungsrat 1999), die am 16. März 1999 angenommen wurde (Solothurn, Kantonsrat 1999), und im Kanton Genf soll, wie schon erwähnt, ein Bildungsgutschein für Weiterbildung mit einem jährlichen Nennwert von 750 Franken eingeführt werden.

Der Vorschlag aus dem Kanton Luzern war schon konkret ausgearbeitet worden (siehe auch Hermannstorfer 1996). Er sah zwei Arten von Bildungsgutscheinen vor: einen Typ L (Lehrgänge) und einen Typ K (Kurse). Beide waren einkommensabhängig ausgestaltet, und bei beiden blieb ein Eigenanteil vom Bildungssuchenden selbst zu tragen (Widmer 1996). Im Gegenzug wären alle Subventionen an ausgewählte Bildungsanbieter eingestellt worden. Der Vorstoss ist aus finanziellen Gründen zurückgestellt worden. Ausserdem wurde bezweifelt, dass ein Kanton im Alleingang ein effizientes System schaffen könne, da er zu sehr mit Nachbarkantonen verflochten sei. Dies ist grundsätzlich zu bedauern, denn das ausgearbeitete Konzept kann als qualitätsfördernd, sozialverträglich (durch die einkommensabhängige Ausgestaltung) und effizient (geringer Verwaltungsaufwand durch Abwicklung über Steuerbehörden: Bildungsgutschein in Form einer Steuergutschrift) angesehen werden (Widmer 1996, S. 4).

7. SCHLUSSFOLGERUNGEN

Die extensive Übersicht über die theoretische und die empirische Literatur im Bereiche der Bildungsfinanzierung mit speziellem Blick auf die nachfrageorientierten Finanzierungsmodelle hat gezeigt, dass die Diskussion kontrovers ist und auch die bekannten empirischen Versuche keine abschliessende Klarheit bringen. Dies hat mit verschiedenen Problemen zu tun, die in Kapitel 4 grösstenteils vorgestellt wurden.

Generell kann man aus den empirischen Studien die Schlussfolgerung ziehen, dass die Ergebnisse weder eine kategorische Ablehnung von Marktelementen in der Bildungsfinanzierung erlauben, noch dass sich damit schon weitreichende Reformen der Bildungsfinanzierung ausreichend begründen liessen. Der Widerstand selbst gegen kleine und selektiv angelegte Versuche verunmöglicht allerdings auch die Gewinnung weiterer Erkenntnisse. Die Möglichkeiten für die Wissenschaft, auf dieser Basis weiterreichende Handlungsempfehlungen an die Politik abzugeben, sind dementsprechend eingeschränkt.

Weiter kann gesagt werden, dass die empirischen Resultate zu kontextabhängig sind, als dass sie ohne weiteres auf das europäische oder gar schweizerische Umfeld angewandt werden könnten. Bezüglich der Kontextabhängigkeit ist anzufügen, dass gerade die Resultate aus dem amerikanischen Bildungssystem, das durch eine grosse Varianz in der Leistungsfähigkeit des öffentlichen Bildungswesens geprägt ist, auf die Schweiz nur eingeschränkt übertragbar sind. Auch die europäischen Modelle der Schulwahlfreiheit sind nur partiell auf die Schweiz anwendbar. In den USA ist die Forderung nach nachfrageorientierten Bildungsfinanzierungsmodellen hauptsächlich aus dem Handlungsdruck aufgrund der grossen Ungleichheiten in der schulischen Qualität zwischen verschiedenen staatlichen, aber auch zwischen staatlichen und privaten Schulen entstanden. Eine grössere Equity im Bildungswesen zu erreichen war das primäre Ziel. Erst in zweiter Linie suchte man nach Möglichkeiten, die suboptimal produzierenden Schulen effizienter und effektiver zu gestalten. Aber auch hier liegt das Schwergewicht der Aktivitäten auf der Verbesserung der Effektivität und nur in zweiter Linie auf einer gesteigerten Effizienz. Hinsichtlich der Schulstufen konzentrieren sich die Initiativen hauptgewichtig auf den obligatorischen Schulbereich.

In Europa ist die traditionelle Schulwahlfreiheit in vielen Ländern eine Folge des Kulturkampfs, speziell des 19. Jahrhunderts, und hat deshalb in der Regel religiöse Hintergründe. Die Frage, ob die Sozialisierung im religiösen oder im laizistischen Umfeld zu erfolgen hat, war Hauptstreitpunkt und gleichzeitig Anreiz zur Gewährung von Schulwahlfreiheit. Ökonomische Aspekte sind in nahezu allen Modellen gar nie thematisiert worden. Evaluationen der Schulmodelle sind in den Ländern selbst praktisch immer ausgeblieben, und dementsprechend besteht auch wenig Wissen, das in konkrete Handlungsanweisungen umgesetzt werden könnte. Neueste Finanzierungsexperimente, insbesondere in Grossbritannien, Schweden und Spanien, die eher ökonomische Elemente enthalten, sind zu jung, zu klein und zu spezifisch auf enge Bereiche des Schulwesens zugeschnitten, als dass daraus schnell grosse Erkenntnisse zu erwarten wären.

Während in den Vereinigten Staaten die Ineffektivität eines grossen Teil des staatlichen Schulwesens die Diskussion antrieb und in Europa vor allem die Trennung von laizistisch-staatlichem und religiös-privatem Schulangebot entscheidend war, haben diese beiden Argumente in der Schweiz eine vergleichsweise unbedeutende Rolle gespielt. Die Effektivität des staatlichen Bildungswesens wurde nie in dieser Form in Frage gestellt, und der Wunsch nach einem breiten religiös geprägten privaten Schulangebot blieb immer relativ klein. Die Forderungen nach einer verstärkt nachfrageorientierten Bildungsfinanzierung in der Schweiz war von Anfang an stärker ökonomisch motiviert (vgl. etwa Straubhaar & Winz 1992) und ganz klar mit der Hoffnung verbunden, ein stärkerer Wettbewerb zwischen Anbietern würde zu höherer Effizienz führen. Dabei schwang auch immer die Idee mit, die im internationalen Vergleich hohen Bildungsausgaben in der Schweiz liessen sich durch solche Massnahmen senken. Für die Übertragbarkeit der vorhandenen empirischen Evidenz auf die Schweiz ist es deshalb wichtig zu sehen, dass die ausländischen Versuche fast immer aus ganz anderen Motiven durchgeführt wurden und werden als jene, die in der Schweiz im Vordergrund stehen.

Bezüglich der effizienzsteigernden Wirkung nachfrageorientierter Bildungsfinanzierung können wir aus der empirischen Literatur schliessen, dass die Effekte auf der Mikroebene praktisch unbestritten positiv sind, wenn auch im Ausmass in der Regel bescheiden. Das von vielen Autoren vorgebrachte Argument der *Nichtfinanzierbarkeit* (siehe etwa Mangold et al. 2000, S.56) eines flächendeckenden Modells von nachfrageorientierter Bildungsfinanzierung beruht fast ausschliesslich auf den Berechnungen der dadurch verursachten Transportkosten von Levin und Driver (1997). Wir haben insbesondere in Kapitel 4 dargelegt, warum uns dieses Argument nicht überzeugt. Wir sind deshalb auch der Meinung, dass den leicht positiven Effizienzgewinnen auf der Mikroebene keine Verluste auf der Makroebene gegenüberstehen. Trotzdem fragt sich, ob diese bescheidenen Effekte allfällige negative Effekte bezüglich der sozialen Kohäsion oder der Equity zu kompensieren vermögen. Diese Frage ist allerdings nicht ökonomisch, sondern nur politisch zu beantworten.

Bezüglich der verschiedenen Schulstufen ziehen wir die Schlussfolgerung, dass gerade für jene Schulstufen, bei denen eine nachfragerorientierte Finanzierung am meisten Sinn machen würde, am wenigsten Experimente und Untersuchungen vorliegen.

Vor diesem Hintergrund sind wir der Ansicht, dass die Vorschulstufe und die Weiterbildung am ehesten geeignet wären, konkret mit nachfragerorientierten Modellen finanziert zu werden. Hier muss aber vorgängig eine Entscheidung darüber gefällt werden, wie das öffentliche Engagement bei der Finanzierung überhaupt aussehen soll. Erst wenn der Entscheid getroffen wurde, diese Formen der Bildung öffentlich zu subventionieren, kann subsidiär dazu das adäquate Finanzierungsmodell bestimmt werden. Obwohl wir in diesen Bereichen die nachfragerorientierte Finanzierung für sinnvoll erachten, glauben wir nicht, dass bei der Weiterbildung die grundlegende Problematik der ungenügenden Beteiligung einzelner Segmente der Bevölkerung nur auf der Basis des Finanzierungsmodells gelöst werden kann. Hier fehlt bis heute (siehe im Kap. 6 den Abschnitt zur Weiterbildung) ein kohärentes Modell für die Staatseingriffe in den Weiterbildungsmarkt, das alle Angebots- und Nachfrageraspekte berücksichtigt. Die Finanzierungsmodalität spielt dabei eher eine Nebenrolle.

Was die obligatorische Schulstufe anbelangt, d. h. Primar- und Sekundarstufe I, stehen wie erwähnt politisch-gesellschaftliche Einschätzungen der Bedeutung der sozialen Kohäsion, der Equity und der Wahlfreiheit rein ökonomischen Überlegungen teilweise entgegen. Wir haben aber darauf aufmerksam gemacht, dass der Status quo bei weitem nicht immer jene positiven Resultate zeigt, auch bezüglich des Zielerreichungsgrades bei der Equity und beim sozialen Zusammenhalt, wie die Gegner von Finanzierungsreformen häufig glauben machen wollen. Dies gilt insbesondere für die soziale Entmischung, die durch die gezielte Wohnortswahl der Bildungsnachfrager zustande kommt. Weiter ist zu beachten, dass über Reformen in der Schulsteuerung oder mittels einer Neudefinition der Eltern-Schule-Beziehung auch ohne formelle Wahlmöglichkeiten seitens der Bildungsnachfrager Anpassungen im System gemacht werden können, die weiterreichende Eingriffe teilweise überflüssig machen.

Die Tertiärstufe (universitär- und ausseruniversitär) mit klaren Qualifizierungsaufgaben bedarf fast automatisch gewisser nachfragerorientierter Finanzierungsinstrumente. Fraglich ist lediglich, ob dies über Bildungsgutscheine zu erfolgen hat oder ob das Prinzip der «funds follow students» nicht schon ähnliche Effekte erzeugt und deshalb genügen würde. Wir sind der Auffassung, dass unter bestimmten Voraussetzungen ein «Funds follow students»-System ausreicht. Die Voraussetzungen sind erstens der wirklich freie Zugang zur Institution der Wahl für den Studenten und zweitens gewisse staatliche Unterstützungsmassnahmen (Stipendien), die die geographische Mobilität der Studenten erhöhen[132], da es sonst gar nicht zu einem wirksamen Wettbewerb zwischen den Institutionen kommt. Drittens bedarf es allenfalls einer Erhöhung des studentenanzahlenabhängigen Budgetteils bei den Hochschulen.

Die Sekundarstufe II, sei es die allgemeinbildende Variante oder die Berufsbildung, ist auch bezüglich ihrer Eignung für nachfragerorientierte Finanzierungsmodelle zwischen der Grundstufe und der Tertiärstufe einzuordnen. Zwar eher für solche Modelle geeignet, haben gewisse Argumente, die für die obligatorische Schulbildung zutreffen, auch hier ihre Gültigkeit. Geographische Restriktionen, die fast notgedrungen zu Gebietmonopolen bei den Anbietern führen, und eine altersabhängig eingeschränkte Mobilität bei den Schülern verhindern eine wirkliche Steuerung des Systems über die Nachfrager. Aus diesem Grund sind wir der Meinung, dass höchstens in Städten und Ballungszentren gewisse nachfragerorientierte Ansätze erfolgversprechend wären

Abschliessend möchten wir festhalten, dass die Ansprüche an das Bildungswesen einem dauernden Wandel unterworfen sind und somit auch die Rahmenbedingungen, unter denen die Bildungsanbieter operieren. Diese Rahmenbedingungen sind auch entscheidend für die Wahl einer optimalen Bildungsfinanzierung. Daraus ergibt sich die Notwendigkeit, diese Finanzierungssysteme ebenso einer kontinuierlichen Überprüfung zu unterziehen. Die Anpassung des Bildungssystems an neue Herausforderungen wird dabei um so eher gelingen, je mehr Erfahrungen wir mit Alternativen haben. Die Experimente mit nachfragerorientierten Finanzierungsmodellen haben sich in einigen Fällen bewährt, in anderen nicht. Eine abschliessende Empfehlung kann dazu aufgrund des heutigen Wissensstands nicht abgegeben werden. Eine kategorische Ablehnung solcher Experimente würde unseren Handlungsspielraum aber nur unnötig einschränken, wenn es darum geht, das System an neue Rahmenbedingungen anzupassen.

---

132 Fast 70% der Schweizer Studenten studieren an der Universität, die geographisch am nächsten beim Wohnort ihrer Eltern liegt. Die Kosten, die durch eine mobilitätsfördernde Stipendienpolitik entstehen würden, sind jedoch nur zum Teil als Kosten zu verstehen. Die Mobilität der Studenten ist in diesem Fall auch als Investition aufzufassen, da sich die Erfahrungen, die in einem neuen Studienumfeld gewonnen werden, produktiv umsetzen lassen.

8. BIBLIOGRAPHIE

Acemoglu, D. (1996). Credit Constraints, Investment Externalities and Growth. In: A. L. Booth & D. J. Snower (Hrsg.): Acquiring Skills – Market Failures, their Symptoms and Policy Responses. Cambridge: University Press, 40–62

Aebi, D. (1995). Weiterbildung zwischen Markt und Staat. Zur Wirksamkeit von Steuerungsprinzipien in der schweizerischen Bildungsspirale. Chur: Rüegger

Ahonen, E. (1996). Vouchers in Higher Education *(Higher Education Management, 8, 1, 19–25)*

Altrichter, H. (1999). Länderbericht Österreich, Länderbericht zuhanden des OECD/ CERI-Regionalseminars Rheinfelden 1999, «Die Vielfalt orchestrieren» – Steuerungsaufgaben der zentralen Instanz bei grösserer Selbständigkeit der Einzelschule

Ambler, J. S. (1994). Who Benefits from Educational Choice? Some Evidence from Europe *(Journal of Policy Analysis and Management, 13, 3, 454–476)*

Ambler, J. S. (1997). Who Benefits from Educational Choice? Some Evidence from Europe. In: E. Cohn (Hrsg.): Market Approaches to Education. Vouchers and School Choice. Oxford: Pergamon, 353–379

Amuedo-Dorantes, C. & Mach, T. (1999). Juvenile Crime, Delinquency and School Quality: New Hope from the NLSY97. Paper Presented at the Midwestern Economics Association Meeting, Nashville, TN

Asplund R. & Telhado Pereira, P. (Hrsg.) (1999): Returns to Human Capital in Europe – A Literature Review. Helsinki: The Research Institute of the Finnish Economy (ETLA)

Barr, N. (1993). Alternative Funding Resources for Higher Education *(The Economic Journal, 103, May, 718–728)*

Barr, N. & Crawford, I. (1998). Funding Higher Education in an Age of Expansion *(Education Economics, 6, 1, 45–70)*

Barro, R. J. (1991). Economic Growth in a Cross Section of Countries *(Quarterly Journal of Economics, 106, 407–443)*

Barro, R. J. & Lee, J.-W. (1993). International Comparisons of Educational Attainment *(Journal of Monetary Economics, 32, 363–394)*

Barro, R. J. & Lee, J.-W. (1996). International Measures of Schooling Years and Schooling Quality *(American Economic Review, Papers and Proceedings, 86, 218–223)*

Barro, R. J. & Sala-i-Martin, X. (1995). Economic Growth. New York: McGraw-Hill

Bearse, P., Glomm, G. & Ravikumar, B. (1999a). Savage Inequalities, State Funding and Vouchers. Mimeo: University of North-Carolina-Greensboro

Bearse, P., Glomm, G. & Ravikumar, B. (1999b). Education Finance Reform: The Polish Case. Mimeo: Michigan State University

Bearse, P., Glomm, G. & Ravikumar, B. (1999c). On the Political Economy of Means Tested Education Vouchers. Paper Presented at the European Economic Association Annual Meeting in Santiago de Compostela

Benjamin, G. R. (1997). Choices of Education in Japan. In: E. Cohn (Hrsg.): Market Approaches to Education. Vouchers and School Choice. Oxford: Pergamon, 511–526

Bergeijk, P. A. G. van, Sinderen, J. van & Vollaard, B. A. (1999). Structural Reform in Open Economies – A Road to Success? Cheltenham: Elgar

Berger, M. C. & Toma, E. F. (1994). Variation in State Educational Policies and Effects on Student Performance *(Journal of Policy Analysis and Management, 13, 3, 477–491)*

Betts, J. R. (1996). Is There a Link between School Inputs and Earnings? Fresh Scrutiny of an Old Literature. In: G. Burtless (Hrsg.): Does Money Matter? Washington, D. C.: Brookings Institution Press, 141–191

Betts, J. R. (1998). The Two-Legged Stool: The Neglected Role of Educational Standards in Improving America's Public Schools *(Economic Policy Review, 4, 1, 97–116)*

BFS [Bundesamt für Statistik] (1997a). Soziale Lage der Studierenden. Bern: Bundesamt für Statistik

BFS [Bundesamt für Statistik] (1997b). Weiterbildung in der Schweiz. Eine Auswertung der Schweizerischen Arbeitskräfteerhebung 1996. Bern: Bundesamt für Statistik

Bishop, J. H. (1996). Signaling, Incentives, and School Organization in France, the Netherlands, Britain and the United States. In: E. A. Hanushek & D. W. Jorgenson (Hrsg.): Improving America's Schools, The Role of Incentives. Washington, D. C.: National Academy Press, 111–146

Blank, R. K., Levine, R. E. & Steel, L. (1996). After 15 Years. Magnet Schools in Urban Education. In: B. Fuller & R. F. Elmore (Hrsg.): Who Chooses? Who Loses? Culture, Institutions, and the Unequal Effects of School Choice. New York: Teachers College Press, 154–172 *(Sociology of Education Series)*

Blaug, M. (1984). Education Vouchers – It All Depends on What You Mean. In: J. Le Grand & R. Robinson (Hrsg.): Privatisation and the Welfare State. London: Allen & Unwin, 160–177

Booth, A. L. & Snower, D. J. (1996). Acquiring Skills – Market Failures, their Symptoms and Policy Responses. Cambridge: University Press

Böttcher, W., Weishaupt, H. & Weiss, M. (1997) (Hrsg.). Wege zu einer neuen Bildungsökonomie. Pädagogik und Ökonomie auf der Suche nach Ressourcen und Finanzierungskonzepten. Weinheim: Juventa *(Initiative Bildung, Bd. 3)*

Boyd, W. L. (1987). Balancing Public and Private Schools: The Australian Experience and American Implications *(Educational Evaluation and Policy Analysis, 9, 3, 183–197)*

Brandl, J. E. (1998). Governance and Educational Quality. In: P. E. Peterson & B. C. Hassel (Hrsg.): Learning from School Choice. Washington D. C: Brookings Institution Press, 55–81

Brinkmann, G. (1985) (Hrsg.). Probleme der Bildungsfinanzierung. Berlin: Duncker & Humblot (*Schriften des Vereins für Socialpolitik, Bd. 146*)

Brockmeyer, R. (1999). Länderbericht Deutschland, Länderbericht zuhanden des OECD/CERI-Regionalseminars Rheinfelden 1999 «Die Vielfalt orchestrieren» – Steuerungsaufgaben der zentralen Instanz bei grösserer Selbständigkeit der Einzelschule

Brown, B. W. (1992). Why Governments Run Schools (*Economics of Education Review, 11, 4, 287–300*)

Budde, H. & Klemm, K. (1994). Zur Entwicklung der Bildungsfinanzierung: Stagnierende Bildungsausgaben – Privatisierung – Aufgabenreduzierung. In: H.-G. Rolff (Hrsg.): Jahrbuch der Schulentwicklung, Band 8, Daten, Beispiele und Perspektiven. Weinheim: Juventa, 99–123

Buddin, R. J., Cordes, J. J. & Kirby, S. N. (1998). School Choice in California: Who Chooses Private Schools? (*Journal of Urban Economics, 44, 110–134*)

Burchardt, T., Hills, J. & Propper, C. (1999). Private Welfare and Public Policy. York: Pergamon

Calderón Z. A. (1996). Voucher Program for Secondary Schools: The Colombian Experience. http:// www.worldbank.org/html/extdr/hnp/hddflash/workp/wp_00066. html

Card, D. & Krueger, A. B. (1992). Does School Quality Matter? Returns to Education and the Characteristics of Public Schools in the United States (*Journal of Political Economy, 100, 1, 1–40*)

Card, D. & Krueger, A. B. (1996). Labor Market Effects of School Quality: Theory and Evidence. In: G. Burtless (Hrsg.): Does Money Matter? Washington, D. C.: Brookings Institution Press, 97–140

Carnoy, M. (1997). Is Privatization Through Education Vouchers Really the Answer? A Comment on West (*The World Bank Research Observer, 12, 1, 105–117*)

CEDEFOP [Centre européen pour le développement de la formation professionnelle] (1998). Le financement de la formation professionnelle: approches politiques (*Formation professionelle, Revue uuropéenne, No 13*)

Chapman, B. (1997). Conceptual Issues and the Australian Experience With Income Contingent Charges for Higher Education (*The Economic Journal, 107, May, 738–751*)

Chevalier, A. & Gauthier, L. (1999). Financial Transfers and Educational Achievement. Mimeo: Keele University

Chriss, B., Nash, G. & Stern, D. (1997). The Rise and Fall of Choice in Richmond, California. In: E. Cohn (Hrsg.): Market Approaches to Education. Vouchers and School Choice. Oxford: Pergamon, 443–463

Chubb, J. E. & Moe, T. M. (1988). Politics, Markets and the Organization of Schools (*American Political Science Review, 82, 4, 1065–1087*)

Chubb, J. E. & Moe, T. M. (1990). Politics, Markets and America's Schools. Washington: Brookings Institution

Cohn, E. (1997) (Hrsg.): Market Approaches to Education. Vouchers and School Choice. Oxford: Pergamon

Cohn, E. & Geske, T. G. (1990). The Economics of Education. Oxford: Pergamon (3. Aufl.)

Coleman, J. S. (1988). Social Capital in the Creation of Human Capital (American Journal of Sociology, 94, 95–120)

Coleman, J. S. (1990a). Equality and Achievement in Education. Boulder: Westview

Coleman, J. S. (1990b). Foundations of Social Theory. Cambridge: Belknap Press of Harvard University

Cox, D. & Jimenez, E. (1997). The Relative Effectiveness of Private and Public Schools: Evidence from Two Developing Countries. In: E. Cohn (Hrsg.): Market Approaches to Education. Vouchers and School Choice. Oxford: Pergamon, 305–327

Cusin, C. (2000): Au cœur de redéfinitions. L'interface école/famille en Suisse. Aarau: Centre suisse de coordination pour la recherche en éducation *(Rapport de tendance, No. 4)*

Davis, G. & Ostrom, E. (1991). A Public Economy Approach to Education: Choice and Co-Production *(International Political Science Review, 12, 4, 331–335)*

De la Fuente, A. & Doménch, R. (2000). Human Capital in Growth Regressions: How much Difference does Data Quality make? Mimeo: Instituto de Análisis Económico & Universidad de Valencia

Dee, T. S. (1998). Competition and the Quality of Public Schools *(Economics of Education Review, 17, 4, 419–427)*

DEETYA [Department of Employment, Education, Training and Youth Affairs] (1998). Learning for Life. Review of Higher Education Financing and Policy (Final Report). Canberra: Commonwealth of Australia

Denison, E. F. (1962). The Sources of Economic Growth in the United States and the Alternatives before Us. New York: Committee for Economic Development

DfEE [Department for Education and Employment] (1999a). The Education Maintenance Allowance (EMA). Pilot Scheme. http://www.dfee.gov.uk/circulars/dfeepub/may99/070599/text.htm

DfEE [Department for Education and Employment] (1999b). Evaluation of Early Individual Learning Account Development Activity. http://www.dfee.gov.uk/research/report123.htm

Dohmen, D. (1997). Studiengebühren – Traum oder Trauma? Köln: Forschungsinstitut für Bildungs- und Sozialökonomie *(FIBS-Diskussionspapier, Nr. 9)* (2. Aufl.)

Dohmen, D. & Ullrich, R. (1996). Ausbildungsförderung und Studiengebühren in Westeuropa. Köln: Forschungsinstitut für Bildungs- und Sozialökonomie *(FIBS-Forschungsbericht, Nr. 1)*

Eberle, F. (1999). New Public Management im neuseeländischen Bildungswesen. Beschreibung und Beurteilung der Reformen. St. Gallen: Institut für Wirtschaftspädagogik *(Studien und Berichte, Heft 11)*

Eicher, J.-C. (1998). The Costs and Financing of Higher Education in Europe *(European Journal of Education, 33, 1, 31–39)*

Fedderke, J. & Klitgaard, R. (1998). Economic Growth and Social Indicators. An Exploratory Analysis *(Economic Development and Cultural Change, 3, 455–489)*

Fernandez A. & Zalapì, A. (1996). Qu'est-ce que le chèque scolaire? Genève: Organisation internationale pour le développement de la liberté *(Working Papers, 1)*

Fiske, E. B. & Ladd, H. F. (2000). When Schools Compete. A Cautionary Tale. Washington: Brookings Institution

Fowler, F. C. (1997). School Choice Policy in France: Success and Limitations. In: E. Cohn (Hrsg.): Market Approaches to Education. Vouchers and School Choice. Oxford: Pergamon, 465–478

Fredriksson, P. (1997). Economic Incentives and the Demand for Higher Education *(Scandinavian Journal of Economics, 99, 1, 129–142)*

Frick, A. & Staib, D. (1999). Öffentliche Finanzierung der Berufsbildung in der Schweiz. Studie im Auftrag des Bundesamtes für Berufsbildung und Technologie, BBT. Zürich: KOF-ETH

Friedman, M. (1955). The Role of Government in Education. In: R. A. Solo (Hrsg.): Economics of Public Interest. New Brunswick: Rutgers University Press

Friedman, M. (1962). Capitalism and Freedom. Chicago: University of Chicago Press

Friedman, M. (1976). Kapitalismus und Freiheit. München: Deutscher Taschenbuch-Verlag

Friedman, M. (1997). Public Schools: Make them Private *(Education Economics, 5, 3, 341–344)*

Glomm, G., Harris, D. & Lo, T. F. (1999). Charter School Location. Mimeo: Michigan State University

Glomm, G. & Ravikumar, B. (1994). Vouchers, Public and Private Education, and Income Distribution. Mimeo: Michigan State University

Goldhaber, D. D. et al. (1999). Testing for Sample Selection in the Milwaukee School Choice Experiment *(Economics of Education Review, 18, 259–267)*

Gradstein, M. (1999). An Economic Rationale for Public Education: The Value of Commitment: Munich: ifo Institute *(CESifo Working Paper Series, No. 209)*

Gradstein, M. & Justman, M. (1999a). Public Schooling, Social Capital and Growth. Beer-Sheva: Ben-Gurion University *(Discussion Paper No 99-9)*

Gradstein, M. & Justman, M. (1999b). Education, Social Cohesion, and Economic Growth. Beer-Sheva: Ben-Gurion University *(Discussion Paper No 99-16)*

Gradstein, M. & Justman, M. (2000). Human Capital, Social Capital and Public Schooling *(European Economic Review, 44, 4–6, 879–890)*

Greene, J. P. (1998). Civic Values in Public and Private Schools. In: P. E. Peterson & B. C. Hassel (Hrsg.): Learning from School Choice. Washington, D. C: Brookings Institution, 83–106

Greene, J. P. (1999). The Racial, Economic, and Religious Context of Parental Choice in Cleveland. (Paper Prepared for the Annual Meeting of the Association for Policy Analysis and Management in Washington, D. C., November 1999)

Greene, J. P., Peterson, P. E. & Du, J. (1996). The Effectiveness of School Choice in Milwaukee: A Secondary Analysis of Data from the Program's Evaluation. Paper Prepared for Presentation before the Panel on the Political Analysis of Urban School Systems at the August-September 1996 Meetings of the American Political Science Association, San Francisco. Houston: University of Houston

Grözinger, G. (1998). Hochschulen in Deutschland – Unterfinanzierung und Fehllenkung. In: R. K. von Weizsäcker (Hrsg.): Deregulierung und Finanzierung des Bildungswesens. Berlin: Duncker & Humblot, 187–231 *(Schriften des Vereins für Socialpolitik, Bd. 262)*

Grüske, K.-D. (1997). Tragen Akademiker die Kosten ihrer Ausbildung? Sind Studiengebühren unsozial? In: W. Böttcher, H. Weishaupt & M. Weiss (Hrsg.): Wege zu einer neuen Bildungsökonomie: Pädagogik und Ökonomie auf der Suche nach Ressourcen und Finanzierungskonzepten. Weinheim: Juventa, 277–290 *(Initiative Bildung, Bd. 3)*

Gugger, E. et al. (1999). Europas schlingernde Klassenzimmer *(Die Weltwoche, Nr. 11, 18. März, 10–11)*

Halász, G. (1997). The Reform of Financing Public Education. Budapest: National Public Education Institute

Hanushek, E. A. (1986). The Economic of Schooling: Production and Efficiency in Public Schools *(Journal of Economic Literature, 24, 1141–1177)*

Hanushek, E. A. (1994). Making Schools Work. Improving Performance and Controlling Costs. Washington, D. C.: Brookings Institution

Hanushek, E. A. (1996a). A More Complete Picture of School Resource Policies *(Review of Educational Research, 66, 3, 397–409)*

Hanushek, E. A. (1996b). School Resources and Student Performance. In: G. Burtless (Hrsg.): Does Money Matter? Washington, D. C.: Brookings Institution, 43–73

Hanushek, E. A. (1997). Assessing the Effects of School Resources on Student Performance: An Update *(Educational Evaluation and Policy Analysis, 19, 2, 141–164)*

Hanushek, E. A. (1998a). Conclusions and Controversies about the Effectiveness of School Resources *(Economic Policy Review, 4, 1, 11–28)*

Hanushek, E. A. (1998b). The Evidence on Class Size. Rochester: Allen Wallis Institute of Political Economy, University of Rochester *(Occasional Paper Nr. 98-1)*

Hanushek, E. A., Kain, J. F. & Rivkin, S. G. (1999). Do Higher Salaries Buy Better Teachers? Paper Prepared for the Annual Meeting of the American Economic Association, New York, January 3–5, 1999

Hanushek, E. A. & Kim, D. (1995). Schooling, Labor Force Quality, and Economic Growth. Cambridge: National Bureau of Economic Research *(NBER Working Paper, Nr. 5399)*

Hanushek, E. A. & Kimko, D. D. (2000). Schooling, Labor Force Quality, and the Growth of Nations *(American Economic Review, forthcoming)*

Hanushek, E. A., Rivkin, S. G. & Taylor, L. L. (1996). The Identification of School Resource Effects *(Education Economics, 4, 2, 105–125)*

Harding, A. (1995). Financing Higher Education: An Assessment of Income-contingent Loan Options and Repayment Patterns Over the Life Cycle *(Education Economics, 3, 2, 173–203)*

Hassel, B. C. (1998a). The Case for Charter Schools. In: P. E. Peterson & B. C. Hassel (Hrsg.): Learning from School Choice, Washington, D. C: Brookings Institution, 33–51

Hassel, B. C. (1998b). Charter Schools: Politics and Practice in Four States. In: P. E. Peterson & B. C. Hassel (Hrsg.): Learning from School Choice, Washington, D. C: Brookings Institution, 249–271

Hassel, B. C. (1999). The Charter School Challenge. Avoiding the Pitfalls, Fulfilling the Promise. Washington, D. C.: Brookings Institution

Heckman, J., Layne-Farrar, A. & Todd, P. (1996). Does Measured School Quality Really Matter? An Examination of the Earnings-Quality Relationship. In: G. Burtless (Hrsg.): Does Money Matter? Washington, D. C.: Brookings Institution, 192–289

Helliwell, J. F. & R. D. Putnam (1999). Education and Social Capital *(NBER Working Paper, Nr. 7121)*

Hening, J. R. (1999). School Choice Outcomes. In: S. D. Sugerman & F. R. Kremerer (Hrsg.): School Choice and Social Controversy, Politics, Policy, and Law. Washington, D. C.: Brookings Institution, 68–110

Hepburn, C. R. (1999). The Case For School Choice: Models from the United States, New Zealand, Denmark, and Sweden. Vancouver: The Fraser Institute *(Fraser Institute Critical Issues Bulletin)*

Herrmannstorfer, U. (1996). Nachfrageorientierte Weiterbildungsfinanzierung (Bildungsschein) im Kanton Luzern. Arbeitspapier auf der Grundlage des Berichts von Udo Herrmannstorfer. Luzern: (unveröffentlicht)

Hess, F., Maranto, R. & Milliman, S. (2000). Coping With Competition: How School Systems Respond to School Choice. (Working Paper Taubman Center on State and Local Government, Harvard University)

Hirsch, E. & Samuelsen, S. (1999). Turning Away From Public Education *(State Legislatures, Sept., 12–16)*

Hirschman, A.O. (1970). Exit, Voice, and Loyalty: Responses to Decline in Firms, Organizations, and States. Cambridge: Harvard University Press

Hoenack, S. A. (1997). An Application of a Structural Model of School Demand and Supply to Evaluate Alternative Designs of Voucher Education Systems *(Economics of Education Review, 16, 1, 1–14)*

Hoffer, T., Greeley, A. M. & Coleman, J. S. (1997). Achievement Growth in Public and Catholic High Schools. In: E. Cohn (Hrsg.): Market Approaches to Education. Vouchers and School Choice. Oxford: Pergamon, 173–212

Howell, W. G., et al. (2000). Test Score Effects of School Vouchers in Dayton, Ohio, New York City, and Washington, D. C.: Evidence from Randomized Field Trials. Paper Prepared for the Annual Meetings of the American Political Science Association, Washington, D. C., September 2000

Howell, W. G. & Peterson, P. E. (2000). School Choice in Dayton, Ohio: An Evaluation After One Year. Paper Prepared for the Conference on Vouchers, Charters and Public Education, Harvard University, March 2000

Hoxby, C.M. (1994a). Do Private Schools Provide Competition For Public Schools? Cambridge: National Bureau of Economic Research *(NBER Working Paper, Nr. 4978)*

Hoxby, C. M. (1994b). Does Competition Among Public Schools Benefit Students and Taxpayers? Cambridge: National Bureau of Economic Research *(NBER Working Paper, Nr. 4979)*

Hoxby, C. M. (1998). Analyzing School Choice Reforms That Use America's Traditional Forms of Parental Choice. In: P. E. Peterson & B. C. Hassel (Hrsg.): Learning from School Choice. Washington, D. C: Brookings Institution, 133–155

Hoxby, C. M. (1999). The Effects of School Choice on Curriculum and Atmosphere. In: S. E. Mayer & P. E. Peterson (Hrsg.): Earning and Learning: How Schools Matter. Washington, D. C: Brookings Institution, 283–316

Jaeger, D. A. & Page, M. E. (1996). Degrees Matter: New Evidence on Sheepskin Effects in the Returns to Education *(The Review of Economics and Statistics, 78, 4, 733–740)*

James, E. (1997). Benefits and Costs of Privatized Public Services: Lessons from the Dutch Educational System. In: E. Cohn (Hrsg.): Market Approaches to Education. Vouchers and School Choice. Oxford: Pergamon, 479–498

Johnes, G. & Johnes, J. (1994). Policy Reforms and the Theory of Education Finance *(Journal of Economic Studies, 21, 1, 3–15)*

Kane, T. J. (1996). Lessons from the Largest School Voucher Program. Two Decades of Experience with Pell Grants. In: B. Fuller & R. F. Elmore (Hrsg.): Who Chooses? Who Loses? Culture, Institutions, and the Unequal Effects of School Choice. New York: Teachers College Press, 173–185 *(Sociology of Education Series)*

Kath, F. (1998). Finanzierung der Berufsbildung. In: Bundesinstitut für Berufsbildung: Aspekte beruflicher Aus- und Weiterbildung im europäischen Vergleich. Bielefeld: BIBB, 65–99

Kemp, D. (1999a). Choice and Equity: Funding Arrangements for Non-Government Schools 2001–2004. Statement by The Honourable Dr David Kemp, Minister for Education, Training and Youth Affairs. Canberra: Commonwealth of Australia

Kemp, D. (1999b). Higher Education. Report for the 1999 to 2001 Triennium by the Minister for Education, Training and Youth Affairs The Honourable Dr David Kemp. Canberra: Commonwealth of Australia

King, E., et al. (1997). Colombia's Targeted Education Voucher Program: Features, Coverage, and Participation. Washington: Worldbank *(Working Paper Series on Impact Evaluation of Education Reforms, Nr. 3)*

Klenow, P. J. & Rodríguez-Clare, A. (1997). The Neoclassical Revival in Growth Economics: Has It Gone Too Far? Cambridge: National Bureau of Economic Research *(NBER Macroeconomics Annual, 73–103)*

Knack, S. & Keefer, P. (1997). Does Social Capital Have an Economic Payoff? A Cross-Country Investigation *(Quarterly Journal of Economics, 112, 1251–1288)*

Knack, S. (1999). Social Capital, Growth and Poverty: A Survey of Cross-Country Evidence. Washington, D. C.: World Bank *(Social Capital Initiative Working Paper, Nr. 7)*

Kremer, M. & Sarychev, A. (1998). Why do Governments Operate Schools? Mimeo: Harvard University

Krueger, A. B. (1998). Reassessing the View That American Schools Are Broken *(Economic Policy Review, 4, 1, 29–46)*

Ladmin, D. J. & Mintrom, M. (1997). School Choice in Theory and Practice: Taking Stock and Looking Ahead *(Education Economics, 5, 3, 211–244)*

Laffont, J.-J. (2000). Incentives and Political Economy. Oxford: University Press

Lankford, H. & Wyckoff, J. (1997). Primary and Secondary School Choice Among Public and Religious Alternatives. In: E. Cohn (Hrsg.): Market Approaches to Education. Vouchers and School Choice. Oxford: Pergamon, 393–423

Larrañaga, O. (1997). Chile: A Hybrid Approach. In: E. Zuckerman & E. de Kadt (Hrsg.): The Public-Private Mix in Social Services. Health Care and Education in Chile, Costa Rica and Venezuela. Washington, D. C.: Inter-American Development Bank, 19–62

Levacic, R. & Woods, P. A. (1999). Quasi-markets and School Performance: Evidence from a Study of English Secondary Schools. Paper Presented at the Conference on Recent Trends in the Economics of Education, Frankfort, German Institute for International Educational Research, September 8–10th, 1999

Levin, H. M. (1978). Financing Higher Education and Social Equity: Implications for Lifelong Learning *(School Review, 87, May, 327–347)*

Levin, H. M. (1987). Education as a Public and Private Good *(Journal of Policy Analysis and Management, 6, 4, 628–641)*

Levin, H. M. (1992a). The Economics of Educational Choice *(Economics of Education Review, 10, 2, 137-158)*

Levin, H. M. (1992b). Market Approaches to Education: Vouchers and School Choice *(Economics of Education Review, 11, 4, 279–285)*

Levin, H. M. (1998). Financing a System für Lifelong Learning *(Education Economics, 6, 3, 201–217)*

Levin, H. M. (1999). The Public-Private Nexus in Education *(American Behavioral Scientist, 43, 1, 124-137)*

Levin, H. M. & Driver, C. E. (1997). Costs of an Educational Voucher System *(Education Economics, 5, 3, 265–283)*

Lith, U. van (1985). Der Markt als Ordnungsprinzip des Bildungsbereichs. München: Oldenburg

Louis, K. S. & Velzen, B. A. M. van (1997). A Look at Choice in the Netherlands. In: E. Cohn (Hrsg.): Market Approaches to Education. Vouchers and School Choice, Oxford: Pergamon, 499–509

Mangold, M., Oelkers, J. & Rhyn, H. (2000): Bildungsfinanzierung durch Bildungsgutscheine. Modelle und Erfahrungen *(Zeitschrift für Pädagogik, 46, 1, 39–59)*

Mankiw, N. G., Romer, D. & Weil, D. N. (1992). A Contribution to the Empirics of Economic Growth *(Quarterly Journal of Economics, 107, 407–437)*

Manski, C. F. (1992). Educational Choice (Vouchers) and Social Mobility *(Economics of Education Review, 11, 4, 351–369)*

Marlow, M. L. (2000). Spending, School Structure, and Public Education Quality. Evidence from California *(Economics of Education Review, 19, 89–106)*

Martinez, V., Godwin, K. & Kemerer, F. R. (1996). Public School Choice in San Antonio. Who Chooses and with What Effects? In: B. Fuller & R. F. Elmore (Hrsg.): Who Chooses? Who Loses? Culture, Institutions, and the Unequal Effects of School Choice. New York: Teachers College Press, 50–69 *(Sociology of Education Series)*

Mayston, D. J. (1996). Educational Attainment and Resource Use: Mystery or Econometric Misspecification? *(Education Economics, 4, 2, 127–142)*

McEwan, P. J. (2000). The Potential Impact of Large-Scale Voucher Programs. New York: Teachers College, National Center for the Study of Privatization in Education *(Occasional Paper Nr. 2)*

McEwan, P. J. & Carnoy, M. (1999). The Effectiveness and Efficiency of Private Schools in Chile's Voucher System. Stanford University (unveröffentlicht)

McMahon, W. W. (1998). Conceptual Framework for the Analysis of the Social Benefits of Lifelong Learning *(Education Economics, 6, 3, 309–346)*

McMahon, W. W. & Geske, T. G. (1982) (Hrsg.). Financing Education. Overcoming Inefficiency and Inequity. Urbana: University of Illinois Press

Meer, P. van der & Wielers, R. (1996). Educational Credentials and Trust in the Labour Market *(Kyklos – International Review for Social Sciences, 49, 29–46)*

Metcalf, K. K. (1999). Evaluation of the Cleveland Scholarship and Tutoring Grant Program 1996–1999. Bloomington: Indiana University, Center for Evaluation

Metcalf, K. K. et al. (1998). A Comparative Evaluation of the Cleveland Scholarship and Tutoring Grant Program: Year One: 1996–97. A Project of the School of Education, Smith Research Center. Bloomington: Indiana University

Mincer, J. (1996). Economic Development, Growth of Human Capital, and the Dynamics of Wage Structure *(Journal of Economic Growth, 1, 29–48)*

Mizala, A. & Romaguera, P. (2000). School Performance and Choice. The Chilean Experience *(The Journal of Human Ressources, 2, 393–417)*

Mortimore, P. (1997). Auf der Suche nach neuen Ressourcen. Die Forschung zur Wirksamkeit von Schule (School Effectiveness). In: W. Böttcher, H. Weishaupt & M. Weiss (Hrsg.): Wege zu einer neuen Bildungsökonomie. Pädagogik und Ökonomie auf der Suche nach Ressourcen und Finanzierungskonzepten, Weinheim: Juventa, 171–192 *(Initiative Bildung, Bd. 3)*

Murnane, R. J., Newstead, S. & Olsen, R. J. (1997). Comparing Public and Private Schools: The Puzzling Role of Selectivity Bias. In: E. Cohn (Hrsg.): Market Approaches to Education. Vouchers and School Choice. Oxford: Pergamon, 213–238

Murthy, N., Vasudeva, R. & Chien, I. S. (1997). The Empirics of Economic Growth for OECD Countries: Some New Findings *(Economics Letters, 55, 425–429)*

Neal, D. (1998). What Have We Learned about Benefits of Private Schooling? *(Economic Policy Review, 4, 1, 79–86)*

Nehru, V., Swanson, E. & Dubey, A. (1995). A New Database on Human Capital Stocks in Developing and Industrial Countries: Sources, Methodology and Results *(Journal of Development Economics, 46, 379–401)*

Nüesch, C. (1994). Privatisierung der kaufmännischen Grundausbildung? Entwicklung eines Beurteilungsnetzes und Argumentariums, Schlussfolgerungen. Diplomarbeit Universität St. Gallen

OECD (1998). Human Capital Investment. An International Comparison, Paris: OECD

Oggenfuss, F. (1999). Länderbericht Schweiz, Länderbericht zuhanden des OECD/CERI-Regionalseminars Rheinfelden 1999, «Die Vielfalt orchestrieren» – Steuerungsaufgaben der zentralen Instanz bei grösserer Selbständigkeit der Einzelschule

OIDEL [Organisation internationale pour le développement de la liberté] (1998). Nouvelles formules de financement de l'éducation. Textes du colloque à Paris, le 9 novembre 1996. Genève: OIDEL

Oosterbeek, H. (1998). Innovative Ways to Finance Education and Their Relation to Lifelong Learning *(Education Economics, 6, 3, 219–251)*

OPCETE [Office of Post-Compulsory Education, Training and Employment] (1999). Model Programs – Designed for Youth Voucher Holders. http://www.otfe.vic.gov.au/ provider/youthprograms/index.htm

Parry, T. R. (1996). Will Pursuit of Higher Quality Sacrifice Equal Opportunity in Education? An Analysis of the Education Voucher System in Santiago *(Social Science Quarterly, 77, 4, 821–841)*

Parry, T. R. (1997). Theory Meets Reality in the Education Voucher Debate: Some Evidence from Chile *(Education Economics, 5, 3, 307–331)*

Patrinos, H. A. (1999). Market Forces in Education, Paper Prepared for the Seminar «Education: the Point of View of the Economists», Donostia-San Sebastián, Spain, July 22 – 24th, 1999

Patrinos, H. A. & Ariasingam, D. L. (1997). Decentralization of Education. Demand-Side Financing. Washington, D. C.: Worldbank *(Directions in Development)*

Peacock, A. T. & Wiseman, J. (1964). Education for Democrats. London: Institute of Economic Affairs

Peterson, P. E. (1998). School Choice: A Report Card. In: P. E. Peterson & B. C. Hassel (Hrsg.): Learning from School Choice. Washington, D. C: Brookings Institution, 3–32

Peterson, P. E., Greene, J. P. & Howell, W. G. (1998). New Findings from the Cleveland Scholarship Program: A Reanalysis of Data from the Indiana University School of Education Evaluation. Cambridge: Harvard University

Peterson P. E. & Hassel, B. C. (1998). Learning from School Choice. Washington, D. C: Brookings Institution

Peterson, P. E., Howell, W. G. & Greene, J. P. (1999). An Evaluation of the Cleveland Voucher Program After Two Years. Cambridge: Harvard University *(Occasional Paper of the Program on Education Policy and Governance, PEPG)*

Pritchett, L. (1995). Where has all the Education Gone? Mimeo: World Bank

Psacharopoulos, G. (1987). The Cost-Benefit-Model. In: G. Psacharopoulos (Hrsg.): Economics of Education: Research and Studies. Oxford: Pergamon, 342–347

Putnam, R. D. (1993). Making Democracy Work: Civic Traditions in Modern Italy. Princeton: University Press

Rangazas, P. (1995). Vouchers in a Community Choice Model with Zoning *(The Quarterly Review of Economics and Finance, 35, 1, 15–39)*

Rangazas, P. (1997). Competition and Private School Vouchers *(Education Economics, 5, 3, 245–263)*

Rapp, G. C. (2000). Agency and Choice in Education: Does School Choice Enhance the Work Effort of Teachers? *(Education Economics, 8, 1, 37–63)*

Ravens, J. van (1998). The Franchise Model: Refinancing Higher Education for Lifelong Learning *(European Journal of Education, 33, 1, 89–102)*

Romer, P. (1990). Endogenous Technological Change *(Journal of Political Economy, 99, 5, 71–102)*

Rouse, C. E. (1997). Private School Vouchers and Student Achievement: An Evaluation of the Milwaukee Parental Choice Program., Cambridge: National Bureau of Economic Research *(NBER Working Paper, Nr. 5964)*

Sandy, J. (1992). Evaluating the Public Support for Educational Vouchers: A Case Study *(Economics of Education Review, 11, 3, 249–256)*

Sauter, E. (1998). Pro und Contra Regulierungen im Weiterbildungsbereich. Neue Impulse und Konturen für die berufliche Weiterbildung. In: R. K. von Weizsäcker (Hrsg.): Deregulierung und Finanzierung des Bildungswesens. Berlin: Duncker & Humblot, 309–326 *(Schriften des Vereins für Socialpolitik, Bd. 262)*

Schneider, B., Schiller, K. S. & Coleman, J. S. (1996). Public School Choice; Some Evidence from the National Educational Longitudinal Study of 1988 *(Educational Evaluation and Policy Analysis, 18, 19–29)*

Smith, J. & Spurling, A. (1997). Individual Lifelong Learning Accounts. Towards a Learning Revolution. Leicester: The National Institute of Adult Continuing Education

Solothurn, Kantonsrat (1999). Motion Doris Aebi: Standesinitiative zur Einführung der nachfrageorientierten Weiterbildungsfinanzierung. Auszug aus den Verhandlungen des Kantonsrates vom 16. März

Solothurn, Regierungsrat (1998). Motion Doris Aebi (SP, Schönenwerd) vom 4. März 1998: Standesinitiative zur Einführung der nachfrageorientierten Weiterbildungsfinanzierung («Individuen statt Institutionen subventionieren»). Auszug aus dem Protokoll des Regierungsrates des Kantons Solothurn vom 10. Nov. 1998

Sparkes, J. & West. A. (1998). An Evaluation of the English Nursery Voucher Scheme 1996–1997 *(Education Economics, 6, 2, 171–184)*

Steuerle, E. C., et al. (Hrsg.) (2000). Vouchers and the Provision of Public Services. Washington, D. C.: Brookings Institution Press

Stiglitz, J. E. (1988): Economics of the Public Sector (2. Aufl.). New York: Norton

Straubhaar, T. (1997). Auf dem Weg in die Wissensgesellschaft des 21. Jahrhunderts *(Die Volkswirtschaft, 5, 14–20)*

Straubhaar, T. & Winz, M. (1992). Reform des Bildungswesens. Kontroverse Aspekte aus ökonomischer Sicht. Bern: Haupt *(Sozioökonomische Forschungen, Bd. 27)*

Sturn, R. & Wohlfahrt, G. (1999). Der gebührenfreie Hochschulzugang und seine Alternativen. Wien: Verlag Österreich *(Juristische Schriftenreihe, Bd. 146)*

Sugerman, S. D. & Kremerer, F. R. (1999). School Choice and Social Controversy, Politics, Policy, and Law. Washington, D. C.: Brookings Institution

Tavernier, K. (1993). Are University Funding Systems in Need of an Overhaul? In: P. G. Altbach & D. B. Johnstone (Hrsg.): The Funding of Higher Education: International Perspectives. New York: Garland

Thiebout, C. M. (1956). A Pure Theory of Local Expenditures *(Journal of Political Economy, 64, 416–424)*

Thompson, F. & Fiske, G. (1978). One More Solution to the Problem of Higher Education Finance *(Policy Analysis, 4, 4, 577–580)*

Timmermann, D. (1997). Die Krise der beruflichen Bildung und Wege gerechterer Finanzierung. In: W. Böttcher, H. Weishaupt & M. Weiss (Hrsg.): Wege zu einer neuen Bildungsökonomie. Pädagogik und Ökonomie auf der Suche nach Ressourcen und Finanzierungskonzepten. Weinheim: Juventa, 314–341 *(Initiative Bildung, Bd. 3)*

Timmermann, D. (2000). Alternativen. Modelle zur Finanzierung lebenslangen Lernens *(Zeitschrift des Deutschen Instituts für Erwachsenenbildung, 1, 2000, 21–23)*

Toma, E. F. (1996). Public Funding and Private Schooling Across Countries *(Journal of Law and Economics, 39, April, 121–148)*

Tres Años de Cheque Escolar (1996) *(Acade, 10–11, 48–53)*

Tversky, A. & Kahneman, D. (1981). The Framing of Decisions and the Psychology of Choice *(Science, 453–458)*

Valencia, Gobierno Municipal (2000): Registro Municipal de Guarderías y Escuelas Infantiles para Participar en el Sistema del Cheque Escolar. Madrid [unveröffentlicht]

Valsecchi, I. (1988). L'Ipotesi del Buon Scuola Tra Equità ed Efficienza *(Rivista Internazionale di Scienze Economiche e Commerciali, 35, 1, 77–90)*

Vanourek, G., et al. (1998). Charter Schools as Seen by Students, Teachers, and Parents. In: P. E. Peterson & B. C. Hassel (Hrsg.): Learning from School Choice, Washington, D. C: Brookings Institution, 187–211

Waibel, R. (1999). Bericht der Arbeitsgruppe «Wettbewerb und Finanzierung». St. Gallen [unveröffentlicht]

Waring, J. (1996). Educational Vouchers: The Case for Public Choice Reconsidered *(Public Budgeting and Finance, 16, 3, 63–73)*

Weiss, M. (1997). Mehr Ressourcen = mehr Qualität? In: W. Böttcher, H. Weishaupt & M. Weiss (Hrsg.): Wege zu einer neuen Bildungsökonomie. Pädagogik und Ökonomie auf der Suche nach Ressourcen und Finanzierungskonzepten. Weinheim: Juventa, 161–170 *(Initiative Bildung, Bd. 3)*

Weiss, M. (2000). Quasi-Märkte im Schulbereich: eine ökonomische Analyse. Vortragsmanuskript für das Interdisziplinäre Symposium «Futures of Education», Worlddidac, Zürich

Wells, A. S. (1996). African-American Students' View of School Choice. In: B. Fuller & R. F. Elmore (Hrsg.): Who Chooses? Who Loses? Culture, Institutions, and the Unequal Effects of School Choice. New York: Teachers College, 25–49 *(Sociology of Education Series)*

Weltbank (1999). The Nacka Voucher System for Education and Child Care. http://wbln0018.worldbank.org/HDNet/HDdocs.nsf/49f1232ecebf88148525667100585ddf/e6c cdcd15f9f8a1f8525668e006b77a6?OpenDocument

West, A. & Pennell, H. (1997). Educational Reform and School Choice in England and Wales *(Education Economics, 5, 3, 285–305)*

West, E. G. (1967). Tome Raine's Voucher Scheme for Public Education *(Southern Economic Journal, 33, 3, 378–382)*

West, E. G. (1991). Public Schools and Excess Burdens *(Economics of Education Review, 10, 2, 159–169)*

West, E. G. (1997). Education Vouchers in Practice and Principle: A World Survey *(The World Bank Research Observer, 12, 1, 83–103)*

West, E. G. (1998). Supplying and Financing Education: Options and Trends under Growing Fiscal Restraints. In: H. Giersch (Hrsg.): Merits and Limits of Markets. Berlin: Springer, 161–184

Whitty, G. & Power, S. (2000a). Marketization and Privatization in Mass Education Systems *(International Journal of Educational Development, 20, 93–107)*

Whitty, G. & Power, S. (2000b). Devolution and Choice in Education: The Research Evidence to Date. Paper Presented at the International Symposium on «Futures of Education», Zurich, Switzerland, March 28–30, 2000

Widmer, J. (1996). Nachfrageorientierte Weiterbildungsfinanzierung. Zusammenfassung des 1996 im Kanton Luzern erarbeiteten Modells. Luzern [unveröffentlicht]

Williamson, O. F. (1989). Transaction Cost Economics. In: R. Schmalensee & R. Willig (Hrsg.): Handbook of Industrial Organization. Amsterdam: North-Holland

Willms, D. J. & Echols, F. (1997). Alert and Inert Clients: The Scottish Experience of Parental Choice of Schools. In: E. Cohn (Hrsg.): Market Approaches to Education. Vouchers and School Choice. Oxford: Pergamon, 425–442

Witte, J. F. (1996). Who Benefits from the Milwaukee Choice Program? In: B. Fuller & R. F. Elmore (Hrsg.): Who Chooses? Who Loses? Culture, Institutions, and the Unequal Effects of School Choice. New York: Teachers College, 118–137 *(Sociology of Education Series)*

Witte, J. F. (1997). Private School Versus Public School Achievement: Are There Findings That Should Affect the Educational Choice Debate? In: E. Cohn (Hrsg.): Market Approaches to Education, Vouchers and School Choice. Oxford: Pergamon, 239–273

Witte, J. F., Sterr, T. D. & Thorn, C. A. (1995). Fifth-Year Report: Milwaukee Parental Choice Program. Madison: University of Wisconsin

Wolf, P. J., Howell, W. G. & Peterson, P. E. (2000). School Choice in Washington D.C., An Evaluation After One Year. Paper Prepared for the Conference on Vouchers, Charters and Public Education, Harvard University, March 2000

Wolter, S. C. & Knuchel, B. (1997). Bildung für Erwerbstätige – Arbeit für Arbeitslose *(Die Volkswirtschaft, 5, 24–29)*

Wolter, S. C. & Weber, B. A. (1999a). On the Measurement of Private Rates of Return to Education *(Jahrbücher für Nationalökonomie und Statistik, 218, 5 & 6, 605–618)*

Wolter, S. C. & Weber, B. A. (1999b). A New Look at Private Rates of Return to Education in Switzerland *(Education & Training, 41, 366–372)*

Wolter, S. C. & Weber, B. A. (1999c). Skilling the Unskilled – A Question of Incentives *(International Journal of Manpower, 20, 3, 254–269)*

Wolter, S. C. (2000). Wage Expectations: A Comparison of Swiss and US Students *(Kyklos – International Review for Social Sciences, 1, 51–69)*

Woodhall, M. (1987). Student Loans. In: G. Psacharopoulos (Hrsg.): Economics of Education. Research and Studies. Oxford: Pergamon, 445–450

Woods, P. A., Bagley, C. & Glatter, R. (1998). School Choice and Competition: Markets in the Public Interest? London: Routledge

Wylie, C. (1998). Can Vouchers Deliver Better Education? A Review of Literature, with Special Reference to New Zealand. Wellington: New Zealand Council for Educational Research *(Literature Review Series)*

Wylie, C. (1999a). Is the Land of the Flightless Bird the Home of the Voucherless Voucher? *(New Zealand Journal of Educational Studies, 34, 1, 99–109)*

Wylie, C. (1999b). Ten Years On: How Schools View Educational Reform. Wellington: New Zealand Council for Educational Research

WZI update (2000). Studienkosten, Studienfinanzierung und Studierverhalten im europäischen Vergleich. Kassel: Wissenschaftliches Zentrum für Berufs- und Hochschulforschung der Universität Gesamthochschule Kassel, Mai 2000, 4

Zanzig, B. R. (1997). Measuring the Impact of Competition in Local Government Education Markets on the Cognitive Achievement of Students *(Economics of Education Review, 16, 4, 431–441)*

Zöller, M. (1983). Bildung als öffentliches Gut? Hochschul- und Studienfinanzierung im internationalen Vergleich. Stuttgart: Poller

Zürcher, M. (1999). Der Entwurf zu einem Bundesgesetz über die Förderung der Universitäten und über die Zusammenarbeit im Hochschulbereich: Fakten, Beurteilungen, Einwände. Bern: SAGW *(Beiheft 4 zum Bulletin der Schweizerischen Akademie der Geistes- und Sozialwissenschaften)*

ANHÄNGE

Anhang 1: Nachfragerorientierte Bildungsfinanzierung und Bildungswahl

Folgendes Modell zeigt theoretisch und graphisch, wie Bildungswahlentscheide durch die nachfrageorientierte Bildungsfinanzierung beeinflusst werden (siehe auch Sandy 1992, S. 250f.). In einer Situation, in der es keine nachfragerorientierte Bildungsfinanzierung gibt, jedoch ein kostenloses staatliches Bildungsangebot und ein kostenpflichtiges Privatschulangebot, sieht die Entscheidsituation für den Bildungsnachfrager folgendermassen aus. Wählt er das staatliche Angebot, so besteht seine Nutzenfunktion (1) aus seinem Einkommen (I) und der Schulqualität, die er an einer staatlichen Schule für sich oder seine Kinder bekommt (q_s). Wählt er das private Angebot, bezahlt er Schulgebühren in der Höhe von p pro Einheit Schulqualität an der privaten Schule (q_p), und sein für den übrigen Konsum zur Verfügung stehendes Einkommen reduziert sich somit in seiner Nutzenfunktion (2) entsprechend.

$$u_s(I, q_s) \tag{1}$$

$$up(I - pq_p, q_p) \tag{2}$$

Da das Einkommen in beiden Entscheidungssituationen identisch ist, entscheidet sich eine Familie nur dann für das private Schulangebot, wenn der Nutzenzuwachs dank höherer Schulqualität bei der Privatschule den durch die Schulgebühren entstehenden Nutzenverlust beim Einkommen übersteigt. Es ist leicht einzusehen, dass in dieser Konstellation private Schulen nur eine Chance haben, gewählt zu werden, wenn sie einen höheren Nutzen in Form von (subjektiv) besserer Schulqualität bieten.

In der Abbildung 1 lässt sich der Vergleich folgendermassen darstellen. Wenn die Fläche 1 grösser ist als die Fläche 2, dann verspricht der Besuch einer staatlichen Schule den grösseren Nutzen als die private Alternative, und vice versa. Fläche 1 repräsentiert den Vorteil, der sich aus der Wahl der staatlichen Schule ergibt, da bei einer Schulqualität von q_s die dafür notwendigen Gebühren von pq_s entfallen, die der Nachfrager nach privater Schulbildung für die gleiche Menge Schulqualität bezahlen müsste. Bei einem Preis p^* pro Einheit Schulqualität käme die nachgefragte Menge im Gleichgewicht auf q_p zu stehen. Der Vorteil der privaten Schule liegt in der Fläche 2; sie umschreibt die Menge an Nutzen, die der Besucher einer staatlichen Schule nicht erhält. Die Fläche 2 entspricht der entgangenen Konsumentenrente bei der Wahl von q_s.

Abbildung 1: (Ausgangslage)

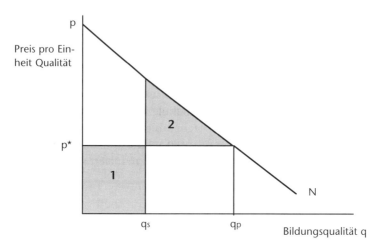

Quelle: eigene Darstellung

Abbildung 2: (Erhöhung des Einkommens)

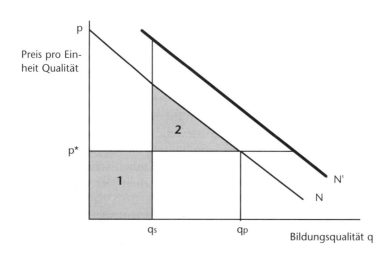

Quelle: eigene Darstellung

Bildungsfinanzierung zwischen Markt und Staat

Anhand der Abbildung 2 kann man sehen, wie sich Erhöhungen des Einkommens (I) auf die Schulwahl auswirken. Eine Einkommenserhöhung verschiebt ceteris paribus die Nachfragekurve N nach rechts zu N' (unter der Annahme, dass Bildung ein normales Gut ist). Der Effekt auf die Schulwahl ist in diesem Fall eindeutig zu bestimmen. Die Verschiebung hat nur einen Einfluss auf die Fläche 2 und verändert die Fläche 1 nicht, mit anderen Worten: kommt ein Haushalt zu höherem Einkommen, nimmt die Wahrscheinlichkeit zu (ceteris paribus), dass er sich für ein privates Angebot entscheidet.

Abbildung 3: (Einführung eines Bildungsgutscheines)

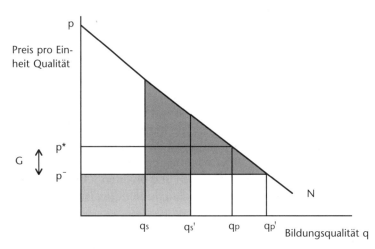

Quelle: eigene Darstellung

Nehmen wir nun an, ein Bildungsgutschein werde eingeführt (Abbildung 3). Der Bildungsgutschein in der Höhe von G würde zuerst den Preis für Bildung auf dem privaten Markt von p^* auf p^- senken ($p^* - p^- = G$). Bei gleichbleibender schulischer Qualität der Privatschulen würde dies die ursprüngliche Fläche 2 (dunkel schraffiert; vor dem Bildungsgutschein war es das Dreieck über q_s bis q_p, neu ist es das Dreieck von q_s bis $q_{p'}$) vergrössern und die ursprüngliche Fläche 1 (hell schraffiert; vor dem Bildungsgutschein die Fläche $p^* \times q_s$, nach dem Bildungsgutschein die Fläche $p^- \times q_s$) verkleinern. Mehr Nachfrager aus den staatlichen

Schulen würden in eine private Schule wechseln[133], und die Nachfrager, die schon zuvor eine Privatschule besuchten, würden von einer Nutzenerhöhung (Gleichung 3) profitieren (da ein Teil der Gebühren, die sie vorher selbst gedeckt hatten, nun vom Staat übernommen werden), was häufig zum Vorwurf führt, die Einführung von Bildungsgutscheinen führe nur zu einer Subventionierung von Besuchern von Privatschulen (vgl. etwa Mangold et al. 2000, S. 56). Levin und Driver (1997) schätzen diesen Subventionierungseffekt auf 9,3% der gesamten Bildungskosten bei einer hypothetischen flächendeckenden Einführung eines Bildungsgutscheinprogramms in den USA.

$$u\ (I + G - pq_p,\ q_p) > u\ (I - pq_p,\ q_p) \tag{3}$$

Nehmen wir aber einmal an, die Einführung des Bildungsgutscheins und somit die vergrösserte Wahlmöglichkeit bei ursprünglichen Besuchern der staatlichen Schulen führe zu einem verstärkten Wettbewerb zwischen den staatlichen Schulen und den Privatschulen und zu einer Qualitätssteigerung der staatlichen Schulen von q_s auf $q_{s'}$ (wie etwa in den Resultaten von Hoxby 1998, S. 148 gefunden), nicht jedoch der privaten Schulen untereinander (wir unterstellen der Einfachheit halber, dass diese mit $q_{p'}$ schon bei einem Maximum angelangt sind). Dann würde die Fläche 1 wieder grösser werden (bis $q_{s'}$) und die Fläche 2 kleiner (nur noch die Fläche unter der Nachfragekurve zwischen $q_{s'}$ und $q_{p'}$ oberhalb von p^-). In einer dynamischen Wettbewerbssituation ist deshalb nicht vorherzusagen, in welche Richtung die Einführung einer nachfrageorientierten Bildungsfinanzierung die Wahlentscheide zwischen staatlichen und privaten Schulen verschieben würde.

---

133 Damit können neue Probleme entstehen, weil jene Haushalte, die neu an der Grenze zwischen öffentlicher und privater Schule sind, ärmer sind als die «Grenzhaushalte» vor dem Gutschein und weil diese Haushalte vielleicht auch eine ganz andere Einstellung zu Schulqualität haben, d. h. weniger Gewicht auf Schulqualität legen und somit die öffentlichen Schulen weniger Druck erleben, ihre Qualität und Produktivität zu steigern: «Across models and across alternative voucher plans, the main message remains the same. Vouchers will remove those households behind with the greatest willingness and ability to pay for education, leaving households behind who are less responsive to changes in public-school quality. Individually rational producers of public education may then become less, not more, efficient» (Rangazas 1997, S. 259). Was Rangazas in seinem Modell unterstellt, ist eine eindeutige und positive Korrelation zwischen Einkommen und subjektiver Wertschätzung von Bildungsqualität. Diese Annahme müsste erst noch überprüft werden, und die Evaluationen der Modelle mit Wahlmöglichkeiten widersprechen ihr ja zum Teil. Rangazas widerspricht hier teilweise auch seinen eigenen Aussagen im 95er Papier: «... it seems just as likely that vouchers may free resources to be used on increasing the quality of education of those remaining in public schools ... (S. 35) Thus, vouchers initiated in poorer communities may raise public quality in the entire economy» (Rangazas 1995, S. 15).

Anhang 2: Länder mit nachfrageseitiger Bildungsfinanzierung und ihre Bewertung

Land	Dauer seit	Schüler in privaten Schulen	Einbezog. Bildungs-stufen	Bewertungskriterien				
				Kosteneffizienz		Effektivität	Equity	sozialer Zusammenhalt
				Mikro-ebene	Makro-ebene			
Australien[1]	n. v.	24%	P S1	n. v.	n. v.	n. v.	–	–
Belgien	1914/1959	>50%	P S1	n. v.	n. v.	+[2]	n. v.	n. v.
	n. v.	n. v.	Uni	n. v.	n. v.	–[3]	n. v.	n. v.
Chile	1980	n. v.	P S1	+[4]	n. v.	– → +[5]	–[6]	–[7]
Dänemark	1849	13%	P S1	n. v.	n. v.	n. v.	n. v.	n. v.
Frankreich	1959	17%	P S1	n. v.	n. v.	0[8]	– → +[9]	– → 0[10]
Grossbritannien	1980/1988	n. v.	P S1	+[11]	n. v.	0 → +[12]	–[13]	–[14]
Japan	1872	28%	S2	n. v.	n. v.	n. v.	n. v.	n. v.
Neuseeland	1984	alle Charter	P S	n. v.	–[15]	+[16]	–[17]	–[18]
Niederlande	1920	77%	P S Uni	–[19]	–[20]	n. v.	– → +[21]	–[22]
Philippinen	n. v.	n. v.	Uni	n. v.	n. v.	n. v.	n. v.	n. v.
Schweden	1992	3,6%	n. v.	n. v.	n. v.	n. v.	n. v.	n. v.
Schweiz	1997		Uni	n. v.	n. v.	n. v.	n. v.	n. v.
Ungarn[23]	1985	n. v.	P S	–/+	n. v.	(–)	–	n. v.

n. v.	keine Daten verfügbar
P	Primarstufe
S	Sekundarstufe(n) (I und II)
–	negative Veränderung
(–)	kleine negative Veränderung
0	keine Veränderung
+	positive Veränderung
→	bis

1 Boyd 1987
2 Toma 1996
3 aus Tavernier (1993) ableitbar
4 Larrañaga 1997, Parry 1997, McEwan & Carnoy 1999
5 Parry 1997, McEwan & Carnoy 1999
6 Parry 1996, Larrañaga 1997
7 Larrañaga 1997
8 Toma 1996, Fowler 1997
9 Ambler 1997, Fowler 1997
10 Ambler 1997, Fowler 1997
11 Levacic & Woods 1999
12 West & Pennell 1997, Levacic & Woods 1999
13 Ambler 1997, West & Pennell 1997, Willms & Echols 1997
14 Ambler 1997, Willms & Echols 1997
15 Wylie 1999b
16 Toma 1996
17 Wylie 1999b, Eberle 1999
18 Wylie 1999b, Eberle 1999
19 James 1997
20 James 1997
21 Ambler 1997, James 1997
22 Ambler 1997, James 1997, Louis & Van Velzen 1997
23 Halász 1997

Anhang 3: Bildungsgutscheinmodelle und ihre Bewertung (nach Programmen, Ländern und Schulstufen)

Programm (Land)	Schulstufe	Dauer seit	Kosteneffizienz Mikro-ebene	Kosteneffizienz Makro-ebene	Effektivität	Equity	sozialer Zusammenhalt
Nursery Voucher System (GB)[1]	Vorschule	1993	n. v.	–	–	–	n. v.
Valencia Preschool Voucher System (E)	Vorschule	1993	n. v.	n. v.	n. v.	n. v.	n. v.
Cleveland Scholarship Program (CSP) (USA)	Primarstufe (ab Kindergarten)	1996	n. v.	n. v.	0 → +[2]	+[3]	0[4]
Nacka Voucher System (S)	n. v.	n. v.	n. v.	n. v.	n. v.	n. v.	n. v.
Milwaukee Parental Choice Program (MPCP) (USA)	Primar-/Sekundarstufe (ab Kindergarten)	1990	n. v.	n. v.	0 → +[5]	– → +[6]	0[7]
Florida Voucher Program (USA)	Grund-/Sekundarstufe (ab Kindergarten	1999	n. v.	n. v.	n. v.	n. v.	n. v.
Secondary School Voucher Program (Kolumbien)[8]	Sekundarstufe (ab Stufe 6)	1992	+	n. v.	0[9]	+	n. v.
Youth Allowance Voucher (Australien)	Sekundarstufe II	1999	n. v.	n. v.	n. v.	n. v.	n. v.
Education Maintenance Allowance (EMA) (GB)	Sekundarstufe II	1999	n. v.	n. v.	n. v.	n. v.	n. v.
Small Enterprise Training Vouchers (Kenia)	Sekundarstufe II	n. v.	n. v.	n. v.	n. v.	n. v.	n. v.
Pell Grants (USA)[10]	Tertiärstufe	1973	n. v.	n. v.	n. v.	–	n. v.
Individual Learning Account (GB)	Weiterbildung	1998	n. v.	n. v.	n. v.	n. v.	n. v.

n. v. keine Studien verfügbar
– negative Veränderung
0 keine Veränderung
+ positive Veränderung
→ bis

1 Sparkes & West 1998
2 Metcalf et al. 1998, Peterson et al. 1998, Metcalf 1999, Peterson et al. 1999
3 Metcalf 1999, Peterson et al. 1999
4 Metcalf 1999
5 Witte et al. 1995, Greene et al. 1996, Rouse 1997
6 Witte et al. 1995, Goldhaber et al. 1999
7 Witte et al. 1995
8 King et al. 1997
9 + vor der Einführung; Cox & Jimenez 1997
10 Kane 1996

Anhang 4: Studien zu nachfrageseitigen Finanzierungsinstrumenten, chronologisch

Jahr	Autor(en)	untersuchter Raum	Bewertungskriterien				
			Kosteneffizienz		Effektivität	Equity	sozialer Zusammenhalt
			Mikroebene	Makroebene			
1987	Boyd	Australien	n. u.	n. u.	n. u.	–	–
1993	Tavernier	Belgien	n. u.	n. u.	–	n. u.	n. u.
1994	* Hoxby (a und b)	USA	+ (p&s)	n. u.	+ (p&s)	n. u.	n. u.
1995	Witte et al.	Milwaukee, Wisc.	n. u.	n. u.	0	+	0
1996	Greene et al.	Milwaukee, Wisc.	n. u.	n. u.	+	n. u.	n. u.
	Kane	USA	n. u.	n. u.	n. u.	0	n. u.
	Parry	Chile	n. u.	n. u.	n. u.	–	n. u.
	* Toma	Belgien	n. u.	n. u.	+	n. u.	n. u.
		Frankreich	n. u.	n. u.	0	n. u.	n. u.
		Neuseeland	n. u.	n. u.	+	n. u.	n. u.
		USA	n. u.	n. u.	+	n. u.	n. u.
1997	Ambler	Frankreich	n. u.	n. u.	n. u.	–	–
		Grossbritannien	n. u.	n. u.	n. u.	–	–
		Niederlande	n. u.	n. u.	n. u.	–	–
	Cox & Jimenez	Kolumbien	n. u.	n. u.	+	n. u.	n. u.
	Fowler	Frankreich	n. u.	n. u.	0	+	0
	Halász	Ungarn	–/+	n. u.	(–)	–	n. u.
	* Hoffer et al.	USA	+	n. u.	+	n. u.	n. u.
	James	Niederlande	–	–	n. u.	+	– (rS)
	King et al.	Kolumbien	+	n. u.	0	+	n. u.
	Larrañaga	Chile	+	n. u.	n. u.	–	–
	* Levin & Driver	USA	n. u.	–	n. u.	n. u.	n. u.
	Louis & Van Velzen	Niederlande	n. u.	n. u.	n. u.'	n. u.	–
	* Mumane et al.	USA	n. u.	n. u.	0→ + (klein)	n. u.	n. u.
	Parry	Chile	+	n. u.	+	n. u.	n. u.
	Rouse	Milwaukee, Wisc.	n. u.	n. u.	+/0	n. u.	n. u.
	West & Pennell	England & Wales	n. u.	n. u.	+/0 (la)	–	n. u.
	Willms & Echols	Schottland	n. u.	n. u.	n. u.	–	–
	* Witte	USA	n. u.	n. u.	0→ + (klein)	n. u.	n. u.

Fortsetzung auf der nächsten Seite

Jahr	Autor(en)	untersuchter Raum	Bewertungskriterien				
			Kosteneffizienz		Effektivität	Equity	sozialer Zusammenhalt
			Mikroebene	Makroebene			
1998	Metcalf et al.	Cleveland, Ohio	n. u.	n. u.	0	n. u.	n. u.
	Peterson et al.	Cleveland, Ohio	n. u.	n. u.	+	n. u.	n. u.
	Sparkes & West	Grossbritannien	n. u.	–	–	–	n. u.
1999	Goldhaber et al.	Milwaukee, Wisc.	n. u.	n. u.	n. u.	+	n. u.
	Levacic & Woods	Grossbritannien	+	n. u.	+	n. u.	n. u.
	McEwan & Carnoy	Chile	+	n. u.	–/+ (k)	n. u.	n. u.
	Metcalf	Cleveland, Ohio	n. u.	n. u.	+ (klein)	+	0
	Peterson et al.	Cleveland, Ohio	n. u.	n. u.	0/+ (H)	+	n. u.
	Wylie (b)	Neuseeland	n. u.	–	n. u.	–	–
2000	* Marlow	Kalifornien	+ (p&s)	n. u.	+ (p&s)	n. u.	n. u.

n. u.   von der Studie nicht untersucht
–   negative Veränderung
0   keine Veränderung
+   positive Veränderung
*   Studien, die nicht direkt Bildungsgutscheinmodelle untersucht haben, sondern Auswirkungen des Wettbewerbs, Effektivität privater vs. staatlicher Schulen usw.
→   bis
H   Hope Schools (nach der Einführung des Programms errichtete Schulen)
k   katholische Schulen
la   low achievers (=schlechte Schüler)
p&s   private und staatliche Schulen
rS   Segmentation nach religiöser Zugehörigkeit

Anhang 5: Wirkung nachfragerorientierter Bildung nach Schulstufe und Bildungszielen

Bildungsziele / Schulstufe	Kosteneffizienz		Effektivität	Equity	sozialer Zusammenhalt
	Mikrobene	Makroebene			
Vorschulstufe[1]	n. v.	+	−	−	n. v.
Primarstufe & Sekundarstufe I[2]	−[3] / +[4]	−[5]	+[6] / 0[7] / −[8]	+[9] / −[10]	0[11] / −[12]
Sekundarstufe II[13]	n. v.	n. v.	n. v.	n. v.	n. v.
Tertiärbildung	n. v.	n. v.	−[14]	0[15]	n. v.
Weiterbildung	n. v.	n. v.	n. v.	n. v.	n. v.

Quelle: eigene Zusammenstellung

Die verwendeten Zeichen +, 0 und − bedeuten (n. v.: keine Untersuchung greifbar):

a) in der Kosteneffizienz-Spalte: Die Kosteneffizienz steigt / verändert sich nicht / fällt mit einem Bildungsgutscheinmodell.
b) in der Effektivität-Spalte: Privatschulen sind effektiver / gleich effektiv / weniger effektiv als staatliche Schulen.
c) in der Gerechtigkeit-Spalte: Das Bildungsgutscheinmodell ist gerechter / ohne Auswirkung auf die Gerechtigkeit bzw. Chancengleichheit / ungerechter als das herkömmliche System.
d) in der Spalte Sozialer Zusammenhalt: Das Bildungsgutscheinmodell hat positive / keine / negative Auswirkungen auf die soziale Durchmischung.

1 Sparkes & West 1998
2 Grund- und Sekundarstufe I wurden deshalb zusammengenommen, weil die meisten Programme die obligatorische Schulzeit als Ganzes betreffen (in den USA teilweise bis zum Highschool-Abschluss, also inkl. Sekundarstufe II). Nur ein Programm (Secondary School Voucher Program in Kolumbien) beschränkt sich auf die Sekundarstufe I (ab Schulstufe 7 bzw. 5 in einigen europäischen Ländern).
3 James 1997 (Niederlande)
4 Larrañaga 1997, Parry 1997, McEwan & Carnoy 1999 (Chile), Levacic & Woods 1999 (Grossbritannien), King et al. 1997 (Kolumbien), Hoxby 1994a und b, Hoffer et al. 1997 (USA)
5 James 1997 (Niederlande), Levin & Driver 1997 (USA), Wylie 1999b (Neuseeland)
6 Parry 1997, McEwan & Carnoy 1999 für katholische Privatschulen (Chile), Toma 1996 (Belgien, Neuseeland, USA), Levacic & Woods 1999, West & Pennell 1997 (Grossbritannien), Peterson et al. 1998, Metcalf 1999, Peterson et al. 1999 für Hope Schools (Cleveland, Ohio), Greene et al. 1996, Rouse 1997 für Mathematik (Milwaukee, Wisc.), Hoxby 1994a und b für private und staatliche Schulen, Toma 1996, Hoffer et al. 1997, Murnane et al. 1997

7 Toma 1996, Fowler 1997 (Frankreich), West & Pennell 1997 für schlechte Schüler (Grossbritannien), King et al. 1997 (Kolumbien), Metcalf et al. 1998, Peterson et al. 1999 für Privatschulen ausser Hope Schools (Cleveland), Witte et al. 1995, Rouse 1997 für Lesen (Milwaukee, Wisc.)

8 McEwan & Carnoy 1999 (Chile) für nicht-katholische Privatschulen

9 Fowler 1997 (Frankreich), James 1997 (Niederlande), King et al. 1997 (Kolumbien), Metcalf 1999, Peterson et al. 1999 (Cleveland, Ohio), Witte et al. 1995, Goldhaber et al. 1999 (Milwaukee, Wisc.)

10 Boyd 1987 (Australien), Parry 1996, Larrañaga 1997 (Chile), Ambler 1997 (Frankreich, Grossbritannien, Niederlande), West & Pennell 1997, Willms & Echols 1997 (Grossbritannien), Halász 1997 (Ungarn), Wylie 1999b (Neuseeland)

11 Fowler 1997 (Frankreich), Metcalf 1999 (Cleveland, Ohio), Witte et al. 1995 (Milwaukee, Wisc.)

12 Boyd 1987 (Australien), Larrañaga 1997 (Chile), Ambler 1997 (Frankreich, Grossbritannien, Niederlande), Willms & Echols 1997 (Grossbritannien), James 1997, religiös, Louis & Van Velzen 1997 (Niederlande), Wylie 1999b (Neuseeland)

13 Die Sekundarstufe II umfasst die Berufsbildung (Berufslehren und Vollzeitberufschulen) und die Maturitätsschulen (Aebi 1995, S. 49, Übersicht 7).

14 Tavernier 1993 (Belgien)

15 Kane 1996 (USA). Das Programm hat sein Ziel (erhöhte Bildungsbeteiligung von Minderheiten und sozioökonomisch Benachteiligten) nicht erreicht.

Bildungsfinanzierung zwischen Markt und Staat

Anhang 6: Studienkosten und Studienfinanzierung auf Universitätssufe im europäischen Vergleich

Höhe der durchschnittlichen direkten staatlichen Studienförderung im Vergleich zu den durchschnittlichen monatlichen Gesamtausgaben pro geförderten Studierenden, in sFr.[1]

Land	I		II	III	IV
Dänemark	77	(Zuschuss)			
	58	(Darlehen)	730	1144	64
Schweden	79		704	963	73
Finnland	59	(Zuschuss)			
	30	(Darlehen)	534	853	63
Niederlande	84		545	1180	46
Frankreich	20		280	1263	22
Belgien	20		406	1045	39
Deutschland	19		487	959	51
Österreich	12		625	768	81
Irland	56		218	667	33
Grossbritannien	70		296	672	44
Spanien	18		162	695	23
Portugal	15		141	567	25
Italien	6		230	779	29
Griechenland	4		37	938	4
Schweiz[2]	18		647	1210 [3]	54

I = Anteil geförderter Studierender in Prozenten
II = durchschnittliche staatliche Studienförderung pro geförderten Studierenden
III = durchschnittliche Ausgaben eines Studierenden pro Monat
IV = durchschnittliche Kostendeckung pro Monat, das heisst II in Prozent von III

1 Alle Angaben stammen aus dem WZI-Update (2000), mit Ausnahme der Schweizer Daten. Die WZI-Daten mussten aber überarbeitet werden, da sich im Originaltext Fehler fanden.
2 Die Zahl I stammt aus BFS (1997a) und die Zahl II wurde annäherungsweise aus den Daten derselben Publikation berechnet. Die Zahl III stammt aus einer eigenen Erhebung an den Universitäten Zürich und Bern bei 1139 Studenten verschiedener Fakultäten.
3 Von den Lebenskosten sind 15% direkte Bildungskosten, die mit dem Universitätsbesuch zusammenhängen.

Studiengebühren:
– Keine Studiengebühren gibt es in Dänemark, Schweden, Finnland, Österreich, Griechenland.
– Moderate Einschreibegebühren bestehen in Frankreich und Irland.
– In Grossbritannien gab es bis 1998 Studiengebühren, die bis dahin wieder rückerstattet wurden; seither gibt es Studiengebühren ohne Rückerstattung.
– In den Niederlanden, der Schweiz, Spanien, Portugal und Italien gibt es nennenswerte Studiengebühren, der Höhe nach in dieser Reihenfolge. Sie variieren zwischen rund 1600 sFr. jährlich in den Niederlanden und rund 1000 sFr. in Italien.

Bildungsfinanzierung zwischen Markt und Staat

Bildungsfinanzierung zwischen Markt und Staat

Wettbewerb im Bildungswesen: eine Anwendung auf das Gymnasium

Roland Waibel

Bildungsfinanzierung zwischen Markt und Staat

INHALTSVERZEICHNIS

1. EINFÜHRUNG

«Aller Fortschritt der Menschen vollzog sich stets in der Weise, dass eine kleine Minderheit von den Ideen und Gebräuchen der Mehrheit abzuweichen begann»
(Ludwig von Mises: Liberalismus. 1927, S. 48).

Ausgangslage und Zielsetzungen

Die Ordnung des Bildungsbereichs ist in vielen Ländern, in denen die übrigen Bereiche des gesellschaftlichen und wirtschaftlichen Lebens weitgehend nach freiheitlichen und marktwirtschaftlichen Prinzipien geordnet sind, ein Sonderfall (Lith 1985, S. 1). Das staatliche Bildungssystem ist vor allem historisch bedingt: «Tatsächlich ist Verstaatlichung der Basisprozess der europäischen Verschulungsprozesse im 19. Jahrhundert» (Oelkers 2000, S. 333). In der Bundesrepublik Deutschland wurde die Bildungsverfassung in ihren zentralen Bestimmungen (staatliche Schulaufsicht, Elternrecht, Wissenschaftsfreiheit) nahezu wörtlich aus dem Kaiserreich über die Weimarer Verfassung in das Grundgesetz und in viele Länderverfassungen übernommen (vgl. Lith 1985, S. 1, sowie die dort zitierte Literatur). Seit der Mitte des 19. Jahrhunderts ist das Bildungswesen in der Schweiz – wie in den meisten übrigen Ländern – weitgehend öffentlich organisiert. Die Staatsschule ist ein Erbe des Kulturkampfes zwischen der Kirche und der liberalen Bewegung. Über Jahrhunderte hinweg lag das Bildungsmonopol in den Händen der Kirche. Mit der allgemeinen Schulpflicht und dem Aufbau eines staatlich finanzierten Bildungswesens gelang es den liberalen Kantonen und dem Bundesstaat in einem bedeutenden Liberalisierungsschritt, der Kirche dieses Monopol zu entwinden und eine Alternative zur konfessionellen Ausbildung anzubieten (Basler Handelskammer, 1995). An die Stelle der Kirche ist der Staat getreten, der de facto über ein Bildungsmonopol verfügt. Die durch den Obrigkeitsstaat und dessen Kampf gegen die kirchliche Schulaufsicht geprägte Interpretation der Normen und Gesetze des 19. Jahrhunderts wurde so in die aktuelle Zeit tradiert, obwohl sie kaum mehr in einen Zusammenhang mit dem Ordnungsgedanken gebracht werden kann, der die allgemeine Staatsverfassung und die Ordnung des politischen, wirtschaftlichen und gesellschaftlichen Lebens geprägt hat. Friedman (1962, S. 85) beklagt, dass die ursprünglichen Motive der staatlichen Dominanz im Bildungswesen kaum mehr reflektiert werden: «This sitation has developed gradually and is now taken so much for granted that little explicit attention is any longer directed to the reasons for the special treatment of schooling even in countries that are predominantly free entreprise in organisation and philosophy. The result has been an indiscriminate extension of governmental responsibility.»

Obwohl bereits die Klassiker der Nationalökonomie dem ordnungspolitischen Gesichtspunkt grosse Beachtung geschenkt haben (vgl. Blaug 1975), trug die Bildungsökonomie seit den sechziger Jahren massgeblich dazu bei, das Verbleiben der Bildungsproduktion in den Händen des Staates ökonomisch zu begründen. Dies geschah unter den Gesichtspunkten der allokativen Effizenz sowie der Chancengleichheit (soziale Gerechtigkeit). Ausgangspunkt aus Paretianischer Sicht war die Theorie des Marktversagens (externe Effekte, natürliches Monopol, Informationsdefizite, öffentliche Güter). Die ökonomische Theorie des Marktversagens und die Vorstellungen von sozialer Gerechtigkeit bildeten die theoretische Voraussetzung für die neuzeitliche unveränderte Dominanz des Staates im Schulsektor, den Lith (1985, S. 2) mit «Paternalismus» umschreibt: Statt dass sich der Staat auf die Einhaltung gewisser Mindeststandards beschränke, plane er den Lehrerbedarf, bestimme weitgehend den Inhalt und die Organisation der Lehrerausbildung, fixiere Standards für den Schulbau, entscheide über die schulischen Organisations- und Entscheidungsstrukturen, über Klassengrössen, Unterrichtsinhalte, -methoden, -zeiten usw.

Bevor der Frage nach einer marktwirtschaftlichen Ausgestaltung des Bildungswesens, exemplarisch aufgezeigt anhand des gymnasialen Sektors, nachgegangen wird, sei hier die nur scheinbare Umkehr der Beweislast in der argumentativen Logik betont: In einem grundsätzlich marktwirtschaftlichen System stellt ein staatlich dominiertes Bildungswesen einen nicht systemkonsistenten Fremdkörper dar. Angebotsfinanzierung der Schul- und Hochschulbildung, staatliche Provision von Bildungsgütern und Schulzwang passen ordnungstheoretisch eher in die Logik des Obrigkeitsstaates und sind systemkonform mit der des zentralplanenden und ressourcenlenkenden Staates, der nicht durch individuelle Freiheiten (Verfügungsrechte) gekennzeichnet ist (Lith 1985, S. 97). Die Ordnungsidee eines marktwirtschaftlichen Bildungssektors kommt den Grundwerten einer freiheitlichen Demokratie am nächsten und geht konform mit der ordnungspolitischen Konzeption der sozialen Marktwirtschaft. Im marktwirtschaftlichem System besteht der Grundsatz, dass persönliche Freiheiten erst dann einzuschränken sind, wenn nachweislich die Freiheiten anderer Menschen beeinträchtigt werden und Marktversagen vorliegt. Das Abweichen vom primären Ordnungssystem im Bildungsbereich muss damit begründet werden können, dass dessen Anwendung, d. h. eine marktwirtschaftliche Lösung, zu einem gesellschaftlich unerwünschten Resultat hinsichtlich Allokation oder Distribution führen würde, welche ein «overruling» und die subsequente Einführung einer staatsdominierten Lösung notwendig machen würde, um ein gesellschaftlich erwünschteres Resultat zu erreichen. Erst wenn dieser Nachweis erbracht werden kann, lässt sich eine weitergehende staatliche Vorherrschaft im Bildungsbereich rechtfertigen. Entsprechend muss nicht zuerst das Ungenügen der staatlichen Lösung aufgezeigt werden, bevor eine marktwirtschaftliche Ordnung in Betracht gezogen werden kann. Solange das Primat der Marktwirtschaft gilt, sind Staatseingriffe nur subsidiär durch marktliches Versagen zu rechtfertigen. Folglich ist es nicht richtig, dass Staatsversagen aufgezeigt werden muss, bevor eine Marktlösung überhaupt geprüft werden kann. Gerade Befürworter des Status quo argumentieren oft in dieser Weise unter Missachtung der Logik des zugrundeliegenden marktwirtschaftlichen Ordnungssystems. Entsprechend dieser Logik muss sich ein staatsdominiertes Bildungswesen aus marktwirtschaftlichem Ungenügen ableiten lassen. Blosse historische Argumente, die einer Fortschreibung der bestehenden Lösung aus Gründen der Stabilität und Kontinuität das Wort reden, genügen nicht. Dass diese Meinung häufig vertreten wird, vermag nicht zu erstaunen: Nach mehr als 150 Jahren staatlicher Dominanz im Bildungswesen ist das Nachdenken über einen Systemwechsel (genauer: das Nachdenken über das primäre Ordnungssystem) für viele ebenso unvorstellbar wie unbegreiflich, angesichts der überwiegenden gesellschaftlichen Zufriedenheit mit dem schweizerischen Bildungswesen geradezu ein Sakrileg. Zu Beginn des 21. Jahrhunderts ist die Zeit allerdings reif für einen – mindestens gedanklichen – Paradigmenwechsel. Dies steht im Einklang mit der Erkenntnis, dass die Volkswirtschaft des 21. Jahrhunderts eine «knowledge-based economy» sein wird (OECD 1996). Die «knowledge-based economy» wird mehr Wissen und weniger Güter produzieren. Entsprechend werden Bildung und Wissen die mikro- und makroökonomischen Erfolgsfaktoren des 21. Jahrhunderts sein. Straubhaar (1997, S. 19) beschreibt einen sich selbst verstärkenden Mechanismus: Je höher der Bestand an Humankapital, desto höher die positiven Externalitäten, desto grösser die Sogwirkung auf die komplementären Produktionsfaktoren Arbeitskräfte und Kapital und desto höher der Entwicklungsstand einer Volkswirtschaft.

Das Bildungswesen ist seit 150 Jahren strukturell unverändert und, so wird die Meinung hier vertreten, zu lange nicht mehr grundsätzlich in struktureller Hinsicht hinterfragt worden. In Zeiten, in denen andere staatsdominierte Bereiche (z. B. Elektrizität, Gesundheitswesen, allgemeine Verwaltung) stärker dem Marktparadigma ausgesetzt werden, lohnt es sich, einen vorbehaltslosen Blick auf den Bildungsbereich zu werfen und zu analysieren, welche Gründe gegen ein Marktsystem und für eine Staatsdominanz im Bildungsbereich angeführt werden, welche Gründe mit welchen Argumenten haltbar sind und welche verworfen werden müssen. Der vorliegende Beitrag hat zum Ziel, zu einer sachorientierten Klärung der Staat-Markt-Problematik im Bildungsbereich allgemein, speziell jedoch auf der gymnasialen Ebene, einem Teil der schweizerischen Sekundarstufe II, beizutragen. Eine dementsprechend sachliche, idealerweise ideologiefreie Betrachtung setzt eine normative Klärung voraus.

Die gymnasiale Ebene wurde ausgewählt, weil sie eine interessante Schulstufe zwischen Volksschule (auf der Bedenken gegenüber einer Marktordnung gewichtiger ausfallen) und tertiärem Bereich (wo einige wettbewerbliche Elemente bereits zum Tragen kommen) darstellt. Im Gymnasium haben wettbewerbliche Überlegungen bisher keine Rolle gespielt, obwohl – wie noch zu zeigen ist – bei genauerem Hinsehen sehr wenig grundsätzliche Argumente gegen eine vertiefte Prüfung des Marktes als Koordinationsmechanismus auf der Ebene der Maturitätsschulen spricht.

Es ist meine Hoffnung, die in der Arbeit entworfene Perspektive entfalte praktische Orientierungskraft für all jene, die sich mit der Frage nach der zweckmässigsten primären Ordnung im gymnasialen Bildungsbereich auseinandersetzen. Dabei können hier nicht alle Fragen im Detail geklärt werden, vielmehr wird ein grundsätzlicher Ordnungsrahmen diskutiert.

Normativer Gehalt einer Marktordnung und Folgerungen

Die marktwirtschaftliche Sachlogik eines Wettbewerbssystems, d. h. die ökonomische Rationalität, ist nicht per se wertfrei, sondern erhebt implizit oder explizit einen normativen Geltungsanspruch (Ulrich 1998, S. 95). Die Sachzwangstruktur des funktionierenden Marktes – positiv sanktioniert werden die Besseren – führt zu einem Konkurrenzkampf, in welchem eine Auslese stattfindet. Indem sich der einzelne Marktteilnehmer leistungsorientiert verhält und durch fortlaufende Anstrengungen seine eigene Wettbewerbsposition zu verbessern sucht, verschlechtert er mit seinem eigenen Erfolg die relative Wettbewerbsfähigkeit seiner potenziellen Mitkonkurrenten, was diese dazu anhält, es ihm nach Möglichkeit gleichzutun. Auf nichts anderem beruht die Effizienzfunktion des Marktes: die Marktkräfte entfachen die Prinzipien der Selektion und Effizienzsteigerung, und dem marktwirtschaftlichen Koordinationsmechanismus – der «unsichtbaren Hand» – entspringen nicht-intendierte kumulative Folgen wie etwa Produktivitätssteigerung, Wirtschaftswachstum, Wohlstandserhöhung. Dies wurde in der klassischen Konzeption durchaus noch als Zeichen für das gütige Wirken der unsichtbaren Hand Gottes gesehen (Ulrich 1998, S. 142). Der normative Gehalt einer solchen Metaphysik des Marktsystems steckt in der teleologischen Fiktion einer eigentümlichen subjektlosen Systemrationalität, die von humaner Vernunft ganz abgelöst ist und dennoch den Markt in sinn- und zweckvoller Weise zu leiten scheint. Zu betonen ist, dass die naturalistische Systemperspektive des Marktes die natürliche Perspektive derjenigen darstellt, die eine ökonomisch determinierte Marktwirtschaft als normativ richtig und sinnvoll begründen wollen, weil sie an die immanente Sinnhaftigkeit und die evolutionäre Fortschrittsträchtigkeit des von der unsichtbaren Hand wohlgeordneten ökonomischen Kosmos glauben (Ulrich 1998, S. 143). Allerdings gibt es auch jene Personen, für die das gesellschaftliche Ordnungsprinzip des freien Marktes einen realen Zwangszusammenhalt darstellt, welcher sie unter Umständen an der Entfaltung ihres Lebensentwurfs hindert. Aus dieser Perspektive kommen Zweifel an der subjektlosen und wertfreien Systemrationalität auf: Es erscheint plausibel, dass die Sachlogik des Marktes nicht der Inbegriff der übermenschlichen Vernunft zu sein braucht. «Praktische Konsequenz ist das Postulat, das Wirken des Marktmechanismus als ethisch-politische Gestaltungsaufgabe aufzufassen und den Markt in eine wirklich sinnvoll gestaltete, ‚höhere' Gesellschaftsordnung einzubinden» (Ulrich 1998, S. 144). Ob die Sachzwänge des marktwirtschaftlichen Systems als Gesellschaftsordnung herrschen oder ob es umgekehrt eine ihn beherrschende und kontrollierende Gesellschaftsordnung gibt (d. h. ein Primat der Politik vor der Logik des Marktes), ist als praktische Frage des politischen Willens zu begreifen: Ein ökonomischer System-Determinismus besteht immer nur so weit, wie er gesellschaftspolitisch zugelassen wird. Ulrich (1998, S. 147) betont denn auch, dass keine absoluten Sachzwänge des Marktes, buchstäblich losgelöst von lebensweltlichen Vorgaben, existieren – vielmehr seien alle wirksamen Sachzwänge letztlich als Moment einer politisch gewollten und durchgesetzten Wirtschafts- und Gesellschaftsordnung zu verstehen. Die ordnungspolitische Entscheidung, wo Markt herrschen soll und wo nicht, ist demnach immer begründungs- und legitimationsbedürftig, und gerade deshalb sind nach Ulrich (1998, S. 148) in einer wahrhaft freien Gesellschaft die mit der Marktsteuerung verfolgten gesellschaftlichen Intentionen und Zwecke stets kritisch zu hinterfragen.

Für den vorliegenden Artikel lassen sich daraus drei Folgerungen ableiten:

1. Die mit der Wahl eines primären Systemsteuerungsprinzips im Bildungswesen (d. h. Markt oder Staat) verfolgten Zwecke sind a priori normativ. Die Tauglichkeit des Marktes als Koordinationsmechanismus im Bildungsbereich kann aus ökonomischer, sozialpolitischer, gesellschaftlicher und pädagogischer Perspektive beurteilt werden, wobei keines der zu verwendenden Beurteilungskriterien per se Wertfreiheit beanspruchen kann. Die Ziele der Effizienz, Entscheidungsautonomie, sozialen Kohäsion, Chancengleichheit und Qualität können ausschliesslich normativ legitimiert werden. Gerade auch

ökonomisch motivierte Ziele (Effizienz, Entscheidungsautonomie) sind, unabhängig von ihrer theoretischen und empirischen Relevanz, letztlich Ausfluss normativer Haltungen und können nicht als Wirkungen ökonomischer Systemrationalität ausschliesslich wertfrei gedeutet werden.

2. Die einzelnen Ziele lassen sich allerdings wissenschaftlich auf ihren theoretischen und empirischen Gehalt untersuchen. Dies wurde von Wolter (2000) im vorangehenden Beitrag in Kapitel 4 diskutiert und wird im vorliegenden Beitrag nicht mehr vertieft. Die Ziele sind im einzelnen normativ für die Ebene der schweizerischen Gymnasien zu gewichten. Die Gewichtung kann nicht wissenschaftlich-objektivierbar, sondern nur auf der Grundlage von subjektiven Werthaltungen erfolgen (vgl. Timmermann 1995). Weil zwischen den einzelnen Zielen Zielkonflikte («trade offs») bestehen (z. B. zwischen Effizienz und Chancengleichheit oder zwischen Entscheidungsautonomie und sozialer Kohäsion), kann ein gewichtetes Zielsystem nur auf der Basis der normativen Grundhaltungen beurteilt werden. Inwieweit individuell-subjektive Begründungen und Gewichtungen gesellschaftliche Relevanz erhalten, ist Gegenstand eines politischen Willensbildungsprozesses und kann nur demokratisch geklärt werden.

3. Die aus der normativ begründeten Zielgewichtung abgeleiteten Folgerungen schlagen sich in einer konkreten Ausgestaltung marktwirtschaftlicher Systemparameter nieder. Entsprechend wird in diesem Artikel der Frage nachgegangen, wie ein Marktsystem für den gymnasialen Bereich auszugestalten sei, damit die normativ begründeten und gewichteten Ziele möglichst optimal erreicht werden können. Dabei wird nicht einer absoluten Marktsteuerung das Wort geredet, sondern im Sinne von Ulrich (1998) das Primat der Politik vor der Logik des Marktes betont: Wie muss die politische – ordnungspolitische, sozialpolitische wie auch gesellschaftspolitische – Gestaltung des Wettbewerbs erfolgen, damit nicht nur die ökonomische Wirkungsweise bestmöglich entfaltet wird, sondern auch soziale, pädagogische und gesamtgesellschaftliche Ziele zum Tragen kommen? Untersucht werden politische Steuerungselemente zur Gestaltung der Wirkungsrichtung des Wettbewerbszwangs entsprechend der Logik des gewählten Steuerungssystems primär durch die Etablierung ökonomischer Anreize, welche das einzelwirtschaftliche Kalkül verändern und die Wahl anderer Erfolgsstrategien wirtschaftlich interessanter machen, und erst sekundär mittels Eingriffen, welche ausserhalb der wettbewerblichen Mechanik liegen. Die diesbezügliche ordnungspolitische Leitidee geht dahin, die Preissignale des Marktes so zu gestalten, dass normativ erwünschte Verhaltensweisen vom Markt belohnt werden, während normativ unerwünschtes Verhalten vom Markt bestraft werden soll, sofern es nicht unmittelbar rechtlich untersagt wird. Der Sachzwangeffekt des Wettbewerbs wird damit so weit als möglich als Len-

kungseffekt in den Dienst weitergehender, nicht-ökonomischer Ziele (wie Qualität, Chancengleichheit, soziale Kohäsion) genommen.

Gegenstand von Kapitel 2 sind die bildungssystemischen Ziele, während Kapitel 3 die grundsätzlichen Modellparameter eines Wettbewerbssystems beschreibt und diskutiert, welche staatlichen Einschränkungen aus Gründen der Systemrationalität sinnvoll sind. Ausserdem wird das solchermassen modifizierte Marktmodell unter die Lupe genommen und hinsichtlich Erreichungsgrad der bildungssystemischen Ziele beurteilt. Kapitel 4 präsentiert Gewichtungen der Zieldimensionen, auf deren normativer Grundlage Regulierungen im Marktmodell vorgenommen werden, und mündet in einem konkreten Konzept für die Ausgestaltung eines gymnasialen Wettbewerbssystems.

2. ZIELDIMENSIONEN EINES INTEGRATIVEN BILDUNGSSYSTEMMODELLS

«Die Eltern haben ein vorrangiges Recht, die Art der Bildung zu wählen, die ihren Kindern zuteil werden soll» (Allgemeine Erklärung der Menschenrechte der Vereinten Nationen, Artikel 26, Absatz 3, 1948).

«Die Freiheit der Erziehung und des Unterrichts beinhaltet das Recht, eine Schule zu eröffnen und Unterricht zu erteilen; diese Freiheit beinhaltet ferner das Recht der Eltern, für ihre Kinder unter den vergleichbaren Schulen eine zu wählen, in der diese den gewünschten Unterricht erhalten; dabei muss einem Kind auch eine Schule offenstehen, die in Erziehung und Unterricht keiner Religion oder Weltanschauung Vorrang gibt» (Europäisches Parlament, Entschliessung zur Freiheit der Erziehung in der Europäischen Gemeinschaft, Grundsatz 7, 1984).

Aufgrund welcher bildungspolitischer Ziele soll ein konkretes Schulsystem beurteilt werden? Im Rahmen der bildungspolitischen Debatte um markt- oder staatsdominierte Schulsysteme werden Kriterien diskutiert, die wissenschaftlich nicht objektiviert werden können, sondern in einer demokratischen und pluralistischen Gemeinschaft aufgrund von normativen gesellschaftlichen Grundhaltungen zustande kommen. Die folgenden fünf Kriterien werden bei der Beurteilung von Bildungssystemen immer wieder angeführt (Timmermann 1987; Lith 1985; Levin 1999):

- Qualität (Effektivität): Das einzelne Bildungsangebot soll einen möglichst hohen Nutzen erbringen (gemessen an den Ansprüchen und Erwartungen gesellschaftlicher Teilsysteme wie z. B. des Beschäftigungssystems).
- Effizienz: Die verfügbaren Ressourcen sollen mit einem möglichst hohen Wirkungsgrad eingesetzt werden.
- Chancengleichheit (Gleichheit der Startbedingungen): Chancengleichheit bedeutet im Sinne eines Ausgleichs der Startchancen, dass alle eine gleiche Menge und vergleichbare Qualität an Erziehung und Bildung beanspruchen können und damit gleiche Möglichkeiten erhalten.
- Soziale Kohäsion: Das Bildungswesen produziert bedeutende externe Effekte für die Gesellschaft als Ganzes und ist von grosser Bedeutung für den gesellschaftlichen Zusammenhalt. Es soll deshalb gesellschaftliche Integrationswirkungen entfalten.
- Entscheidungsautonomie (Wahlfreiheit, Konsumentensouveränität): Jeder soll seinen eigenen, ihm gemässen Bildungsweg wählen können. Dabei ist

nicht nur die Autonomie und Souveränität der Schüler und Eltern, sondern auch die der Lehrkräfte und Schulleitungen zu gewährleisten.

Die aufgeführten Ziele können hinsichtlich ihrer Herkunft und wissenschaftlichen Disziplin folgendermassen differenziert werden: Die ökonomischen Ziele der Effizienz und Entscheidungsautonomie treffen auf das sozialpolitische Ziel der Chancengleichheit, das gesellschaftliche Ziel der sozialen Kohäsion sowie das pädagogische Ziel der Qualität. Allerdings können nicht alle Ziele gleichzeitig erreicht werden. Gleichheit der Bildungschancen steht in Widerspruch zur Effizienzforderung ebenso wie zu dem Postulat der Entscheidungsautonomie. Lösungen, die sich für die Gesellschaft insgesamt als vorteilhaft erweisen, können mit Einschränkungen für die Individuen verbunden sein. Grundsätzlich ergeben sich zwei Paare, welche in einer klassischen Zielkonfliktsbeziehung («trade off») stehen:

a) Effizienz und Chancengleichheit;
b) Entscheidungsautonomie und soziale Kohäsion.

Nachfolgend zeigen die Abbildungen 1 und 2 ein integratives Bildungssystemmodell, welches die Zieldimensionen als Pyramide darstellt und damit die Perspektiven der involvierten Akteure besser sichtbar macht. Ausserdem werden die inhärenten Zielkonflikte entlang der Achsen der Güter- und Machtverteilung manifest.

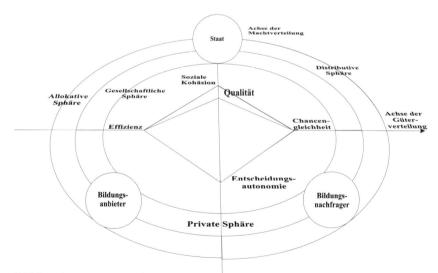

Abbildung 1: Integratives Bildungssystemmodell (aus Sicht der privaten Akteure)

Der Blickwinkel der Bildungsnachfrager (Schülerinnen und Schüler bzw. deren Eltern) wird bestimmt durch die drei Zielsetzungen der Qualität, Entscheidungsautonomie und Chancengleichheit. Für ihre Bildungsentscheidungen, die grundlegende und weitreichende Investitionsentscheidungen sind, möchten sie mit möglichst hoher Wahlfreiheit (Entscheidungsautonomie) und interpersoneller Gerechtigkeit (Chancengleichheit) ausgestattet werden mit dem Ziel, die Effektivität (Qualität) zu maximieren. Sowohl Effizienz wie soziale Kohäsion stellen für sie in ihrer Funktion als Nachfrager keine relevanten Zieldimensionen dar.

Die Bildungsanbieter (Schulen) sind ebenfalls an einem möglichst hohen Mass an Entscheidungsautonomie und damit unternehmerischer Freiheit interessiert. Effizienzüberlegungen sind ein zentraler Massstab bei der unternehmerischen Entscheidungsfindung. Qualität spielt dann als Ziel eine wichtige Rolle, wenn über diese Dimension Wettbewerbsvorteile erzielt werden können. Das ist in einem Marktsystem per se nicht der Fall. In diesem Beitrag wird allerdings die Meinung vertreten, dass bei der Ausgestaltung eines Wettbewerbssystems auf gymnasialer Stufe die Zieldimension Qualität am stärksten gewichtet werden sollte (vgl. die Ausführungen im Kapitel 4 «Gewichtungen der Zieldimensionen»). Sofern die Rahmenbedingungen entsprechend gesetzt werden und es sich für die Bildungsanbieter lohnt, qualitativ hohe Leistungen zu erbringen, werden sie Qualität zu einem primären Ziel erheben. Soziale Kohäsion stellt keine unternehmerische Zielsetzung dar, während Chancengleichheit auf Seite der Anbieter durchaus ein wichtiges Ziel für die Bildungsinstitutionen ist. Allerdings wird hier Chancengleichheit als Gerechtigkeit auf der Nachfrageseite verstanden. Das ist kein Ziel der Anbieter, weil durch Massnahmen zur Steigerung der Chancengleichheit die Effizienz im System eingeschränkt wird.

Der Tradeoff zwischen Effizienz und Chancengleichheit zeigt sich entlang der Achse der Güterverteilung. Beide Ziele können nicht gleichzeitig in hohem Masse erfüllt werden. Bildungsanbieter sind an hoher Effizienz, Bildungsnachfrager an hoher Chancengleichheit interessiert. Erstere sind entsprechend in der allokativen Sphäre, letztere in der distributiven Sphäre angesiedelt. Am Schnittpunkt beider Sphären befindet sich der dritte Hauptakteur im System, der Staat. Er entscheidet über die Ausgestaltung der Rahmenbedingungen, welchem Ziel entlang der Achse der Güterverteilung höheres Gewicht zukommen soll.

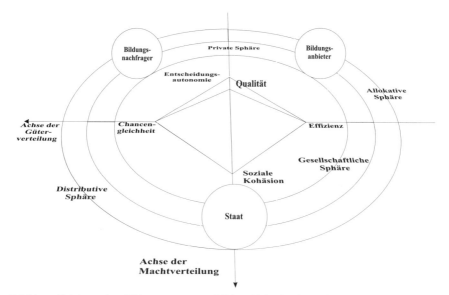

Abbildung 2: Integratives Bildungssystemmodell (aus Sicht des Staates)

Abbildung 2 zeigt die Zielpyramide aus Sicht des Staates, welche durch vier Zieldimensionen bestimmt ist. In Zeiten stagnierender Budgets und steigender gesellschaftlicher Ansprüche ist Effizienz zu einem wichtigen Ziel auch in traditionell staatsdominierten Bereichen geworden. Hier ist je nach Bildungsstufe im demokratischen Prozess festzulegen, ob die systemische Effizienz oder aber die individuelle Chancengleichheit in einer Bildungsordnung mehr Gewicht erhalten sollen. Qualität muss für den Staat im volkswirtschaftlich bedeutsamen und zukunftsträchtigen Bildungsbereich angesichts von fiskalischen Returns und Wachstumseffekten ein zentrales Ziel sein. Es kann ihm nicht genügen, dass die bereitgestellten Mittel effizient eingesetzt werden; das Effektivitätsziel muss im Vordergrund stehen. An sozialer Kohäsion ist der Staat grundsätzlich interessiert, und zwar so stark, dass er es in der Vergangenheit für nötig oder sinnvoll befunden hat, die individuelle Entscheidungsautonomie im Bildungsbereich praktisch vollumfänglich einzuschränken. Entsprechend konzentriert sich die Macht bisher beim Staat und in der gesellschaftlichen Sphäre. Ein Marktsystem wird zu einer grundsätzlichen Verschiebung entlang der Achse der Machtverteilung führen, indem den Bildungsanbietern und -nachfragern, welche sich in der privaten Sphäre befinden, systembedingt mehr Macht zukommen wird. In welchem Umfang das genau geschieht, muss normativ in Abwägung der Ziele der Entscheidungsautonomie und sozialen Kohäsion geklärt werden.

Da Qualität als Zieldimension sowohl hinsichtlich der Dimensionen der Macht- als auch der Güterverteilung unabhängig ist, wurde mit der Darstellungsform der Pyramide eine dreidimensionale Abbildungsweise gewählt. Die Grundebene stellt die Dimension der Güterverteilung mit den Ausprägungen Effizienz und Chancengleichheit sowie die Dimension der Machtverteilung mit den Ausprägungen Entscheidungsautonomie und soziale Kohäsion dar; entlang diesen Achsen werden die Tradeoffs sichtbar. In der dritten Dimension ist die Qualität abgebildet. In der Darstellungsform der Pyramide ist es möglich, mit den vier im Aufriss sichtbaren Ebenen die unterschiedlichen Sichtweisen der Akteure im Bildungssystem aufzuzeigen. In den Abbildungen 1 und 2 ist die Zielpyramide gleichseitig dargestellt, es werden also keine normativen Gewichtungen der Dimensionen sichtbar. Wichtig ist, dass bei der konkreten Ausgestaltung eines Bildungssystems zu bestimmen ist, welchen Dimensionen welches Gewicht zukommen soll. Die dabei resultierenden Zielkonflikte können nur mittels begründeten Abwägens zwischen den einzelnen Normen gelöst werden, wobei im politischen Prozess zu unterschiedlichen Zeitpunkten andere Gewichtungen vorgenommen werden. Dies erklärt die Dynamik des bildungspolitischen Diskurses: Noch vor zehn Jahren wurde dem Effizienzziel sehr viel geringere Bedeutung beigemessen, als das heute der Fall ist. Was diese Gewichtung jeweils bestimmt, ist Ergebnis eines komplizierten Prozesses gesellschaftlicher Entscheidungen über Werte und Interessen. Das Ergebnis dieses Prozesses lässt sich vor dem Hintergrund der Kenntnis der jeweiligen Diskussionslage vielleicht für einen bestimmten Zeitpunkt, aber nicht ein für allemal abstrakt vorhersagen oder gar auf die scheinbare Unangreifbarkeit einer wissenschaftlichen Begründung stützen.

Jedes Individuum begründet und gewichtet die den Argumenten zugrundeliegenden Werte in einer sehr persönlichen Art und Weise, selbst wenn diese Normen in ihrer Gesamtheit gängigen gesellschaftspolitischen Wertvorstellungen (etwa in der Schweiz von heute) entsprechen. Das gilt für Politiker ebenso wie für Wissenschaftler. Gerade die Diskussion um die Ausgestaltung von bildungspolitischen Systemen lässt sich nur bis zu einem bestimmten Grad wissenschaftlich objektivieren. So dürfte das bestehende staatliche Bildungssystem auf der Stufe der Primar- und Sekundarschule die Dimension der sozialen Kohäsion sehr viel stärker gewichten als jene der Entscheidungsautonomie. Plausibel erscheint, dass der Dimension der Qualität ein mittleres Gewicht zukommt. Auf der Volksschulebene wird die Chancengleichheit als wichtiger als die Effizenz beurteilt, während auf der Ebene des Gymnasiums anscheinend keiner der beiden Dimensionen ein hohes Gewicht zukommt. (Wie noch zu zeigen sein wird, ist nämlich das bestehende gymnasiale System alles andere als chancengleich.) Das bestehende Bildungssystem drückt insgesamt stärker implizit als explizit bestimmte bildungspolitische Gewichtungen hinsichtlich der Zieldimensionen aus, wobei die Vermutung besteht, dass die zugrundeliegenden Normen stärker historisch als durch den aktuellen bildungspolitischen Diskurs geprägt worden sind. Der vorliegende Beitrag möchte hier Alternativen aufzeigen, begründen und zur Diskussion stellen. Das präsentierte Konzept ist allerdings hinsichtlich der zugrundeliegenden Gewichtungen genau so normativ wie die bestehende Staatslösung. Das Gewichtungsproblem wissenschaftlich oder objektiv lösen zu wollen, ist illusorisch; die entscheidende Frage ist vielmehr, wie überzeugend eine bestimmte Gewichtung unter Herbeiziehung wissenschaftlicher (theoretischer und empirischer) Erkenntnisse argumentativ begründet werden kann.

In letzter Konsequenz wird demnach die konkrete Beurteilung der Frage, durch wieviel Markt oder Staat das Bildungswesen geprägt werden soll, immer auch von der individuellen Gewichtung der ureigenen Wertvorstellungen beeinflusst. Entsprechend sind gerade auch bei wissenschaftlichen Argumentationen die selten explizit aufgeführten zugrundeliegenden normativen Gewichtungen zu beachten. Im Abschnitt «Gewichtungen der Zieldimensionen» (Kapitel 4) wird für die Ebene des Gymnasiums eine konkrete Prioritätenordnung vorgestellt und begründet. Bevor allerdings ein konkreter Vorschlag für die marktliche Ausgestaltung des gymnasialen Systems in Kapitel 4 entworfen wird, werden in Kapitel 3 grundsätzliche Strukturparameter für ein Marktmodell auf der Stufe der Maturitätsschule erläutert. Es geht also zuerst einmal darum, die allgemeine Rahmenordnung eines Wettbewerbssystems zu skizzieren, bevor eine konkrete Ausgestaltung auf der Grundlage einer normativen Gewichtung der dargestellten Ziele diskutiert werden kann.

3. MARKTMODELL

> «If we first implement choice, true choice among public schools, we unlock the values of competition in the market-place. Schools that compete for students, teachers, and dollars will, by virtue of the environment, make those changes that will allow them to succeed»
> (Nancy Paulu 1989, S. 14).

Im folgenden soll die marktwirtschaftliche Ordnungsidee der unsichtbaren Hand als ordnungspolitisches Primat untersucht werden. Zuerst wird ein marktwirtschaftliches Grundmodell für den Bildungsmarkt entwickelt (siehe nächsten Abschnitt). Dabei wird, um die Wirkungen besser illustrieren zu können, vorerst von jeder staatlichen Funktion abgesehen («reines Marktmodell»). Es wird also ausschliesslich auf den Marktmechanismus abgestellt. Im übernächsten Abschnitt soll untersucht werden, welche staatlichen Funktionen in einem marktgelenkten System unter ökonomischen Gesichtspunkten unabdingbar sind («modifiziertes Marktmodell»). Es wird demnach als Ergänzung zur unsichtbaren Hand die sichtbare Hand des Gesetzgebers hinsichtlich der Ausübung seiner Ordnungsfunktion im engeren Sinne (d. h. Wettbewerbspolitik) vorausgesetzt.

«Reines» Wettbewerbsmodell

Welche Elemente kennzeichnen ein reines Wettbewerbsmodell der Schule? Nachfolgend sind die charakteristischen Systemparameter je für die Angebots- und Nachfrageseite mit den damit verfolgten Zielen aufgeführt (Waibel 2000a, S. 312).

Bildungsanbieter

Elemente	damit verfolgte Ziele
Entscheidungsautonomie (Curriculum, Organisation, Personal, Finanzen)	Verbesserte Effizienz (verbesserte Allokation der Ressourcen, Durchsetzung ökonomischer Prinzipien), verbesserte Qualität (bewusstere Personalentscheide, Organisations- und Personalentwicklung, Unternehmungskultur, Curriculumentwicklung)

Fortsetzung auf der nächsten Seite

Fortsetzung von der vorherigen Seite

Elemente	Damit verfolgte Ziele
Einnahmen ausschliesslich über Marktpreise	Verbesserte Effizienz (verbesserte Allokation der Ressourcen), Zwang zur Kundenorientierung und Qualität (u. a. vermehrte Bedürfnis- und Leistungsorientierung, Vielfalt, Flexibilität, Innovation, Schaffen entsprechender Leistungsanreize), verbesserte Informationspolitik
Anbieter haben freien Marktzutritt	Grössere Anzahl Anbieter, Verbesserung von Qualität und Effizienz durch Wettbewerb (Competition for Excellence), vermehrte Angebotsdifferenzierung entsprechend den Bedürfnissen
Anbieter tragen Marktchancen und -risiken	Leistungsverantwortlichkeit, Bedürfnisorientierung (Qualitätsverbesserungen), erhöhte Effizienz, Verringerung von Fehlentscheidungen durch Sanktionierung, Ausscheiden der erfolglosen Anbieter
Anbieter tragen Informationsbereitstellung und ihre Kosten	Bereitstellen eines ausreichenden Informationsangebotes für Nachfrager, insgesamt verbesserte Markttransparenz

Bildungsnachfrager

Elemente	Damit verfolgte Ziele
Wahlfreiheit	Entscheidungsautonomie (Konsumentensouveränität), verbesserte Bedürfnisbefriedigung, Ausübung von Marktmacht hinsichtlich verbesserter Qualität und Bedürfnisorientierung der Anbieter, Chancengleichheit
Nachfrager zahlen Marktpreis	Vermehrte und verbesserte Informationsbeschaffung und Auseinandersetzung mit den Anbietern, bewusstere und verbesserte individuelle Entscheidungen, effiziente Ressourcenallokation
Nachfrager tragen Marktchancen und -risiken	Entscheidungsautonomie (verbesserte Konsumentensouveränität), verbesserte Bedürfnisbefriedigung durch Ausüben der Chancen, Belohnung durch «gute» Entscheide, Bestrafung durch «schlechte» (z. B. Karrierechancen, Aufnahme fortführende Schule), vermehrte und verbesserte Informationsbeschaffung und Auseinandersetzung mit den Anbietern zur Verminderung der Risiken
Nachfrager tragen Informationsbeschaffung und ihreKosten	Verbesserte Informationsbeschaffung, verstärkte Auseinandersetzung mit dem Angebot, insgesamt verbesserte Markttransparenz

Eine schulisches Marktmodell umfasst demnach zwei Hauptaspekte: nachfrageseitig die Freiheit der Eltern bzw. der Schüler, eine ihnen zusagende Schule auszuwählen, und angebotsseitig die Freiheit der Schule, ihr pädagogisches und methodisches Angebot innerhalb einer gewissen Autonomie festzulegen sowie eigenverantwortlich über ihre Personal-, Finanz- und Organisationsmittel verfügen zu können.

Das dargestellte Modell ist grundsätzlich ein nichtöffentliches; der Staat ist nicht einbezogen. So ist z. B. im finanziellen Bereich das Verursacherprinzip Ausgangspunkt: die Kosten von Bildungsleistungen sollen durch diejenigen getragen werden, denen daraus entsprechender Nutzen zufliesst. Das Verursacherprinzip unterstellt, dass knappe Ressourcen effizienter genutzt werden, wenn der Nutzniesser auch die Kosten trägt: dass also die Ressourcen dort eingesetzt werden, wo sie den grössten Nutzen stiften. Der nachfolgende Abschnitt zeigt, welche Einschränkungen des Marktmodells aus ökonomischer Sichtweise nötig sind und welche Rolle dabei dem Staat zukommt. Dabei werden diejenigen Einschränkungen weggelassen, welche auf der Mittelschulstufe keine Rolle mehr spielen (wie etwa die obligatorische Schulpflicht aufgrund des meritorischen Charakters von Bildung sowie von Überlegungen zur sozialen Kohäsion; vgl. Waibel 2000b, S. 160) oder primär von theoretischer Bedeutung sind (wie etwa die Frage, ob Bildung ein öffentliches Gut sei; vgl. Waibel 2000a, S. 316; Straubhaar & Winz 1992, S. 58). Nachfolgend werden also die Einschränkungen diskutiert, welche aus Gründen der Systemrationalität Sinn machen, d. h. für ein besseres Funktionieren des Wettbewerbssystems sorgen. Davon sind die Eingriffe zu unterscheiden, welche aufgrund von individuellen und normativen Zielgewichtungen im Marktmodell vorgenommen werden. Diese werden im Rahmen von Kapitel 4 diskutiert und begründet.

Staatliche Regulierungen im Wettbewerbsmodell

Ordnungsfunktion des Staates

Im Marktmodell erfolgt die Abstimmung zwischen Anbietern und Nachfragern über Wettbewerb (Konkurrenz, Preis für Bildung). Eine Form von staatlichen Eingriffen, welche sich aus marktwirtschaftlicher Sicht nicht nur rechtfertigen lässt, sondern durchaus notwendig sind, stellen die Aktivitäten dar, durch welche die Funktionsfähigkeit des Marktes gewährleistet wird. Dem Staat kommt also grundsätzlich eine ordnungspolitische Funktion zu: Er stellt die Funktionsfähigkeit des Schulmarktes sicher (z. B. über staatliche Resultattransparenz, Mindeststandards hinsichtlich der Bildungsergebnisse) und legt nötige Standards fest (Ausbildungskonzessionen, Rahmenlehrpläne, Fähigkeitsausweise, Erteilung von Zertifikaten usw.). Dem Staat obliegt damit nach wie vor eine zentrale Ordnungsfunktion, indem er etwa die Durchlässigkeit zwischen den verschiedenen Bildungsgängen sicherstellt oder für die internationale Koordination und Anerkennung schweizerischer Zertifikate sorgt.

Vermeidung von Marktversagen

Ein Marktversagen liegt vor, wenn der Markt nicht in der Lage ist, eine optimale Ressourcenallokation zu erreichen. Im Bildungswesen werden insbesondere drei Argumente als relevante Ursachen des Marktversagens angeführt (vgl. Straubhaar & Winz 1992, S. 55):

1. Auf dem Bildungsmarkt mangle es an Wettbewerb, weshalb der Staat für ein Angebot besorgt sein müsse.
2. Externe Effekte verhinderten, dass die Erträge der Bildung dem einzelnen Individuum zugerechnet werden können. Es fielen vielmehr auch gesamtgesellschaftliche Erträge an. Die Internalisierung der externen Erträge erfordere deshalb auch eine öffentliche Finanzierung.
3. Den Bildungsnachfragenden würden durch den Bildungsmarkt nicht genügend Informationen zur Verfügung gestellt. Folglich sei eine staatliche Regulierung unabdingbar.

Die nachfolgenden Abschnitte gehen darauf näher ein.

Mangelnder Wettbewerb

Eine erste Ursache für die Gefahr eines Bildungsmonopols stellt das geringe Nachfragepotenzial innerhalb einer Region dar. Sofern die Zahl der Schülerinnen und Schüler unter einer kritischen Grösse bleibe, könne nur ein einziger Anbieter existieren. Nach Straubhaar & Winz (1992, S. 55) ist diese Aussage mit steigender Mobilität und zunehmender Agglomerationsbildung zu relativieren. Fehlender Wettbewerb könnte am ehesten in peripheren Gebieten auftreten oder in Gebieten, welche für Anbieter unattraktiv sind (z. B. hoher Ausländeranteil, untere soziale Schichten).

Im Falle der schweizerischen Mittelschulen ist vom bestehenden Status quo auszugehen. Es erscheint plausibel, dass bei einem marktlichen Systemwechsel die überwiegende Mehrheit der bestehenden Mittelschulen in der ersten Zeit am Markt auftreten würden (die kantonalen Schulträger sind an einem fliessenden

Übergang interessiert und dürften entsprechende Anreize bieten). Zudem ist zu vermuten, dass insbesondere in Städten und dichtbesiedelten Regionen neue Anbieter mit spezifischem Leistungsprofil aktiv würden. In diesen Ballungszentren wäre wahrscheinlich, dass für die einzelnen Nachfrager in vertretbarer Distanz zwei und mehr Anbieter verfügbar wären. Die nötige Konkurrenz wäre hier gegeben. Sofern (was für ein plangemässes Funktionieren des Marktsystems Voraussetzung ist) die einzelnen Kantone hinsichtlich Rahmenbedingungen Anreize für die Eröffnung neuer Schulen schaffen, besteht auch für weniger dicht besiedelte Regionen die grundsätzliche Vermutung, dass ein Marktsystem gegenüber dem bestehenden Zustand zu einer grösseren Zahl Anbieter führt. Nur in peripheren Gebieten (wie etwa Bergregionen) dürfte ein Marktsystem nicht zu einer grösseren Anbieterzahl und damit unter Umständen zu Schulmonopolen führen. Geht man allerdings von einem für Mittelschüler zumutbaren Zeitbedarf für den Schulweg von 60 Minuten aus, dürfte ein verhältnismässig kleiner Anteil an potenziellen schweizerischen Mittelschülern nur eine Schule erreichen können (und damit keine Auswahl haben). Eine grundsätzliche Gefahr von Monopolen besteht darin, dass Leistungen zu einem überhöhten Preis oder in ungenügender Qualität angeboten werden. Sofern jedoch im Hinblick auf das prioritäre Ziel der Schulqualität ein staatliches Controlling greift, wären auch vom Fehlen direkter Konkurrenz kaum negative Auswirkungen auf die Qualität des Angebotes zu erwarten, auf keinen Fall jedoch weniger Qualitätsanreize, als im bestehenden System vorhanden sind. Auf die Frage der Preisbildung wird weiter unten sowie unter dem Gesichtspunkt der Chancengleichheit noch zurückzukommen sein.

Eine zweite Grundlage für Monopole bilden zunehmende Skalenerträge durch Mengeneffekte, welche die durchschnittlichen Ausbildungskosten pro Kopf senken. Plausibilitätsüberlegungen lassen den Schluss zu, dass im Bildungsbereich generell keine steigenden Skalenerträge bestehen, sondern Schulen eine optimale Betriebsgrösse aufweisen, jenseits derer die Skalenerträge sinken. Für eine gewisse Grösse spricht, dass bei Wahlmöglichkeiten der Schüler einfacher ganze Klassen gebildet werden können, mehr Auswahlmöglichkeiten bestehen, Fixkosten (z. B. für Verwaltung, Mensa) proportional niedriger belasten sowie Nachfrageschwankungen weniger ins Gewicht fallen. Der Grösse sind allerdings bestimmte Grenzen gesetzt: Empirisch lässt sich belegen, dass ab einer bestimmten Klassen-, Seminar oder Schulgrösse die durchschnittlichen Pro-Kopf-Kosten des Bildungsangebotes steigen (Straubhaar & Winz 1992, S. 56). Ebenfalls begrenzend wirkt, dass Bildungsnachfrager ortsgebunden sind und eine uneingeschränkte Mobilität nicht gegeben ist.

Aber selbst wenn private Bildungsmonopole auftauchen, kann der Staat korrigieren, ohne gleich selber als Monopolist aufzutreten (Straubhaar & Winz 1992, S. 55):

- Der Staat kann das Bildungsangebot mit rechtlichen Auflagen regulieren, z. B. indem er dem einzelnen Bildungsanbieter verbindliche Regeln (Bildungsziele, Bildungsinhalte, Bildungsvermittlung, Promotionsordnung, professionelle Zulassung) für die Führung einer Bildungsinstitution vorschreibt. Ausserdem wäre eine willkürliche, diskriminierende Preisgestaltung zu verhindern. Diese Lösung entspricht weitgehend der heutigen Aufsichtsregelung, die der Staat gegenüber staatlich anerkannten Privatschulen wahrnimmt.
- Sollten private Anbieter ihre Marktmacht missbrauchen und hohe Gewinne einstreichen oder bezüglich Preis-Leistungs-Verhältnis von den Nachfragern als qualitativ schlecht oder zu teuer beurteilt werden, werden sie sich im Bildungsmarkt nicht behaupten können. Konkurrenten würden rasch animiert, auf dem gewinnträchtigen Bildungsmarkt aufzutreten und Bildung besser oder billiger anzubieten.
- Der Staat kann Bildungsleistungen bei privaten Anbietern einkaufen oder einen Anbieter beauftragen, bestimmte Bildungsleistungen gegen entsprechende Entschädigung anzubieten. Diese Lösung findet sich heute in verschiedenen Weiterbildungsaktivitäten, z. B. wenn Staatsangestellte bei privaten Anbietern Sprach-, Informatik- oder Managementkurse belegen.
- Sofern sich kein privater Bildungsanbieter findet oder der Markt kein gesellschaftlich befriedigendes Angebot erbringt, kann der Staat all jene Anbieter subventionieren, die bestimmte qualitative Konzessionsvorschriften einhalten. Diese Lösung findet sich heute bereits in der staatlichen Subventionierung spezieller privater Bildungs- und Forschungsinstitute sowie z. B. in der finanziellen Unterstützung von Privatschulen in der Schweiz (vgl. auch das neue Mittelschulgesetz im Kanton Zürich).
- Der Staat kann den privaten Bildungsanbietern ein staatliches Bildungsangebot gegenüberstellen. Dabei müssten jene, die sich an privaten Institutionen ausbilden lassen, vom Staat subventioniert werden.

Der Staat kann demnach mittels staatlicher Auflagen und Subventionen das Angebot von privaten Bildungsinstitutionen nach seinen Vorstellungen erstellen lassen. Erst wenn sich gar kein oder kein befriedigendes privates Angebot fände, müsste der Staat selber für ein Bildungsangebot sorgen.

Zusammenfassend lässt sich zur These des mangelnden Wettbewerbes festhalten:

1. Von einem Marktsystem ist zu vermuten, dass mehr Bildungsanbieter auftreten werden als in einer staatlichen Lösung und in den meisten Gegenden mindestens ein beschränkter Wettbewerb spielt. Die Gefahr von Bildungsmonopolen im Mittelschulbereich ist zu relativieren: Nur ein verhältnismässig kleiner Anteil potenzieller schweizerischer Mittelschüler dürfte nur eine

Schule erreichen können und damit über keine Auswahlmöglichkeiten verfügen.

2. Um potenziell negative Folgen eines mangelnden Wettbewerbs zu verhindern, hat die staatliche Rahmengebung sicherzustellen, dass Qualitätsanreize in Form eines gehaltvollen Controllings und verbindliche Regeln für die Führung einer Schule bestehen sowie eine willkürliche, diskriminierende Preisgestaltung verhindert wird.

3. In Gebieten, in welchen sich kein privates Angebot fände, kann der Staat mit geeigneten Massnahmen (z. B. durch Einkauf oder Subvention privater Leistungen, in letzter Konsequenz mit einem eigenen Angebot) eine Unterversorgung verhindern.

Externe Effekte

Als externe Effekte werden Kosten oder Nutzen bezeichnet, welche bei der Produktion oder im Konsum entstehen, jedoch nicht vom Verursacher getragen bzw. genossen werden. Der Bildung, welche der Produktion von Humankapital (d. h. sämtlicher Fähigkeiten, Fertigkeiten, Kenntnisse ebenso wie von Wissen und Können von Menschen) dient, werden nun positive Wachstumseffekte für eine Volkswirtschaft insgesamt zugeschrieben. In der Regel können allerdings Bildungserträge und -vorteile nicht allein den einzelnen Individuen zugerechnet und von ihnen internalisiert (d. h. in höhere Einkommen umgesetzt) werden, da auch gesamtgesellschaftliche Bildungserträge produziert werden. Weil hier das Ausschlussprinzip nicht funktioniert, werden keine dem Nutzen entsprechende Preise bezahlt. Die Konsequenz davon ist, dass zu wenig Güter mit externem Nutzen produziert werden und der Marktmechanismus die optimale Zuteilung der Produktionsfaktoren nicht gewährleisten kann. Damit würde bei einer reinen Marktlösung zu wenig in Bildung investiert werden (Marktversagen, «free rider»-Syndrom). Der Staat wäre gefordert, für eine bessere Zuteilung zu sorgen.

Entscheidend ist nun gemäss dieser Argumentation die Frage, inwieweit durch die Bildungsnachfrage positive externe Effekte entstehen, welche durch die einzelnen Nachfrager nicht internalisiert werden können. Zu betonen ist, dass positive externe Effekte nicht durch das Bildungsangebot entstehen, sondern erst und alleine durch die Bildungsnachfrage. Besser möglich ist eine Internalisierung auf den sekundären und tertiären Schulstufen, die hauptsächlich eine Qualifikationsfunktion erfüllen. Bessere Qualifikationen verhelfen zu besseren Chancen auf dem Arbeitsmarkt, welche sich in individuell zurechenbaren, bildungsbedingt höheren Löhnen niederschlagen. Die empirischen Erkenntnisse über Bildungsrenditen zeigen, dass im postobligatorischen Bereich weiterführende Bildungsabschlüsse in höhere Einkommen umgesetzt werden können, wobei die individuellen Grenzerträge allerdings mit zunehmender Bildung sinken. Für die

Bildungsfinanzierung zwischen Markt und Staat

Schweiz sind die Bildungsrenditen im internationalen Vergleich extrem tief, im Falle eines universitären Studiums sogar negativ (d. h. das Lebenseinkommen eines Akademikers ist nicht höher als das eines Fachhochschulabsolventen; vgl. Wolter & Weber 1999a). Dies liegt nicht etwa daran, dass Akademiker in der Schweiz schlecht verdienen, sondern daran, dass qualifizierte Berufsleute ohne Hochschulstudium im internationalen Vergleich sehr gut ausgebildet und bezahlt werden.

In einer strengen Marktlogik würde eine finanzielle Unterstützung durch den Staat dort hinfällig, wo der Markt sehr wohl in der Lage ist, seine lenkende Aufgabe wahrzunehmen und die positiven individuellen Bildungseffekte abzugelten. Plausibel scheint zu sein, dass ein substanzieller Anteil des Bildungsnutzens, der auf der Mittelschulstufe erzeugt wird, internalisiert, d. h. in höhere Einkommen umgesetzt werden kann. Die empirischen Befunde (Wolter & Weber 1999a) bestätigen die positiven Bildungsrenditen einer Matura. Hinsichtlich der externen, nicht internalisierbaren Effekte lässt sich eine staatliche Aktivität rechtfertigen, z. B. indem jene Bildungsnachfrage, welche externen Nutzen schafft, subventioniert wird (dies entspräche dem Idealfall einer Pigou-Lösung). Empirisch verlässlich sind allerdings die nicht internalisierbaren Effekte nicht zu bestimmen, und die Auffassungen über Ausmass und Umfang der externen Effekte von Bildungsaktivitäten gehen selbst unter Ökonomen weit auseinander. Lith (1985, S. 21) argumentiert, dass selbst beim Vorliegen externer Effekte nicht auf ein Marktversagen geschlossen werden könne, weil die einzelnen Bildungsnachfrager kaum die externen Effekte prognostizieren und bei ihren Bildungsentscheiden berücksichtigen würden, wodurch erst eine suboptimale Bildungsnachfrage entstünde. In welchem Ausmass der Marktmechanismus dadurch zu einer Unterinvestition in Bildung führt, ist nicht schlüssig zu beantworten. Entsprechend ist es schwierig, gestützt auf die Theorie des Marktversagens aufgrund von externen Effekten eine fundierte Argumentation zugunsten einer umfassenden Finanzierung von Bildungsgängen abzuleiten. Zu betonen ist, dass in jedem Falle aber kein weitergehender staatlicher Eingriff (wie etwa ein staatliches Angebot) zu rechtfertigen ist.

Informationsmängel
Aus gesellschaftlicher Sicht bestehen zwei zentrale Gründe, weshalb der Informationsfluss nicht ausschliesslich dem Markt überlassen werden sollte:

1. Die notwendigen Informationen für rationale Entscheidungen hinsichtlich von Bildungsinstitutionen sind den Bildungsnachfragenden nur in beschränktem Umfang zugänglich. Unterschiedliche Institutionen und die Qualität der von ihnen angebotenen Bildungsgänge zu beurteilen, fällt Aus-

senstehenden nicht leicht. Der ungleiche Zugang zu Informationen, die für die Auswahl einer Schule relevant sind, begünstigt in der Regel Familien, die ohnehin im Hinblick auf die Bildung privilegiert sind.

2. Von einem Marktsystem ist zu erwarten, dass auf der Anbieterseite nicht nur relevante Informationen produziert werden und Werbeeffekte entstehen. Mangels solider Informationen über qualitätsrelevante Faktoren werden Entscheidungen auf zufälliger Basis getroffen, was zu einem Mangel an nachfrageorientierten Anreizen für wirkliche Verbesserungen des Bildungsangebots der Schulen führen kann.

Allerdings ist mit einem staatlichen Bildungsangebot ebenso wenig eine ausreichende und transparente Informationspolitik verbunden. Im vorherrschenden System der Bedürfnisfinanzierung werden die Budgets nicht explizit an die Erfüllung bestimmter Leistungskriterien gekoppelt. Die Bildungsinstitutionen sind darum bestrebt, nur diejenigen Informationen preiszugeben, die ihnen eine Budgetmaximierung erlauben («rent seeking»). Dies sind jedoch nicht die Informationen, die den Nachfragern helfen, Bildungsentscheide sorgfältiger, informierter und rationaler zu treffen. Von den Vertretern der These der Informationsmängel wird nicht selten übersehen, dass sich das Informationsniveau bei einer Marktlösung im Bildungsbereich verändern würde. Das staatliche Bildungssystem mit allgemeiner Schulpflicht, einheitlichen Lehrplänen und zum Teil staatlicher Zuweisung von Schülern zu bestimmten Schulen schränkt die Zahl der Alternativen weitestgehend ein, so dass Eltern keinen Anreiz haben, sich um Informationen zu bemühen. Das Informationsniveau der Eltern wie auch ihr Interesse, sich über die Bildungsmöglichkeiten für ihre Kinder zu informieren, sind eine Funktion der ihnen durch die Rechtsordnung zuerkannten Verfügungsrechte über ihre eigenen Kinder. Da diese Rechte in grossem Umfang beschnitten sind, ist für sie der Anreiz, sich über die Bildungsangebote zu informieren, im Vergleich zu einer Marktlösung geringer. Dies entspricht rationalem Verhalten, weil den Kosten der Informationssuche kein entsprechender Nutzen gegenübersteht (Lith 1985, S. 51).

Gleiches kann für die Bildungsanbieter gesagt werden: Sie haben unter den bestehenden Bedingungen kein Interesse, die erforderlichen Informationen über ihre Bildungsangebote zu offerieren. Staatlicher Abnahmezwang, Schülerzuweisungen und die einheitliche Ausgestaltung der Lehrpläne machen es auch für sie weitgehend überflüssig, Eltern und Kinder über die Vorzüge ihrer Bildungsangebote aufzuklären. Sie handeln ebenfalls rational und sparen die Informationskosten, da sie keinen oder nur einen geringen Ertrag erwarten können.

Im Fall einer Marktlösung und damit einhergehend einer Neuverteilung der Rechte insofern, als dezentrale Entscheidungen über Angebot und Nachfrage von

Bildungsleistungen möglich werden (Stärkung der pädagogischen Freiheit der einzelnen Lehrkraft, Eigenständigkeit von Bildungseinrichtungen und der Erziehungsrechte der Eltern), kann mit einem Anstieg des Informationsniveaus gerechnet werden. Der wettbewerbliche Bildungsmarkt schafft gleichzeitig einen Markt für Informationen über Bildung, wie er für andere langlebige und kostspielige Güter sowie für die privaten Bildungsgüter existiert (Lith 1985, S. 51). Jeder Anbieter findet sich im Wettbewerb mit allen anderen, weshalb der Anreiz gross ist, auf alle nur erdenklichen Vorzüge der eigenen Bildungsleistungen hinzuweisen. Auf der anderen Seite haben die Eltern aufgrund des Entscheidungszwanges nun ebenfalls einen Anreiz, sich über mögliche Bildungsalternativen für ihre Kinder zu informieren. Auf beiden Seiten steht den Kosten der Informationsbereitstellung und -beschaffung ein zu erwartender Nutzen gegenüber.

Insgesamt lässt sich aus dem Vorhandensein bestehender Informationslücken und -mängel keine Notwendigkeit für ein staatliches Bildungsangebot ableiten. Vielmehr könnte der Staat in einem Marktsystem die Funktion eines Informationsrelais übernehmen, welches den einzelnen Individuen die nötigen Informationen verschafft. Dadurch würde eine bessere Funktionsweise des Marktmechanismus gewährleistet. Im konkreten Vorschlag in Kapitel 4 wird diskutiert, welche Informationen zu veröffentlichen sind.

Zusammenfassend kann vom Argument des Marktversagens keine Notwendigkeit für ein staatliches Schulangebot abgeleitet werden. Vielmehr hat der Staat über Regulierungen für wettbewerbsfördernde Rahmenbedingungen, die Förderung des Humankapitals und damit des Wachstums durch entsprechende Finanzierungsanreize sowie wettbewerbsunterstützende Informationshilfen zu sorgen.

Beurteilung des modifizierten Marktmodelles

Der Staat wird damit auf der Ebene der Mittelschule in zweifacher Hinsicht in das, ursprünglich private, «reine» Wettbewerbsmodell einbezogen:

- als zentrale ordnungspolitische Instanz (Standards, Resultattransparenz) zur Sicherung der Funktionsfähigkeit des Marktes
- zur Vermeidung von Marktversagen aufgrund von mangelndem Wettbewerb und Informationsmängeln.

Das modifizierte Marktmodell unterscheidet sich demnach insbesondere dadurch vom bestehenden Staatsmodell, dass die historisch begründete Funktion des Anbieters und Finanzierers dahinfällt. Entsprechend geht das Marktmodell primär von privaten Bildungsanbietern aus (wobei die Existenz von staatlichen Mittelschulen nicht ausgeschlossen ist, sofern für staatliche und private Anbieter die gleichen Rahmenbedingungen gelten).

Welche Auswirkungen sind von einem modifizierten Marktmodell (ohne weitere Regulierungen mit Blick auf die bessere Verwirklichung einzelner Ziele) zu erwarten? Nachfolgend ist ein theoretisch plausibles Szenario grob skizziert (Waibel 2000b, S. 164).

Auswirkungen hinsichtlich Qualität

Gemäss der zentralen marktwirtschaftlichen These (vgl. Timmermann 1987, S. 57) erzeugt ein Marktsystem Vielfalt, Flexibilität, Anpassungs- und Innovationsfreudigkeit sowie Qualität, was von der Nachfrageseite belohnt wird. Anderseits bestraft der Markt Inflexibilität, Eintönigkeit und mangelnde Qualität. Die Chancen und Risiken werden im Wettbewerb individualisiert: Das einzelne Bildungsbetriebsmanagement wird für «erfolgreiche» Betriebsführung durch Profit, Reputation sowie einen hohen Zulauf von Lernenden belohnt. Für «erfolglose» Betriebsführung wird das Management bestraft durch Verluste, Ausbleiben der Lernenden, schlechtes Image, schlechteres Angebot an Lehrkräften, im ungünstigsten Fall durch Entzug der Lizenz, d. h. Ausscheiden aus dem Markt (sofern der Staat seine ordungspolitische Aufsichtsfunktion tatsächlich wahrnimmt). Während im bestehenden System die Entlohnung der Lehrkräfte an leistungs- und marktfremde Kriterien wie Besoldungskategorie oder Dienstalter gekoppelt ist und weder die Leistungen der Lehrkräfte während der Ausbildung noch in der Lehre (noch die relative Knappheit der Lehrkräfte) Berücksichtigung finden, werden Lehrkräfte im Marktsystem für «gutes» Lehren in erster Linie durch ein entsprechend hohes Leistungsentgelt, durch positive Rückmeldungen, Reputation, grösseren Spielraum für die Verwirklichung ihrer Ideen, Übertragung von vermehrter Verantwortung und hierarchischen Aufstieg belohnt. Lehrkräfte mit ungenügender Leistung werden durch ein niedriges Entgelt, Lohnkürzungen und notfalls durch Entlassungen bestraft. Die Lernenden werden für die richtige Schulwahl oder Ausbildungsentscheidung sowie für gutes Lernen durch Karrierechancen, hohe Einkommen, gute Arbeitsplätze, relative Arbeitsplatzsicherheit und entsprechenden Sozialstatus belohnt, für falsche Entscheidungen oder ungenügendes Lernen durch weniger sichere und weniger gute Arbeitsplätze, relativ niedrigere Einkommen und niedrigeren sozialen Status, unter Umständen auch durch Arbeitslosigkeit, bestraft. Auch im Marktmodell sind allerdings aufgrund mangelnder Reaktionsmöglichkeiten und der damit verbundenen Informationsproblematik Fehlallokationen denkbar: So kann sich ein Schulwahlentscheid, der aufgrund der (in der Vergangenheit erworbenen) Reputation einer Schule getroffen wurde, als falsch herausstellen, weil sich in der Zwischenzeit die Leistungen der Schule zwar verschlechtert haben, der Ruf aber noch nicht beeinträchtigt wurde. Die grundlegende Erwartung an ein Marktsystem ist aber doch, dass über den Wettbewerbsmechanismus eine «competition for excellence» entfacht werde.

Dem kann allerdings entgegengehalten werden, dass dieser Qualitätsanstieg nicht durchgängig stattfinden, sondern sich auf eine Reihe von Bildungsbetrieben beschränken wird, die zu Elitebetrieben werden. Diesen werden auf der anderen Seite Betriebe gegenüberstehen, welche in der Konkurrenz um die Lernenden ihre Anforderungen (und damit wahrscheinlich auch die Leistungsqualität) senken werden, um Lernende zu akquirieren: Je mehr Lernende akquiriert werden können, desto höher werden die Einnahmen sein, und je niedriger die Anforderungen, desto mehr Lernende werden kommen. Daraus resultiert eine grössere Leistungsdifferenzierung, ein grösseres Gefälle bzw. eine Polarisierung der Leistungsqualität, die im Herausbilden von Elite- und Massenbildungsbetrieben ihr Spiegelbild haben wird (Timmermann 1987, S. 59). Ob die Leistungen im Durchschnitt steigen werden, ist nicht schlüssig abzuschätzen, dürfte am unmittelbarsten aber von der Rigidität der staatlich gesetzten Rahmenbedingungen (Minimalstandards, Resultattransparenz, ergriffene Massnahmen) und der entsprechenden Durchsetzung abhängig sein.

Die Qualitätsunterschiede zwischen verschiedenen Schulen und geografischen Bereichen (z. B. Stadt – Land) würden dann vergrössert, wenn sich für gewisse Schulstufen oder in bestimmten Regionen kein privates Bildungsangebot findet.

Sofern vom Staat nur minimale Rahmenlehrpläne vorgegeben werden, welche den Schulen eine weitgehende Lehrplanautonomie einräumen, wäre unter Umständen ein Wandel der Lehrpläne in Richtung stärkere Markt- und Verwertungsorientierung zu erwarten. Timmermann (1987, S. 61) vermutet zudem, dass weniger verwertbare Fächer und Wissenschaften wie etwa Geistes- und Sozialwissenschaften (Soziologie, Politologie u. a.) erheblich zugunsten der Natur- und Wirtschaftswissenschaften an Bedeutung verlören. Bodenhöfer (1978, S. 151) prognostiziert in diesem Zusammenhang eine Art Gresham'sches Gesetz für das Bildungswesen: «Privatwirtschaftlich organisierte Bildungsangebote werden insbesondere auf ökonomisch verwertbare Bildungsqualifikationen gerichtet sein; die innovatorische Effizienz eines marktmässig organisierten Systems wird 'vermarktbare' Reformen der Ausbildungsinhalte und Lernformen begünstigen. Damit besteht die Gefahr einer kurzfristig an unmittelbar berufsqualifizierenden Inhalten bzw. an aktuellen Nachfrage- und Verwertungsbedingungen orientierten Struktur der Ausbildung. Eine solche stünde nicht nur potenziell im Konflikt mit längerfristigen Entwicklungen des Qualifikations- und Qualifikationsanpassungsbedarfs im Beschäftigungssystem. Darüber hinaus ergäbe sich ein Konflikt vor allem mit gesellschaftspolitisch-emanzipatorischen und kulturellen Ansprüchen an die Entwicklung des Bildungswesens (...).» Allerdings dürfte ein Marktsystem mindestens mittelfristig auch die in einem Ausbildungssystem existenziell notwendige Kontinuität belohnen; das ist allerdings für jene Schülerinnen und Schüler, die anhaltenden Diskontinuitäten ausgesetzt sind, ein schwacher Trost. Schulen mit innovativen Modeerscheinungen, die Lehrkräfte und Eltern im Interesse einer besseren Wettbewerbsstellung führen, können in die Irre laufen und damit den Schülerinnen und Schülern bleibenden Schaden zufügen.

Eine prospektive Beurteilung der Qualität verschiedener Schulen ist für Eltern und Schüler ganz grundsätzlich sehr schwierig zu bewerkstelligen. Inwiefern sich die Eltern bei der Schulwahl von zukunftsträchtigen oder momentan im Trend liegenden Entscheidungskriterien leiten lassen, ist nicht klar. Ausserdem besteht die Gefahr, dass sich Lehrkräfte, die im Marktmodell leistungsorientiert entlöhnt werden, ihr ganzes Denken und Handeln auf die zu erwartende Marktakzeptanz ausrichten und nicht an bestehenden Erkenntnissen qualitätsorientierten Lehrens und Lernens.

Auswirkungen hinsichtlich Entscheidungsautonomie

In einem Wettbewerbssystem sind Eltern, Schüler und Lehrkräfte keine staatlich verwalteten Objekte mehr, sondern selbstbewusste Akteure, die für ihre Entscheidungen gut informiert sein wollen. Ein Wettbewerbssystem dürfte generell die Entscheidungsautonomie der Bildungsanbieter und -nachfrager nachhaltig verbessern, das Interesse an Bildung und Bildungsfragen erhöhen und zu einer verstärkten öffentlichen Diskussion von Bildungsfragen führen. Ausserdem wird die Mündigkeit hinsichtlich Entscheidungskompetenz in Bildungsfragen angesichts der vermehrten Gelegenheiten und Erfahrungen zunehmen.

Auswirkungen hinsichtlich Effizienz

Dem Wettbewerb ausgesetzte Schulen werden gezwungen, ihre Leistungseffizienz und -qualität ständig unter Kontrolle zu halten, gegenüber den Faktormärkten (insbesondere dem Arbeitsmarkt) und den Bildungsnachfragern flexibel und anpassungsfähig zu sein sowie ihre Effizienz durch Innovationen ständig zu verbessern. Dies verlangt schnelle Entscheidungen und damit entbürokratisierte Organisations- sowie einfache und klare Kompetenzstrukturen. Betriebsorganisationen und Leitungsstrukturen werden durch die Verwertungsorientierung der Leistungserstellung geprägt und daher denen von Wirtschaftsunternehmen ähnlich werden. Die Organisationsstrukturen werden demnach hierarchisch, die Leitungsfunktion und Entscheidungskompetenzen werden stärker beim Betriebsmanager zentriert sein. Lehrkräfte werden zu Lohnarbeitern, die dem Risiko des Arbeitsplatzverlustes ausgesetzt sind und Leistungslöhne erhalten. Es ist zu erwarten, dass der gesamte betriebliche Lernprozess, die Methoden, die Entscheidungsstrukturen, die Interaktions- und Kommunikationsmuster sowie -strukturen, die Arbeitsbedingungen und schliesslich die Motivationslage der Akteure verändert wird. Die Vermutung hoher Effizienz im Marktmodell erscheint angesichts bestehender theoretischer und empirischer Erkenntnisse plausibel.

Auswirkungen hinsichtlich Chancengleichheit

Ein Vorteil des Marktmodells besteht darin, dass das an das Residenzprinzip gekoppelte Problem der sozialen Segmentierung (Eltern verlegen ihren Wohnort aus den Stadtkernen in die Vorstädte und Agglomerationen, deren Schulen mit Finanz- und Sachmitteln sowie Personalressourcen besser dotiert sind und durchschnittlich einen höheren sozioökonomischen Status oder tieferen Ausländeranteil aufweisen) entschärft werden kann, vor allem in städtischen Gebieten, wo freie Schulwahl zu echten Auswahlmöglichkeiten führt (je weniger erreichbare Schulen zur Auswahl stehen, etwa in peripheren Gebieten, desto geringer wird dieser Vorteil). Dieses «voting by feet» dürfte allerdings auf gymnasialer Stufe viel weniger verbreitet sein als auf Stufe der Volksschule.

Im Marktmodell wird allerdings durch die Anwendung des marktinhärenten Verursacherprinzips das Kriterium der Chancengleichheit dann massiv verletzt, wenn der Staat für finanziell Schwächere weder eine finanzielle Subventionierung noch ein funktionierendes Angebot für Bildungsdarlehen sicherstellt. Dies könnte eine Qualitätsdifferenzierung der Schulen nach dem Einkommen der Eltern zur Folge haben bzw. einkommensschwache Schichten ganz vom Gymnasium ausschliessen.

Auswirkungen hinsichtlich sozialer Kohäsion

Im bestehenden Schulsystem sorgt das Prinzip der Gemeinsamkeit und Solidarität für einen sozialpolitischen Ausgleich, indem Schüler verschiedener Gesellschaftsschichten die Schule gemeinsam besuchen (wobei das auf Stufe Gymnasium nur noch beschränkt der Fall ist). Damit lernen sie, mit Schülern mit unterschiedlichen Werthaltungen zusammenzuleben, womit zu einem Abbau der gesamtgesellschaftlichen Polarisierungstendenzen beigetragen werden kann. Das öffentliche Bildungssystem, welches gesamtgesellschaftliche Kulturbezüge, Werthaltungen und Wissensgrundlagen tradiert, entwickelt demzufolge eine grosse Stabilität und Kontinuität, die gegenüber den Auszubildenden – gerade den Schwankungen des Marktes gegenüber – einen relativ weiten zeitlichen Horizont eröffnen. Dieser ist notwendig, um das für den gesellschaftlichen Umgang nötige formalisierte Wissen zu vermitteln. Die grössere Freiheit der einzelnen Schule dürfte im Marktsystem zu einer grösserer Vielfalt an vermittelten Einstellungen und Werten führen. Problematisch kann es werden, wenn die Ausbildung an einzelnen Schulen in Konflikt mit den Grundwerten einer demokratischen Gesellschaft gerät.

Zusammenfassung

Insgesamt ist vom modifizierten Marktmodell auf der Stufe des Gymnasiums zu erwarten, dass die Zieldimensionen der Entscheidungsautonomie und Effizienz in hohem Masse erfüllt werden. Hinsichtlich Qualität dürfte sich gegenüber dem Status quo eine Spreizung ergeben; grössere Leisungsdifferenzierungen sind also plausibel. Ob insgesamt eine höhere Qualität erreicht wird, ist nicht schlüssig zu beantworten. Die Chancengleichheit ist insbesondere dann nicht gegeben, wenn der Staat weder den Schulbesuch finanziell subventioniert noch ein Angebot an Bildungsdarlehen sicherstellt. Eine Anwendung des Verursacherprinzips würde also das gesellschaftliche Ziel der Chancengleichheit verletzen. Bezüglich sozialer Kohäsion ergeben sich nur dann Bedenken, wenn die Ausbildung an einzelnen Schulen den Grundwerten einer demokratischen Gesellschaft zuwiderläuft.

Das skizzierte Szenario macht deutlich, dass eine nur hinsichtlich ihrer Systemrationalität optimierte Marktordnung keine gesellschaftspolitische Ideallösung darstellt. Ein Wettbewerbssystem führt per se für die wenigsten zu einer zufriedenstellenden Ausgestaltung des gymnasialen Schulbereichs. Es stellt sich demnach die Frage, ob das skizzierte Ausmass der Zielerreichung in den einzelnen Dimensionen einer normativen Prioritätenordnung für das Gymnasium entspricht. Das kann allerdings im vorliegenden Beitrag nicht für die Gesellschaft als ganze, sondern nur individuell beantwortet werden. Welche weiteren Regulierungen sind im Marktsystem vorzunehmen, wenn die Ziele nicht im gewünschten Ausmass erreicht werden können? Wie eingangs betont, ist die Frage nach der Zielgewichtung nicht wissenschaftlich zu objektivieren, sondern von individuellen Werthaltungen abhängig. Konsequenterweise müssen zuerst die Werthaltungen offengelegt und entsprechende Zielprioritäten diskutiert werden, bevor ein konkreter Vorschlag für eine gymnasiale Marktlösung beurteilt werden kann. In Kapitel 4 wird zuerst im ersten Abschnitt eine Gewichtung der Zieldimensionen vorgestellt. Auf dieser Grundlage wird dann im weitern ein konkreter Vorschlag für die marktliche Neuordnung der gymnasialen Ebene präsentiert und zur Diskussion gestellt.

4. KONKRETES WETTBEWERBSKONZEPT FÜR DAS GYMNASIUM

> «If you always do what you have always done, you will always get what you have always got.»

Die nachfolgenden Ausführungen beschränken sich auf das vierjährige Gymnasium und klammern weitere Bildungstypen der Mittelschulstufe wie Wirtschafts- (WMS) oder Diplommittelschulen (DMS) aus.

Gewichtungen der Zieldimensionen

In der vorliegenden Arbeit mit dem Ziel, ein konkretes gymnasiales Marktmodell zu entwerfen und zu diskutieren, wird von der folgenden normativen Gewichtung der Zieldimensionen ausgegangen:

Priorität	Zieldimension
1.	Qualität
2.	Entscheidungsautonomie
3.	Effizienz
4.	Chancengleichheit
5.	soziale Kohäsion

Diese Priorisierung lässt sich folgendermassen begründen:

1. Aus der spezifischen Sicht der Schweiz (charakterisiert z. B. durch eine hochentwickelte Wirtschaft, hohes Wohlstandsniveau, das Fehlen natürlicher Ressourcen, das Primat der Wissens- und Arbeitsproduktivität, die Herausforderungen der Wissensgesellschaft des 21. Jahrhunderts) muss das oberste Ziel von Systemveränderungen auf der nachobligatorischen Stufe eine Verbesserung der Qualität sein. Der globalisierte Wettbewerb besteht nicht nur auf den Faktormärkten (auf denen der Faktor Know-how bzw. Wissen immer bedeutender wird, vgl. die Ausführungen von Straubhaar 1997), sondern auch auf der Ebene der nationalen Rahmenordnungen entsprechend der Frage: Wo wird Bildung bzw. Bildungsqualität am entschiedensten gefördert? Internationale Benchmarks wie beispielsweise TIMSS (Third International Mathematics and Science Study) oder PISA (Programme for International

Student Assessment) haben für eine wirksame und weit beachtete Vergleichsbasis gesorgt oder werden es noch tun (Helmke 2000). Bereits auf kommunaler Ebene sehen sich die einzelnen Schulen mit der Tatsache konfrontiert, dass immer mehr Eltern ihren Standortentscheid nicht nur von Faktoren wie Wohnqualität, Arbeitsangebot und Steuerbelastung abhängig machen, sondern zunehmend auch von der wahrgenommenen Qualität der Ausbildungsorte. In letzter Zeit mehren sich ausserdem die Anzeichen, dass in gesellschaftspolitischer Hinsicht den bildungsbedingten Wachstumseffekten zunehmend grössere Bedeutung beigemessen wird (vgl. etwa die Diskussion um kantonale und nationale Bildungsoffensiven in der Schweiz). Dies steht im Einklang mit der Erkenntnis, dass die Volkswirtschaft des 21. Jahrhunderts eine «knowledge-based economy» sein wird (OECD 1996). Die «knowledge-based economy» wird mehr Wissen und weniger Güter produzieren. Entsprechend werden Bildung und Wissen die mikro- und makroökonomischen Erfolgsfaktoren des 21. Jahrhunderts sein, und einer Förderung der Bildungsqualität und der entsprechenden Wettbewerbsfähigkeit kommt auf den nachobligatorischen Schulstufen oberste Priorität zu. Das dürfte nicht zuletzt aus gesellschaftspolitischer Sicht normativ ziemlich unbestritten sein (mindestens wenn die bildungspolitischen Aussagen in den Parteiprogrammen der Bundesratsparteien als Massstab herangezogen werden). Letztlich ist Qualität auch das einzige Ziel im Bildungssystemmodell, welches von allen Akteuren angestrebt wird.

2. Theorie und Empirie belegen den Investitionsgutcharakter von Bildung. Empirische Resultate zeigen international konsistent, dass Bildung eine Investition mit hoher Rendite ist (Becker 1993; Wolter & Weber 1999a, b; Straubhaar 1997; Huber & Stocker 1999). In Anbetracht des investiven Charakters sowie der positiven Rendite von Bildung lässt sich eine staatliche Bevormundung nicht rechtfertigen. Bildungsentscheide sind individuelle Investitionsentscheide und setzen eine grundsätzliche Entscheidungsautonomie voraus. Gerade von Gymnasiasten ist zu erwarten, dass sie angesichts der Bereitschaft zu einer weiterführenden Ausbildung diese primär als Investition in ihre zukünftige persönliche Wettbewerbsfähigkeit betrachten. Entsprechend muss der Entscheidungsautonomie auf der Stufe des Gymnasiums eine hohe Priorität eingeräumt werden.

3. Effizienz beschreibt den Zustand, in dem keine Verschwendung der Produktionsfaktoren stattfindet. Im bestehenden System konnte sich eine Schule durch den Ausweis hoher Kosten zusätzliche öffentliche Budgetmittel beschaffen. Dadurch, dass Bildungsbetriebe in einem Marktsystem dem Wettbewerb ihrer Konkurrenten ausgesetzt sind, sind sie bei Strafe des Untergangs und bei der Chance, Profit zu machen, gezwungen, ihre Leistungseffizienz und -qualität ständig unter Kontrolle zu halten, flexibel und anpassungs-

fähig gegenüber den Faktormärkten (insbesondere dem Arbeitsmarkt) und den Bildungsnachfragern zu sein sowie ihre Effizienz durch Innovationen ständig zu verbessern. Verbesserte Effizienz ist eine zentrale Erwartung an das Marktmodell und theoretisch wie empirisch (Hoxby 1998, 1994a, b; Hanushek 1986; Marlow 2000) solide abgestützt. Sofern (wie oben ausgeführt) die Steigerung der Qualität und damit des Leistungsoutputs eine vordringliche Zielsetzung darstellt, und gleichzeitig die dafür verfügbaren öffentlichen Mittel knapp bleiben, kann das Ziel nur über eine verbesserte Effizienz erreicht werden. Deshalb ist dem Effizienzziel im mindesten eine mittlere Priorität einzuräumen.

4. Auf den generellen Zielkonflikt zwischen Effizienz und Chancengleichheit wurde bereits hingewiesen. Das Ausbalancieren zwischen Allokationseffizienz und Verteilungsgerechtigkeit ist eine grundsätzliche politische Herausforderung und gründet immer auf subjektiven Werturteilen, die nur im Rahmen des gesellschaftlichen Willensbildungsprozesses ermittelt werden können. Sofern der Effizienz ein gewisses Gewicht zukommen soll, kann gleichzeitig dem Ziel der Chancengleichheit keine hohe Priorität mehr eingeräumt werden. Hier wird die Meinung vertreten, dass dem Argument der Chancengleichheit auf den obligatorischen Schulstufen ein zentrales Gewicht zukommt, während im nachobligatorischen Bereich nur noch einzelne Aspekte der Chancengleichheit (wie etwa eine angemessene Vergleichbarkeit der finanziellen Startchancen) im Vordergrund stehen. Ausserdem kann auf den bestehenden Status quo verwiesen werden, welcher sich kaum durch eine befriedigende Chancengleichheit (beispielsweise hinsichtlich lokaler Ressourcenausstattung oder kantonaler Maturandenquoten) auszeichnet, ohne dass dies gesellschaftlich als besonders störend empfunden würde. Bekannt ist ausserdem, dass das Modell des Bildungsmarktes entsprechend den Mustern der Mittelschicht funktioniert (Eberle 1999, S. 27). Mittelklasseltern verfügen über mehr nützliches Wissen, z. B. Wissen darüber, welche Abschlüsse gut und wichtig sind, sowie Wissen darüber, wie Aufnahmeverfahren für eine bestimmte Schule erfolgreich bewältigt werden können. «Working class groups» streben eher einen guten Beruf an, «professional middle class groups» eher ein universitäres Studium. So wird unterschiedlich und klassenspezifisch gewählt, was empirisch bestätigt ist. Insgesamt könnten deshalb Mittel- und Oberschicht-Eltern den Markt für ihre Vorteile ausnützen. Allerdings wird bereits das bestehende gymnasiale Schulsystem durch die Mittel- und Oberschicht dominiert, so dass bei einem Systemwechsel keine grundsätzlichen Verschiebungen hinsichtlich sozioökonomischer Klassenstrukturen zu erwarten sind. Es gibt auf der nachobligatorischen Stufe in der Schweiz keinen Grund, wie in anderen Ländern Chancengleichheit (Erhalten Schüler überhaupt die Chance, ins Schulsystem integriert zu werden

bzw. eine bessere Schule auszuwählen? Vgl. für eine zusammenfassende Darstellung die Studie der Weltbank: Patrinos & Ariasingham 1997) als prioritäres Ziel zu wählen. Folglich wird hier dem Argument der Chancengleichheit auf Mittelschulstufe ein eher geringeres Gewicht beigemessen.

5. Ähnlich lässt sich hinsichtlich der Zieldimension der sozialen Kohäsion argumentieren. Unzweifelhaft kommt im obligatorischen Bereich der Institution Schule als letzter gesellschaftlicher Integrationsinstanz eine bedeutende Rolle bei der Etablierung und Förderung sozialer Kohäsion zu. Gemeinsame und geteilte Schulerfahrungen hinsichtlich Lehrplan und zugrundeliegender Werte und Ziele übernehmen hier eine zentrale Sozialisationsfunktion und führen dazu, dass Schüler mit unterschiedlichen Hintergründen und Ausgangslagen ein gemeinsames Set sozialer, politischer und ökonomischer Institutionen akzeptieren und unterstützen. In Ländern wie den USA wird deshalb von Befürwortern wie Gegnern marktbezogener Reformen das Argument der sozialen Kohäsion oft an erster Stelle angeführt, wobei besonders ethnische, religiöse, sozioökonomische und verfassungsrechtliche Überlegungen diskutiert werden (vgl. Levin 2000, S. 7), die allesamt in der Schweiz keine oder nur eine untergeordnete Rolle spielen. Auf Mittelschulstufe kommt diesen Argumenten noch weniger Gewicht zu, weil in der aktuellen Situation das Ziel der sozialen Kohäsion befriedigend erfüllt ist und keine grundsätzlichen Verschiebungen aufgrund eines Wechsels zum Marktsystem zu erwarten wären (vgl. auch Wolter 2000). Ausserdem besteht eine grundsätzliche Zielharmonie zwischen Massnahmen der Qualitätssicherung und dem Ziel der sozialen Kohäsion: National einheitliche Bildungsziele und Rahmenlehrpläne sind nicht nur eine Voraussetzung für externes Qualitätscontrolling, sondern verankern institutionell gleichzeitig ein grundsätzliches Mass an sozialer Kohäsion. Erhalten folglich Qualitätsziele ein hohes Gewicht, wird über entsprechende Massnahmen gleichzeitig die soziale Kohäsion gefördert, so dass kaum darüber hinausgehende Regulierungen notwendig sind. Schliesslich besteht ein grundsätzlicher «trade off», indem die Ziele der Entscheidungsautonomie und der sozialen Kohäsion nicht gleichzeitig in hohem Masse erfüllt werden können. Hier wird aus den dargelegten Gründen das Primat der Entscheidungsautonomie vor der sozialen Kohäsion vertreten, so dass ersterer ein hohes, letzterer ein niedriges Gewicht beigemessen wird.

Hier wird bewusst auf eine graphische Darstellung der Gewichtungen im Bildungssystemmodell verzichtet. Da eine genaue Quantifizierung der Gewichtungen und «trade offs» nicht möglich ist, soll dies auch nicht graphisch suggeriert werden. Allerdings lassen sich klare Akzentverschiebungen gegenüber den impliziten Gewichtungen im bestehenden, staatsdominierten Gymnasialsystem festhalten: In der hier vorgestellten Zielhierarchie wird ein expliziteres Gewicht auf die Qualität gelegt. Eine starke Verschiebung ergibt sich entlang der Achse der Machtverteilung: Das Ziel der sozialen Kohäsion wird weniger, das Ziel der Entscheidungsautonomie um einiges stärker als bisher gewichtet (wobei allerdings bereits durch Massnahmen zum Qualitätscontrolling ein gewisses Mass an sozialer Kohäsion institutionalisiert wird bzw. bleibt). Der Staat gibt Macht zugunsten der unternehmerischen und persönlichen Entscheidungsautonomie von Anbietern und Nachfragern ab. Die Machtverteilung wird weniger einseitig als in der bisherigen Ordnung ausfallen. Eine stärkere Gewichtung wird auch der Effizienz zufallen, wobei das nicht zwingend bedeutet, dass von einem gymnasialen Marktsystem weniger Chancengleichheit als bisher zu erwarten ist. Hier muss man sich in Erinnerung rufen, dass auch die staatliche Ordnung, obwohl kaum auf Effizienz ausgerichtet, kein besonders hohes Mass an Chancengleichheit produziert hat. Trotz höherer Effizienzgewichtung ist damit im Vergleich zum Status quo nicht zwingend eine Verschlechterung der Chancengleichheit zu erwarten. Eine genaue Beurteilung könnte nur mittels realen Vergleichs und damit erst in der Zukunft vorgenommen werden. Insgesamt verschiebt das hier skizzierte Marktmodell gegenüber dem bestehenden staatlichen Bildungssystem die Gewichtungen expliziter in Richtung hoher Qualität und verstärkt in die allokative und private Sphäre hinein.

Aufgrund der normativen Gewichtungen der Zieldimensionen stellt sich damit die folgende Frage: Wie ist ein Marktsystem für den gymnasialen Bereich auszugestalten, damit die Zieldimensionen entsprechend ihrer Gewichtung möglichst optimal erreicht werden können? Dabei wird, wie betont, nicht einer absoluten Marktsteuerung das Wort geredet, sondern im Sinne von Ulrich (1998) das Primat der Politik vor der Logik des Marktes betont: Wie muss die politische – ordnungspolitische, sozialpolitische wie auch gesellschaftspolitische – Gestaltung des Wettbewerbs erfolgen, damit primär eine hohe Bildungsqualität, sekundär grosse Entscheidungsautonomien und tertiär eine befriedigende Effizienz resultieren, ohne gleichzeitig zu grosse Abstriche hinsichtlich Chancengleichheit und sozialer Kohäsion hinnehmen zu müssen? Das im Kapitel 3 skizzierte Szenario zeigt, dass im modifizierten Marktmodell die grösste Diskrepanz zur hier begründeten Gewichtung der Zieldimensionen beim Erreichungsgrad der Qualität besteht. Ausserdem muss ein befriedigendes Mass an Chancengleichheit gewährleistet werden. Hinsichtlich der weiteren Ziele drängen sich kaum Regulierungen auf, abgesehen von der Notwendigkeit, ein grundsätzliches Mass an sozialer Kohäsion zu sichern. Wie könnte nun ein konkreter Vorschlag für die Ausgestaltung eines Marktsystems für Gymnasien aussehen, welches die vorgestellte Prioritätenordnung hinsichtlich der Zieldimensionen umsetzt? Der folgende Abschnitt befasst sich mit diesem Thema.

Konkrete Massnahmen und Konsequenzen

Nachfolgend werden die konkreten Ausgestaltungen eines Marktsystems auf gymnasialer Stufe diskutiert (Waibel 2000b, S. 173; vgl. auch den Vorschlag der Basler Handelskammer 1995). Dabei wird für die einzelnen Massnahmen darge-legt, welche Ziele damit besser erreicht werden sollen.

Freier Marktzutritt

Der Staat gewährt einen freien Zutritt zum Schulmarkt, es können also jederzeit neue Schulen gegründet werden. Dazu definiert er ausschreibungsfähige Stan-dards, damit sich private und gemeinwirtschaftliche Schulträger um Lizenzen be-werben und z. B. staatliche Schulräumlichkeiten mieten können. Bedingung für die Erteilung einer Lizenz ist die Erfüllung der Qualitätsanfordernisse (Übernah-me des Rahmenlehrplans und der Bildungsziele; Vorliegen pädagogischer Fähig-keitsausweise, wobei diese interkantonal, wenn möglich länderübergreifend an-erkennt werden). Neue Schulen können eine beliebige Unternehmensform wäh-len (Aktiengesellschaft, Genossenschaft, Verein usw.).

Entscheidungsautonomie

Jeder lizenzierten Schule wird eine umfassende Entscheidungsautonomie (hin-sichtlich Finanzen, Personal, Organisation, Lehrplan mit staatlichen Vorgaben, z. B. in Form von Rahmenlehrplänen) gewährt. Die einzelne Schule entscheidet über ihr konkretes Angebot, wählt die pädagogischen Mittel und strukturiert den Stundenplan. Das Erziehungsdepartement (ED) hat kein Recht, in den Bereich dieser internen Entscheidungen einzugreifen, solange die allgemeinen Konzessi-onsbedingungen eingehalten werden. Die aufgeführten Entscheidungsfreiheiten setzen aber klare pädagogische und juristische Umschreibungen und ein Ge-samtkonzept der Autonomie voraus, eine Forderung, die oft bei Reformvorhaben in Folge von zu punktuellem Reformdenken nicht erfüllt wird; als Konsequenz wird die hier vertretene grössere Flexibilität im Schulwesen nicht ermöglicht.

Die einzelne Schule geniesst unternehmerische Autonomie; die Schulleitung ist Geschäftsleitung, der Rektor Geschäftsführer. Die Schule ist allein verantwortlich für die Verwendung der finanziellen Mittel für die verschiedenen schulischen Aufgaben. Sie handelt mit den Lehrkräften, die Angestellte der Schule und nicht mehr des Staates sind, die Anstellungsbedingungen und Arbeitsverträge aus. Diese Autonomie führt nicht zur Ziellosigkeit oder einer politisch unkontrollierten Schulentwicklung, sofern das Controlling (vgl. unten den entsprechenden Abschnitt) als wesentliche Voraussetzung funktioniert.

Hinsichtlich des «trade off» zwischen Entscheidungsautonomie und sozialer Kohäsion in einem Marktsystem wird gerade in den USA in hitzigen Diskussionen (vgl. z. B. Doerr 1996) immer wieder die Gefahr totalitärer Religionsschulen beschworen, welche sich auch noch vom Staat bezahlen lassen. So effektiv dieses Zerrbild in der Diskussion sein mag, so wenig lässt es sich empirisch bestätigen: Länder, welche die schulische Angebotsvielfalt bereits vor einiger Zeit eingeführt haben, verzeichnen kaum Probleme mit Schulen, die den gesellschaftspolitisch vorherrschenden Wertekonsens nicht teilen (Basler Handelskammer 1995, S. 28). Über die Verpflichtung auf allgemeine Bildungsziele und Lehrpläne, eine strenge Konzessionierungs- und Controllingpraxis sowie allenfalls flankierende Massnahmen (z. B. Verwarnung, Auflagen in Verbindung mit der Androhung bzw. dem Vollzug der Schulschliessung) sollten sich mögliche Probleme weitgehend kontrollieren lassen.

Um ein grundsätzliches Mass an sozialer Kohäsion zu sichern, darf demnach die den einzelnen Schulen gewährte Lehrplanfreiheit nicht zu umfangreich sein. Allerdings lassen sich auch Argumente der Qualität und Chancengleichheit finden, welche einer eingeschränkten Lehrplanfreiheit der einzelnen Schule das Wort reden. Der Staat gibt im Rahmen einer eingeschränkten Lehrplanfreiheit den Schulen Rahmenlehrpläne vor, in welchen grundlegende Bildungsziele und Richtziele definiert werden. Diese umschreiben zentrale Grundsätze und Werte einer freiheitlichen und demokratischen Gesellschaft. So definiert die Verordnung des Bundesrates bzw. das Reglement der EDK über die Anerkennung gymnasialer Maturitätsausweise (MAR) von 1995 in Artikel 5 ein gesamtschweizerisches gymnasiales Bildungsziel[1], dem auch in einem Marktsystem Gültigkeit zukommt. Ar-

---

1   «Ziel der Maturitätsschulen ist es, Schülerinnen und Schülern im Hinblick auf ein lebenslanges Lernen grundlegende Kenntnisse zu vermitteln sowie ihre geistige Offenheit und die Fähigkeit zum selbständigen Urteilen zu fördern. Die Schulen streben eine breit gefächerte, ausgewogene und kohärente Bildung an, nicht aber eine fachspezifische oder berufliche Ausbildung. Die Schülerinnen und Schüler gelangen zu jener persönlichen Reife, die Voraussetzung für ein Hochschulstudium ist und die sie auf anspruchsvolle Aufgaben in der Gesellschaft vorbereitet. Die Schulen fördern gleichzeitig die Intelligenz, die Willenskraft, die Sensibilität in ethischen und musischen Belangen sowie die physischen Fähigkeiten ihrer Schülerinnen und Schüler. Maturandinnen und Maturanden sind fähig, sich den Zugang zu neuem Wissen zu erschliessen, ihre Neugier, ihre Vorstellungskraft und ihre Kommunikati-

Bildungsfinanzierung zwischen Markt und Staat

tikel 8 des MAR legt fest, dass die Maturitätsschulen nach Lehrplänen unterrichten, welche vom Kanton erlassen oder genehmigt sind und sich auf den gesamtschweizerischen Rahmenlehrplan der Konferenz der kantonalen Erziehungsdirektoren (RLP) abstützen. Mit diesem Rahmenlehrplan wurden 1994 als Ergebnis einer mehrjährigen Arbeit zum ersten Mal in der Geschichte des schweizerischen Gymnasiums die wesentlichen Ziele der zu unterrichtenden Fächer in allgemeiner Form definiert. Dies hat unzweifelhaft zu einer gesamtschweizerischen Harmonisierung der gymnasialen Bildungs- und Richtziele geführt und auf der obersten Ebene eine einheitliche Lösung gebracht, die im föderalistisch geprägten Schulwesen angesichts der starken internationalen Tendenzen zur Vergleichbarkeit (z. B. PISA, TIMSS) zu begrüssen ist. Gelten einheitliche Bildungs- und Richtziele, wird die Chancengleichheit jener Schülerinnen und Schüler erhöht, welche während der Ausbildung die Schule wechseln. Eine grundsätzliche Vergleichbarkeit von Bildungs- und Richtzielen ist ebenfalls eine notwendige Voraussetzung, wenn im Hinblick auf eine Evaluation der Qualität ein Controlling greifen soll. Deshalb ist auch in einem Marktsystem auf einen gesamtschweizerischen Rahmenlehrplan abzustellen, der bekanntlich nur die grundlegenden und generellen Ziele umreisst. Der grundsätzliche Freiraum der einzelnen Schule zur Festlegung eigener, spezifischerer Lernziele wird dadurch nicht berührt. Jede Schule kann den Bildungszielkanon entsprechend ihren eigenen Schwerpunkten ergänzen, wobei die schulspezifischen Ziele nicht den Bildungszielen des MAR sowie des RLP widersprechen dürften.

Wahlfreiheit

Schüler bzw. deren Eltern erhalten eine weitgehende Wahlfreiheit, die öffentliche und private Schulen einschliesst. Eltern und Schüler wählen jene Schule aus, die ihren Neigungen und Präferenzen (Lehr- und Lernformen, pädagogische Schwer-

---

onsfähigkeit zu entfalten sowie allein und in Gruppen zu arbeiten. Sie sind nicht nur gewohnt, logisch zu denken und zu abstrahieren, sondern haben auch Übung im intuitiven, analogen und vernetzten Denken. Sie haben somit Einsicht in die Methodik wissenschaftlicher Arbeit. Maturandinnen und Maturanden beherrschen eine Landessprache und erwerben sich grundlegende Kenntnisse in anderen nationalen und fremden Sprachen. Sie sind fähig, sich klar, treffend und einfühlsam zu äussern, und lernen, Reichtum und Besonderheit der mit einer Sprache verbundenen Kultur zu erkennen. Maturandinnen und Maturanden finden sich in ihrer natürlichen, technischen, gesellschaftlichen und kulturellen Umwelt zurecht, und dies in bezug auf die Gegenwart und die Vergangenheit, auf schweizerischer und internationaler Ebene. Sie sind bereit, Verantwortung gegenüber sich selbst, den Mitmenschen, der Gesellschaft und der Natur wahrzunehmen.»

punkte, Stundenplanstruktur usw.) am ehesten entspricht, und schliessen mit ihr einen Vertrag ab (z. B. über ein Jahr mit stillschweigender Verlängerung, sofern nicht bis zu einem bestimmten Datum gekündigt wird).

Der Übertritt in die Sekundarstufe II basiert auf den Resultaten einer zentralen Prüfung in Kernfächern nach dem 8. Schuljahr (nach dem 7. Schuljahr findet eine zentrale Prüfung auf freiwilliger Basis zur Orientierung statt). Die Ergebnisse der Abschlussprüfung jeder Schule der Sekundarstufe I werden der Öffentlichkeit vom ED zugänglich gemacht. Eine Mittelschule kann nur Schüler aufnehmen, die ein bestimmtes Leistungsmass erreicht haben. Die Schule kann allerdings strengere Leistungsbedingungen stellen sowie die Aufnahme von der Erfüllung weiterer Kriterien (z. B. Instrumentalunterricht für musisches Gymnasium, Bestehen eines gestalterischen Tests für gestalterisches Gymnasium) abhängig machen; Voraussetzung ist allerdings, dass diese Aufnahmebedingungen vom Erziehungsdepartement als Teil der Konzession genehmigt wurden. Sie dürfen keine diskriminierenden Artikel (etwa Aufnahmerestriktionen für Ausländer) enthalten. Wenn ein Schüler alle Bedingungen erfüllt und die Schule besuchen möchte, ist die Schule zur Aufnahme verpflichtet.

Bei Überbelegungen hat das Erziehungsdepartement die Kompetenz, einen Ausgleich anzuordnen, sofern die Schule keine befriedigende Lösung (z. B. Weitervermittlung an nahe gelegene Schule) anbieten kann. Das ED muss grundsätzlich sicherstellen, dass alle Schülerinnen und Schüler, welche die vorgegebenen Leistungsanforderungen erfüllen und ein Gymnasium besuchen möchten, dies auch in zumutbarer Weise tun können. Für die einzelnen Schulen ist mit dem Anrecht auf Finanzierung auch die Pflicht verbunden, in einem vorgegebenen Rahmen zusätzliche Schülerinnen und Schüler aufzunehmen. Sofern das private Angebot in einer Region nicht ausreicht, um die berechtigten Schülerinnen und Schüler aufzunehmen, hat das ED für ein staatliches Angebot zu sorgen.

Schulübertritte während der Ausbildungszeit können die Schulen von der Erfüllung von Leistungsanforderungen abhängig machen. Die Verweigerung einer Aufnahme ist rekursfähig.

Auf gymnasialer Stufe besteht interkantonale Wahlfreiheit. Anzustrebendes Ziel ist, mittelfristig auch interregionale und internationale Wahlfreiheit (und entsprechende Anerkennung der Abschlüsse) zu erreichen, wobei bis dahin noch viele politische Probleme zu lösen sind.

Die Rolle des Staates

Konzessionierung

Damit der Wettbewerb möglichst ohne Verzerrungen spielen kann, müssen sich die Aufgaben des Staates fundamental verändern. Gegenüber dem bestehenden System der primären Beurteilung der Vorschrifteneinhaltung hat der Staat im Marktsystem eine umfassende Kontrollaufsicht zu übernehmen. Er setzt die politischen Entscheide über die Bildungsinhalte um, legt konkrete Bildungsziele, Rahmenlehrpläne, allgemeine Ausbildungsstrukturen, Prüfungs- und allenfalls Schultypen fest und definiert Missbrauchsvorschriften (Basler Handelskammer 1995, S. 37). Gleichzeitig ist das ED Konzessionsbehörde, welche einer neuen Schule vorerst eine provisorische Betriebsbewilligung (und gleichzeitig das Recht auf Finanzierung; vgl. den folgenden Abschnitt) erteilt, wenn alle formalen und inhaltlichen Anforderungen erfüllt sind. Sofern keine Probleme entstehen, wird die provisorische Bewilligung nach einer bestimmten Zeit in eine definitive Konzession umgewandelt. Die Konzessionsbedingungen werden abschliessend in einer Verordnung festgelegt; das umfasst auch eine verbindliche Definition der notwendigen Qualifikationen bzw. Ausbildungen (Fähigkeitsausweise, Lehramt) der Lehrkräfte. Die konzessionierten Schulen dürfen nur Lehrkräfte beschäftigen, welche die entsprechenden Qualitätskriterien erfüllen.

Begründung einer staatlichen Finanzierung

Normativ völlig unbestritten gilt heute in der Schweiz wie in den meisten westlichen Staaten das folgende gesellschaftspolitische Postulat: In einer demokratischen Gesellschaft muss der Staat allen Mitgliedern finanziell ermöglichen, die ihren Fähigkeiten entsprechenden obligatorischen Schulen zu besuchen. Weder dürfen soziale Herkunft, ökonomische Leistungsfähigkeit noch fehlende Eigenmittel Hemmnisse sein, sich Wissen, Kenntnisse und Fähigkeiten anzueignen. Was spricht allerdings dafür, auch die Mittelschulstufe staatlich zu finanzieren, wie das in der Schweiz und in vielen anderen Ländern gemacht wird?

Wie in Kapitel 3 argumentiert wurde, stellt die Theorie der externen Effekte eine Grundlage für die Finanzierung von nachobligatorischen Ausbildungsgängen dar. Hinsichtlich der nicht internalisierbaren Effekte lässt sich eine staatliche Aktivität rechtfertigen, z. B. indem jene Bildungsnachfrage, welche externen Nutzen schafft, subventioniert wird. Empirisch verlässlich sind allerdings die externen Effekte nicht zu bestimmen, und die Auffassungen über Ausmass und Umfang der Externalitäten von Bildungsaktivitäten gehen selbst unter Ökonomen weit auseinander. Entsprechend ist es schwierig, gestützt auf die Theorie des Marktversagens aufgrund externer Effekte eine fundierte Argumentation zugunsten einer umfassenden Finanzierung von Bildungsgängen abzuleiten. Ausserdem erscheint plausibel, dass ein substanzieller Anteil des Bildungsnutzens, der auf der Mittelschulstufe erzeugt wird, internalisiert, d. h. in höhere Einkommen umgesetzt werden kann. Die empirischen Befunde (Wolter & Weber 1999a) bestätigen die positiven Bildungsrenditen einer Matura.

Bildungsrenditen von:	Seminar	Lehre	Meister-abschluss	HWV, HTL	Universität	Gymnasium
Frauen	10.0	11.7	7.5	7.8	4.5	9.9
Männern	5.0	8.6	7.7	10.0	3.6	10.2

Insgesamt kann aus diesen Befunden geschlossen werden, dass Maturanden ihren Abschluss auf dem Arbeitsmarkt in höhere Einkommen ummünzen können, d. h. zu einem substanziellen Teil zu internalisieren vermögen. Gestützt auf die Theorie der externen Effekte lässt sich deshalb kaum eine weitgehende finanzielle Subventionierung der Staates ableiten. Allerdings ist dabei zu berücksichtigen, dass die Bildungsrenditen sinken, wenn der Besuch einer Maturitätsschule kostenpflichtig würde. Wolter (2000) weist darauf hin, dass bei einer Bildungsentscheidung die bekannten realen Kosten einer Ausbildung immer stärker ins Gewicht fallen als die zeitlich weit entfernten und mit einer grossen Unsicherheit behafteten Erträge. Es sei deshalb damit zu rechnen, dass Veränderungen in der Kostenbeteiligung durchaus zu Verschiebungen der Bildungsnachfrage führten, dass also die Bildungsnachfrage sensitiv reagiere.

Auch mit Argumenten der Chancengleichheit lässt sich kaum eine allgemeine und umfassende Unterstützung von Gymnasiasten begründen. Ein Bildungssystem wird gemäss Straubhaar & Winz (1992, S. 105) dann von der Gesellschaft als ungerecht empfunden, wenn es den Zugang zu den Bildungsinstitutionen aufgrund der ökonomischen und nicht der intellektuellen Leistungsfähigkeit gewährleistet. Sofern, wie hier postuliert, die Maturitätsschulen allen offenstehen, die vorgegebene Leistungskriterien erfüllen, herrscht hinsichtlich Anforderungen Chancengleichheit. Allerdings würde durch die ausschliessliche Anwendung des marktinhärenten Verursacherprinzips das Kriterium der Chancengleichheit hinsichtlich der Möglichkeiten der Bildungsfinanzierung verletzt. Ein Marktmodell ohne staatliche Korrektur würde zu einer ungleichen und auch ökonomisch nicht effizienten Verteilung des Humankapitals primär auf jene führen, die sich Bildung leisten können. Der Staat hat deshalb sicherzustellen, dass alle Schülerinnen und Schüler unabhängig von ihrer ökonomischen Leistungsfähigkeit Zugang zu einer Schule haben. Damit auch in finanzieller Hinsicht ein ausreichendes Mass an Chancengleichheit gewährleistet wird, hätte das ED für ein funktionierendes Angebot an Bildungsdarlehen zu sorgen (ein privater Kapitalmarkt versagt hier, weil infolge grosser Unsicherheiten und geringer Absicherungsmöglichkeiten entweder das Risiko für die Gläubiger oder die Zinsen für die Darlehensnehmer zu hoch wären; vgl. Straubhaar & Winz 1992, S. 75). Damit könnten auch Schülerinnen und Schüler, die selber zu wenig finanzielle Mittel haben, eine Maturitätsschule besuchen und nach ihrem Arbeitsmarkteintritt über eine längere Zeit das Darlehen zurückzahlen (analog dem Modell privater amerikanischer Universitäten wie Harvard oder Yale; vgl. Lith 1985, S. 143). Der Staat könnte über eine grosszügige Stipendienpraxis, allenfalls über an das Einkommen der Eltern gekoppelte finanzielle Zuschüsse punktuell für eine gezielte Unterstützung begabter und leistungswilliger, aber finanzschwacher Jugendlicher sorgen. So würde das Prinzip umgesetzt, wonach durch staatliche Bildungssubventionen unterstützt wird, wer unterstützungswürdig ist: «Mit der Giesskanne über alle Bevölkerungsschichten gleichmässig versprühte staatliche Finanzmittel verfehlen in aller Regel das zugrundeliegende Gerechtigkeitsziel» (Straubhaar & Winz 1992, S. 109). Allerdings lassen Verteilungs- und insbesondere Umverteilungsargumente in einer Mehrgenerationenbetrachtung nicht nur die staatliche Sicherstellung eines funktionierenden Kapitalmarktes für Bildungsdarlehen, sondern eine generelle staatliche Unterstützung von Bildungsnachfragern als sinnvoll erscheinen, um eine ineffiziente und suboptimale Verteilung des Humankapitals zu verhindern (vgl. die Argumentation bei Wolter 2000). Wie umfassend diese Finanzierung der öffentlichen Hand erfolgen sollte, ist allerdings auch aufgrund von Verteilungs- und Umverteilungsargumenten kaum präzise zu beantworten.

Überzeugender kann aus ökonomischen Gründen für eine umfassende Subventionierung der Bildungsnachfrage argumentiert werden. Weil gemäss neuer Wachstumstheorie (Romer 1990; Lucas 1988) auch von internalisierbaren Ausbildungsinvestitionen positive Effekte für eine Volkswirtschaft entstehen, kann eine staatliche Finanzierung von Bildungsinvestitionen ökonomisch begründet werden. In wirtschaftspolitischer Hinsicht wird Bildungseffekten grösste Bedeutung für die internationale Konkurrenzfähigkeit einer Volkswirtschaft beigemessen. Dies basiert auf der Erkenntnis, dass die Volkswirtschaft des 21. Jahrhunderts eine «knowledge-based economy» (OECD 1996) sein wird. Diese wird mehr Wissen und weniger Güter produzieren. Der Produktionsfaktor Wissen wird weiter an Bedeutung gewinnen (Eisenhut 1998, S. 135):

– Im Zuge der Globalisierung und des technologischen Wandels werden Arbeitsplätze von Ungelernten zunehmend wegfallen. Routinearbeiten und Arbeitsplätze der Massenproduktion werden durch Verlagerung in Niedriglohnländer und/oder Substitution durch neue Technologien weiter verloren gehen.

- Während Finanzmittel, moderne Technologien und Informationen heute schon und vermehrt noch in Zukunft überall zu gleichen Bedingungen erhältlich sind, lassen sich Qualifikationen nicht von heute auf morgen reproduzieren. Wettbewerbsvorteile liegen deshalb im wesentlichen in den Personalressourcen begründet.
- Früher erworbene Fähigkeiten verlieren rascher als bisher an Wert. Gefordert sind deshalb neue und permanente Investitionen in die eigene Leistungsfähigkeit. Lebenslanges Lernen wird zur absoluten Notwendigkeit.
- Die «knowledge-based economy» wird das produzierte Wissen gegen Güter verkaufen, die in noch weniger entwickelten Weltregionen hergestellt werden. Es entsteht eine neue Form der Arbeitsteilung, der die Arbeitswelt in den hochentwickelten Staaten einschneidend verändern wird. Unqualifizierte Arbeitskräfte können dem Anpassungsdruck durch eine Höherqualifizierung entgehen.
- Die Wissensgesellschaft wird immer stärker zur Dienstleistungsgesellschaft. In hochentwickelten Ländern werden nur Dienstleistungen für eine breite Masse der Bevölkerung Beschäftigungsmöglichkeiten bieten, welche es erlauben, ein hohes Arbeitseinkommen zu erzielen. Bildung und Wissen werden deshalb die Erfolgsfaktoren des 21. Jahrhunderts sein.

Entsprechend werden Bildung und Wissen die mikro- und makroökonomischen Erfolgsfaktoren des 21. Jahrhunderts sein. Straubhaar (1997, S. 19) beschreibt einen sich selbst verstärkenden Mechanismus: Je höher der Bestand an Humankapital, desto höher die positiven Externalitäten, desto grösser die Sogwirkung auf die komplementären Produktionsfaktoren Arbeitskräfte und Kapital und desto höher der Entwicklungsstand einer Volkswirtschaft. Durch Bildung kann die Wohlfahrt einer Gesellschaft bestmöglich gefördert werden, da Bildungsausgaben einen signifikant positiven Effekt auf das langfristige Wirtschaftswachstum haben. Berechnungen von fiskalischen Bildungsrenditen aus verschiedenen OECD-Ländern zeigen, dass sich Bildungsinvestitionen auch für die öffentliche Hand «auszahlen» (OECD 1998, S. 72; vgl. die entsprechende Darstellung in Wolter 2000). Gemäss Huber & Stocker (1999, S. 61) zeigen die fiskalischen Bildungsrenditen im internationalen Vergleich, dass sich Bildungsausgaben für die Gesellschaft immer lohnen. Gestützt auf die neue Wachstumstheorie macht es somit Sinn, Anreize für die Investitionen in die Förderung des Humankapitals und die Forschung und Entwicklung zu setzen. Entsprechend lässt sich eine staatliche Subventionierung von Bildungsgängen nicht nur auf den obligatorischen Schulstufen, sondern auch im maturitären und universitären Bildungssektor rechtfertigen. Die Erkenntnis, dass die finanzielle Ausstattung von Schulen nur bedingt etwas mit der Qualität zu tun hat (Bergmann 2000, S. 111; Hanushek 1994), stellt dazu keinen Widerspruch dar. Dies ist nur dann der Fall, wenn von einem vorgegebenen Finanzierungsniveau ausgegangen wird. Sofern keine Finanzierung erfolgt, ist ein beträchtlicher Qualitätsunterschied zwischen Schulen mit und Schulen ohne gesicherter Finanzausstattung zu erwarten.

Nachteile der bisherigen Bildungsfinanzierung

Allerdings muss die Finanzierung in einem Marktmodell neu gestaltet werden, weil das bestehende System der Bildungsbedarfsfinanzierung in verschiedener Hinsicht nicht zu überzeugen vermag. So wird es den Zielen der Qualität und Effizienz zu wenig gerecht: Es ist ungeeignet, das Verhalten von Bildungsanbietern und Bildungsnachfragern zu koordinieren oder auch nur verhaltenssteuernde Signale abzugeben (Bildungsnachfrager haben keine Möglichkeit, durch ihr Verhalten Signale auszusenden, die verhaltenssteuernd beim Anbieter wirken; Unzufriedenheit kostet die Bildungsanbieter keine Steuermittel). Der Zwang zu einem effizienten und qualitativ hochstehenden Angebot ist nicht gegeben; so ergab beispielsweise das Benchmarking bezüglich der Gymnasien im Kanton Zürich bemerkenswerte Ergebnisse (Buschor 1997, S. 165):

- Die pro Schüler erteilten Jahreslektionen variierten unter den Zürcher Gymnasien um knapp die Hälfte, was aus Sicht der Chancengleichheit problematisch ist.
- Die Kosten pro Schüler variierten über 50%.
- Vieles deutet darauf hin, dass weder Schulqualität noch Schülerzufriedenheit mit den Kosten pro Schüler korrelieren (vgl. auch Hanushek 1994).

Hier muss das Prinzip in einem Marktsystem heissen: «Das Geld folgt den Schülern nach.» Je mehr die Schulressourcen direkt an die Schülerzahlen gekoppelt sind, desto grössere Auswirkungen haben sie auf das Schulsystem. Wenn eine Schule 10% der Schüler und damit der Einnahmen verliert, hat das schwerwiegende Folgen, da eine Klasse mit 20 Schülern sich nicht billiger unterrichten lässt als eine mit 22. Entsprechend gross wird der Anreiz, in einen Wettbewerb um die Schüler zu treten. Deshalb ist in einem Marktsystem statt der bisherigen Objekt- eine Subjektfinanzierung einzuführen (z. B. über eine Pro-Kopf-Finanzierung der Schulen, Bildungsgutscheine oder Steuerabzüge; für letzteres wäre in der Schweiz allerdings eine Änderung des Steuerharmonisierungsgesetzes notwendig).

Das bestehende System kann auch verteilungs- und sozialpolitisch nicht überzeugen, weil soziale Ungerechtigkeiten bestehen und keine gesellschaftlich gerechtere Verteilung der Bildungschancen resultiert (vgl. Waibel 2000b, S. 167). Auf Mittelschulstufe stehen in erster Linie kantonale Unterschiede (z. B. Zuteilung aufgrund des Residenzprinzips, Stipendienpolitik, Maturandenquoten) im Vordergrund. So fallen etwa die Maturaquoten (Zahlen von 1998, Quelle: BFS) in den einzelnen Kantonen sehr unterschiedlich aus, wobei sie in der Westschweiz und im Tessin mit 24% deutlich höher liegen als in der Deutschschweiz (15%): Während in Genf 31% und im Tessin 26% der 19-Jährigen mit einer Matur abschliessen, sind es im Thurgau, in Uri und Obwalden nur 10%. Die Maturandenquoten sind auch innerhalb der Kantone je nach Region sehr unterschiedlich. Bei einer Neugestaltung im Rahmen eines Marktmodelles ist deshalb aus Sicht der Chancengleichheit die Harmonisierung der kantonalen und regionalen Unterschiede ein zentrales Anliegen.

Neues Finanzierungsmodell

Da die administrative Abwicklung einer Globalbudgetlösung einfacher und kostengünstiger sein dürfte als ein System mit Bildungsgutscheinen, wird hier eine finanzielle Neuordnung mittels eines Globalbudget-Systems vorgeschlagen. Die lizenzierten Schulen werden mit Globalbudgets aufgrund von Schülerpauschalen finanziert. Zu Beginn entsprechen diese sinnvollerweise den tatsächlichen Durchschnittskosten (z. B. sieht das neue Schulgesetz des Kantons Appenzell-Ausserrhoden in Art. 56, Abs. 2 vor, dass für die erstmalige Festlegung des Betriebskostenbeitrags pro Lernendem der durchschnittliche Aufwand des Kantons während zweier Jahre vor Inkrafttreten des Gesetzes massgebend ist), werden mittelfristig allerdings vermehrt an die Erfüllung von Leistungskriterien gekoppelt. In den Betriebskosten werden u. a. die Aufwendungen für die Infrastruktur, die Schulleitungen, die Lehrenden sowie die Lehrmittel berücksichtigt. Damit für bestehende und neue Schulen gleiche Bedingungen hinsichtlich der finanziellen Berücksichtigung der Anlagen bestehen, kann eine Regelung analog dem Finanzierungsmodell des Kantons Graubünden, das die privat geführten Mittelschulen der Churer Kantonsschule gleichstellt, getroffen werden. Dabei umfasst die Pauschale für private Schulen zusätzlich kalkulatorische Abschreibungen auf Gebäuden und Anlagen sowie kalkulatorische Zinskosten auf Gebäuden und Anlagen auf der Basis des mittleren investierten Kapitals.

Mit dem Globalbudget wird die herkömmliche Inputsteuerung durch die Vorgabe einer pauschal zugewiesenen Ressourcensumme als Saldo des Schulhaushalts und der Vorgabe der damit verbundenen Leistungen (Outputs und Outcomes) abgelöst. Die Leistungsvorgabe ist an eine Bandbreite (Anzahl der von der Schule zu erteilenden Schülerjahre oder besser Jahreslektionen) gebunden. Zentrale finanzielle Steuerungsgrösse sind differenzierte Jahresschülerpauschalen. Das Globalbudget ergibt sich aus dem Produkt der Schülerzahl mit der Jahresschülerpauschale. Im Kanton Zürich hat sich gezeigt, dass das Globalbudget nicht ausschliesslich auf eine Jahresschülerpauschale abgestellt werden kann, sondern z. T. mit einer Zusatzpauschale zu ergänzen ist (z. B. Instrumentalunterricht in Form von Einzelunterricht beim musischen Maturitätstyp). Als Voraussetzung (d. h. zur Berechnung der Schülerpauschalen und zur Steigerung der Kostentransparenz) muss der Staat ein Kostenrechnungssystem vorgeben, einführen und die Umsetzung begleiten und unterstützen (vgl. EDK, Schweizerische Konferenz der kantonalen Erziehungsdirektoren 1998). Dies erfordert eine Vernetzung der Informatik zwischen den Schulen und dem Erziehungsdepartement.

Das Globalbudget wird vom kantonalen Parlament für alle Schulen derselben Stufe bewilligt. Die Aufteilung auf die einzelnen Schulen, der sogenannte Kontrakt, obliegt dem Erziehungsdepartement. Es muss die Ziele und Finanzvorgaben des parlamentarisch bewilligten Globalbudgets einhalten, hat aber die Möglichkeit, eine gewisse strategische Reserve bis zum Vorliegen der genauen Schülerzahlen zu verteilen. Die Leistungsvorgabe ist an eine Bandbreite (Anzahl der von der Schule zu erteilenden Schülerjahre oder Jahreslektionen) gebunden. Wird die Bandbreite überschritten, ist auf dem Weg des Ergänzungshaushalts (Nachtragskredite) Deckung zu beschaffen. Verbesserungen im Vergleich zum Budget werden der Schule als Rücklagen gutgeschrieben, Verschlechterungen hingegen aus der Rücklage entnommen. Die Festlegung der Kontrakte zwischen dem Erziehungsdepartement und den Schulen ist daher eine wichtige Führungsphase im System.

Damit der Markt offen ist, sind private Anbieter durch den Staat dann gleich wie die öffentlichen Schulen zu finanzieren, wenn sie lizenziert sind. Sie werden ebenfalls durch das Controlling und Benchmarking überwacht. Die approbierten Anbieter dürfen Schenkungen, Sponsoring, Legate usw. annehmen. Sofern die einzelne Schule ein Zusatzangebot schafft (ausserobligatorische Freifächer, spezifische Fördermassnahmen, Betreuung über Mittag usw.), darf sie dafür zusätzliche Schulgelder erheben. Eine zentrale Frage ist ausserdem: Darf eine Schule auch für das schulische Kernangebot Gebühren zusätzlich zum Globalbudget erheben? Besteht diese Möglichkeit, wird der Preismechanismus auf dem Schulmarkt nicht durch die staatlich vorgegebene Beschränkung auf das Globalbudget ausgeschaltet. Sind also die einzelnen Schulen in ihrer Preisgestaltung grundsätzlich frei, was ihren unternehmerischen Spielraum und ihre Entscheidungsautonomie vergrössert? Freie Preise sind wichtige Informationsträger und übernehmen eine zentrale Steuerungs- und Allokationsfunktion auf dem Markt. Ein marktwirtschaftlich gesteuertes Schulwesen sorgt für eine effiziente Allokation der Ressourcen. In ökonomischer Hinsicht sind von einer solchen Massnahme eine verstärkte Angebotsdifferenzierung und Profilierung sowie ein grundsätzlich vielfältigeres und vermehrt auf persönliche Bedürfnisse ausgerichtetes Angebot zu erwarten, weil der Schulmarkt für potenzielle Anbieter interessanter und lukrativer wird. Sofern Anreize für eine hohe Qualität vorhanden sind, dürfte die Möglichkeit der freien Preisgestaltung nicht nur zu vermehrter Entscheidungsautonomie und Effizienz, sondern auch zu verbesserter Qualität führen. Hier ist auf die Bedeutung der Lehrkräfte bei der Generierung von Bildungsqualität hinzuweisen: Die Qualität von Ausbildungsleistungen wird primär durch die Qualität der Lehr- und Lernprozesse und -ergebnisse im Produktionsprozess (d. h. im Schulzimmer) determiniert: «Die Qualität eines Bildungswesens materialisiert sich letztlich in den konkreten Lehr-Lern-Prozessen einer Schulklasse» (Fend 2000). Die Lehrkräfte haben dadurch einen bedeutenden Einfluss auf die Qualität der Bildungsprozesse und -produkte. Allerdings ist das staatsdominierte Bildungsprovisionssystem nicht geeignet, Anreize für hervorragende Lehrkräfte bereitzustellen. Hanushek (1994, S. 5) umschreibt das folgendermassen: «We believe that innovative teachers and principals are the key to student achievement but that the structure of incentives currently works to inhibit and constrain them.» Sofern also die Bildungsqualität das wichtigste Ziel darstellt, muss das Schulsystem für leistungsfähige und -willige Lehramtsabsolventen attraktiv sein, damit sich die besten Kandidatinnen und Kandidaten für den Lehrberuf entscheiden (Murnane 1996). Die Lehrtätigkeit ist in der heutigen Zeit sehr anspruchsvoll und wird in einem Marktumfeld noch herausfordernder (durch Wettbewerb werden Kosten und Risiko ebenso wie potenzielle Gewinnmöglichkeiten der Lehrkräfte erhöht). Wenn die relative Attraktivität für sehr gute Arbeitskräfte zu gering ist, werden diese in attraktivere Arbeitsbereiche abwandern und das Feld weniger ambitionierten und leistungsfähigen Personen überlassen (bekannt ist die hohe Korrelation zwischen relativen Löhnen und der Qualität der Ausbildungen im internationalen Vergleich; vgl. Bishop 1996). Sofern der Preismechanismus auf dem Schulmarkt ausgeschaltet wird, ist letztlich der politische Entscheid über die Höhe des Globalbudgets ein wesentlicher Faktor für die relative Arbeitsattraktivität in monetärer Hinsicht. Die Höhe des Globalbudgets dürfte weitreichende Konsequenzen auf die qualitative Zusammensetzung des Lehrkörpers haben: Wenn die staatlich zur Verfügung gestellten Mittel sowie die eigenständig akquirierten Mittel (d. h. Schenkungen, Sponsoring, Legate) bei effizientem Einsatz nicht mehr ausreichen, qualitativ sehr guten Lehrkräften einen relativ sehr guten Lohn zu zahlen, werden diese Lehrkräfte Alternativen suchen und abwandern. Deshalb dürfte die relative Arbeitsplatzattraktivität des Lehrberufes ebenso entscheidend wie die Wahl eines marktwirtschaftlichen Steuerungssystems mit konsequentem Controlling für die Qualität des gymnasialen Bildungswesens sein. Weil in diesem Beitrag die Qualität auf der Ebene der Maturitätsschulen zur wichtigsten Zieldimension erhoben wurde, wird, gestützt auf die bisherige Argumentation, den Schulen gestattet, auch für das schulische Kernangebot Gebühren zusätzlich zu den Mitteln aus dem Globalbudget zu erheben. Ausserdem ist den Schulen erlaubt, alternative Finanzierungsquellen zum Globalbudget (wie Schenkungen oder Sponsoring) zu erschliessen. Von diesem Entscheid sind negative Auswirkungen auf den Erreichungsgrad des Zieles der Chancengleichheit zu erwarten. Um die Chancengleichheit nicht zu stark zu beeinträchtigen, müssen korrigierende Massnahmen getroffen werden, allerdings direkt beim Betroffenen und nicht bei der Schule (Basler Handelskammer 1995, S. 39). Hier empfiehlt sich ein staatlich angebotenes Bildungsdarlehenssystem in Form einer Niessbrauchlösung (d. h. die Rückzahlung der Darlehen nach Abschluss der Ausbildung wird einkommensabhängig ausgestaltet). Alternativ könnte das Stipendienwesen ausgebaut werden oder aber der Staat übernimmt für Schüler bzw. Eltern mit geringem Einkommen die zusätzlichen Schulgelder teilweise oder ganz. Auf diese Weise können einkommensschwache Gruppen unterstützt werden, ohne dass die unternehmerische Freiheit der einzelnen Schule beschnitten wird. Insgesamt ist von einem funktionierenden Preismechanismus auf dem Schulmarkt eine verbesserte Qualität, Entscheidungsautonomie und Effizienz zu erwarten, während Beeinträchtigungen der Chancengleichheit mit geeigneten Mitteln gelindert werden können.

Controlling

Untersuchungen zur Frage guter Schulen (Brookover 1979; Aurin 1991; Lenz 1991; Tillmann 1994; Gray & Wilcox 1995) zeigen, dass sich eine gute Schule insbesondere durch ein hohes Schulethos, eine eigene Schulkultur, eine gute Kommunikation und Zusammenarbeit, die Fähigkeit zur Selbstentwicklung und Selbstbeurteilung, eine Leistungsorientierung sowie eine der Schulgemeinschaft dienende Ordnung und Disziplin auszeichnen. Diese Eigenschaften lassen sich nicht top down verordnen und durchsetzen, sondern müssen sich bottom up in den einzelnen Schulen entwickeln. Voraussetzung in einem bislang weitgehend zentralistischen System sind allerdings entsprechende Gestaltungsfreiräume sowie das Vorhandensein einer unternehmerischen Gesamtsicht. Beides wird in einer Wettbewerbsordnung umgesetzt.

Ein Marktsystem kennzeichnet sich ausserdem dadurch, dass die Marktkräfte die Prinzipien der Selektion und Effizienzsteigerung entfachen: Dem marktwirtschaftlichen Koordinationsmechanismus entspringen nichtintendierte kumulative Folgen wie etwa Produktivitätssteigerung oder Qualitätsverbesserung. Gerade die Steigerung der Qualität (nebst der Verbesserung von Effizienz und Entscheidungsautonomie) stellt eine zentrale Erwartung an die Etablierung einer Marktkoordination auf gymnasialer Ebene dar. Wie kann allerdings Qualität bestimmt werden? Heute wird davon ausgegangen, dass es nicht möglich ist, den Begriff «Qualität einer Schule» eindeutig zu definieren (Thonhauser 1996). Eine Überprüfung der Leistungsergebnisse muss vom Gedanken der Effektivität (eine gewünschte Wirkung erzeugend) ausgehen; die gewünschte Wirkung kann als Qualität definiert werden. Von einer hoher Qualität kann allgemein gesprochen werden, wenn die gewünschten Ziele in hohem Ausmass erreicht werden. Was auf Ebene der Maturitätsschule erwünscht ist, darüber geben das allgemeine Bildungsziel sowie die Bildungs- und Richtziele des Rahmenlehrplans Auskunft. Auf einer obersten Ebene stellen demnach die dort festgehaltenen Ziele eine Richtschnur für die Überprüfung der Qualität dar. Mit Controlling wird nun die Überprüfung der Zielerreichung bezeichnet (Dubs 1999a, S. 12).

Bisherige, inputorientierte Jahresrechnung

Das öffentliche Schulwesen hat bisher durch ein Berichtswesen Rechenschaft über seine Tätigkeit abgelegt, und zwar mittels finanziell orientierter Jahresrechnung (d. h. Staatsrechnung) sowie nicht-finanzieller Jahresberichte (meist auf der Ebene des einzelnen Gymnasiums). In der finanziellen, input-orientieren Jahresrechnung wird aufgezeigt, woher die Mittel stammen (Steuern, Verschuldung) und wie sie verwendet werden. Die Mittelverwendung ist primär nach institutionellen Strukturen (grobe Kostenstellengliederung), sekundär nach Kosten- und Ertragsarten gegliedert. Während also die Reisespesen (Kostenart) einer Dienststelle (Kostenstelle) einfach ermittelt werden können, ist weder eine Feingliederung der Kostenstellen noch eine Gliederung nach erbrachten Leistungen (Kostenträger) vorgesehen. Mit der Einführung des «Neuen Rechnungsmodells» in den meisten Kantonen wurde immerhin die Rechnungslegung für den Input-Bereich kaufmännischen Standards angenähert, so dass eine Ableitung einer Voll- oder Teilkostenrechnung und die Erstellung einer Kostenträgerrechnung zwar theoretisch möglich ist, in der Verwaltungspraxis aber bisher kaum vollzogen wurde (Bergmann 2000, S. 23). Auch die nicht-finanziell orientierten Geschäftsberichte sind primär inputorientiert, wobei keine Beziehungsgrössen zur Beurteilung von Effizienz (Verhältnis Leistung zu Ressourceneinsatz) oder Effektivität (Verhältnis von effektiver zu angestrebter Leistung), meist nicht einmal Vergleiche mit vergangenen Jahren publiziert werden. Bergmann (2000, S. 22) führt die dominante Inputorientierung auf die klassischen Bürokratiemodelle, die für die Organisation der öffentlichen Verwaltung noch immer prägend wirken, zurück. Letztlich genügt es, entsprechend dem traditionellen Verwaltungs-Paradigma, stellvertretend für den Output die organisationale Steuerung und den Input zu kontrollieren. In dieser Logik sollte sich aus einem geglückten Zusammenspiel der beiden Faktoren systeminhärent ein optimaler Output ergeben.

Bergmann (2000, S. 24) fasst die Dysfunktionalitäten des bestehenden input-dominierten öffentlichen Berichtswesens gestützt auf Buschor und Schedler (1994) wie folgt zusammen:

–   Fortschreibung der Vorjahreszahlen und damit Tendenz zur Zementierung suboptimaler Strukturen

- Konzentration auf Details mangels Informationen über Gesamtzusammen hänge
- Geringe dispositive Flexibilität
- Trend zur Verschleuderung bewilligter, aber nicht benutzter Budgetpositionen.

Ein aussagekräftiges Messmodell hat nun nicht nur den Output, sondern auch dessen Qualität einzubeziehen: «Im Vordergrund muss die Qualität der Leistung stehen, allerdings nicht als absolute Grösse, sondern gemessen an den Bedürfnissen der Nachfrager. Diese nachfrageorientierte Betrachtungsweise öffnet den Begriff der Leistung (Output) in Richtung des Zweckes und damit der Wirkung (Outcome). Die Grenze zwischen der Qualität des Outputs und dem Outcome wird allerdings weder in der Wissenschaft noch in der Praxis scharf gezogen. Der heutige, mehrheitlich empfängerorientierte Qualitätsbegriff (Qualität aus Sicht des Kunden, nicht aus Sicht der technologischen Möglichkeiten) bringt es mit sich, dass sich ein Input-Output-Modell, das qualitative Fragen materiell einbezieht, ohne weiteres Dazutun zu einem Input-Output-Outcome-Modell entwickelt» (Bergmann 2000, S. 28). Unter diesem Blickwinkel sind auch unternehmerische Total-Quality-Management-Systeme zu sehen, welche den Kundennutzen ins Zentrum aller Bestrebungen stellen. Bei einer Anwendung auf das Gymnasium kann der Kreis der Leistungsempfänger nicht nur auf die unmittelbaren Abnehmer (d. h. die Schülerinnen und Schüler bzw. deren Eltern) beschränkt werden, sondern muss vor allem auch die weiteren Abnehmer (d. h. die Universitäten und Hochschulen, künftigen Arbeitgeber sowie die Öffentlichkeit) miteinbeziehen (wobei diese Sicht implizit in den Bildungszielen des MAR enthalten sein muss, wenn das oberste Ziel der Maturitätsschulen das Erreichen einer allgemeinen Hochschulreife darstellt).

Grundsätzliche Überlegungen: Was soll Controlling umfassen?
Die gegenwärtige Lage hinsichtlich Überprüfung der Schulqualität lässt sich folgendermassen charakterisieren: Während in Europa ein stark programmatisches Qualitätsmanagement, das auf eine eher umfassende pädagogische Betrachtung im Hinblick auf Schulentwicklungsarbeiten in den einzelnen Schulhäusern ausgerichtet ist, im Vordergrund steht, geht es in den Vereinigten Staaten vor allem um Schulevaluation in den einzelnen Gliedstaaten, bei welcher das Schwergewicht auf der Schulleistung steht. Deshalb ist die amerikanische Arbeit stärker wissenschaftlich geprägt, während in Europa konzeptionelle Betrachtungsweisen dominieren (Dubs 1999a, S. 1). Viele Fragen des Qualitätsmanagements werden sich wahrscheinlich wissenschaftlich gar nie eindeutig beantworten lassen, etwa weil der Qualitätsbegriff zu komplex ist (Dubs 1999a, S. 2; vgl. Thonhauser 1996).

Im Falle eines intern konzipierten Qualitätsmanagements wird ein «bottom up»-Ansatz der Selbstevaluation durchgeführt, welcher primär der Schulentwicklung dienen soll (Dubs 1999a, S. 4). Dieser dezentrale Ansatz steht heute in der öffentlichen Diskussion in Europa im Vordergrund. Dubs (1999a, S. 4) vertritt die Auffassung, dass ein intern konzipiertes Qualitätsmanagement mit Selbstevaluation allein nicht genügt, weil das eine grosse Selbstdisziplin der Lehrkräfte voraussetzt, die Gefahr der internen Manipulation in sich birgt und über längere Zeit oft immer konzeptionsloser und punktueller durchgeführt wird. Der Nachteil etwa eines Systems ausschliesslich auf internen Prüfungen beruhender Evaluation besteht in der Gefahr einer Abwertung der staatlichen Bildungstitel («downgrading»), wie z. B. der Matura. In einem Marktsystem liefe der Wettbewerb zwischen den Schulen nicht mehr über die Qualität oder Unterschiede in den Ausbildungsmethoden, sondern allein über das Kriterium, wer die leichteste Abschlussprüfung anzubieten hat (Basler Handelskammer 1995, S. 40). Im bestehenden dezentralen Maturitätsprüfungssystem dürften denn auch die Leistungsunterschiede zwischen den einzelnen Schulen vor allem im interkantonalen Vergleich beträchtlich sein (und die Chancengleichheit dementsprechend einschränken). Jedenfalls ist kaum anzunehmen, dass das Leistungsniveau, welches mit einer Genfer Matura (mit der 31% der 19-Jährigen abschliessen) ausgedrückt wird, dem eines Thurgauer Maturitätszeugnisses (das von 10% der 19-Jährigen erreicht wird) entspricht, auch wenn für die weiteren Unterschiede (z. B. städtische Agglomeration vs. ländliche Peripherie) korrigiert wird. Deshalb kann in einem Marktsystem eine Überprüfung der Qualität nie ausschliesslich oder primär auf ein internes Qualitätsmanagement abstellen. Im Zuge der unternehmerischen Freiheit ist in einem Wettbewerbssystem zu erwarten, dass die einzelnen Schulen ein vitales Interesse an Organisations- und Qualitätsentwicklung manifestieren und entsprechende Massnahmen in die Wege leiten. So nützlich und notwendig das für die einzelne Schule hinsichtlich Qualitätsmanagement ist, so wenig kann ein aussagekräftiges und wirksames Controlling auf dezentrale interne Evaluationen abstützen.

Das extern konzipierte Qualitätsmanagement ist zentralistisch geprägt und basiert auf einem «top down»-Ansatz der Fremdevaluation (die externe Feststellung und Kontrolle der Qualität steht im Vordergrund). Dabei stehen die Rechenschaftsablegung gegenüber den verantwortlichen Behörden («accountability»), die Systemsteuerung («improvement»: aus den Erkenntnissen und Resulaten des Controlling soll das Schulsystem verbessert werden) oder der Systemvergleich (Schulsysteme verschiedener Regionen oder Länder werden im Hinblick auf gewisse Qualitätskriterien verglichen) im Vordergrund. Dubs (1999a, S. 9) empfiehlt, das extern konzipierte Qualitätsmanagement primär auf die Systemsteuerung auszurichten. Je stärker die Systemsteuerung angestrebt wird, desto regelmässiger sind die Qualitäten zu erfassen. Nun ist allerdings auf ein in einem Schulsystem mit weitgehender Schulautonomie und entsprechender Profildifferenzierung inhärentes Problem aufmerksam zu machen: Wenn jede Schule ihr eigenes Profil, ihr eigenes Schulprogramm und je nach Ausgestaltung der Lehrplanautonomie ihren eigenen Lehrplan entwickelt, fehlen die Voraussetzungen für einen Qualitätsvergleich weitgehend (Dubs 1999b, S. 6). Gewünscht werden nicht nur Erhebungen, bei denen wenig komplexe kognitive Leistungsvariablen im Vordergrund stehen, sondern die auch umfassendere Erziehungsziele und manchmal sogar gesellschaftspolitische Zielsetzungen miteinbeziehen. Werden primär kognitive Leistungen als Qualitätsmerkmal (Output) ermittelt, können die Aufgaben einer Schule nicht im umfassenden Sinne eines Erziehungsauftrages erfasst werden. Der Nachteil eines Systems externer Schulleistungsprüfungen liegt darin, dass sich das Anforderungsniveau inhaltlich auf dem kleinsten gemeinsamen Nenner einpendelt oder dass sich die Schulen nur noch auf den Stoff konzentrieren, der an den Prüfungen im Zentrum steht («teaching to the test»). Die schulische Vielfalt, die etwa durch das heutige System der internen Matura gesichert ist und durch eine Liberalisierung noch gefördert werden sollte, geriete unter starken Anpassungsdruck (Basler Handelskammer 1995, S. 39). Trotzdem sollte nicht auf externe Leistungsprüfungen verzichtet werden, da die kognitive Leistung eine zentrale Aufgabe für eine Schule, die auf die Lebens- und Berufsbewältigung in einer modernen Welt vorbereiten will, ist und bleibt. Selbst engere Erkenntnisse über den Output sind deshalb gemäss Dubs (1999b, S. 7). für eine zielgerichtete Systemsteuerung und Systemvergleiche, die auch der politischen Rechenschaftsablegung dienen können, im Interesse des Schulfortschrittes zwingend und lassen sich nur mittels eines externen Qualitätscontrollings verwirklichen, auch wenn zuzugeben ist, dass noch viele forschungsmethodische Fragen zu lösen sind. Ausserdem spricht für zentrale Prüfungen, dass die Matura einen universellen Zugang zu einem Studium verschaffen soll, weshalb auch generelle Fähigkeiten und Wissensgrundlagen überprüfbar sein müssen. Mit dem System der eidgenössischen Maturitätsprüfungen existiert zudem bereits ein zentrales Prüfungssystem, das sich in der Praxis bewährt hat. Damit gehaltvolle zentrale Prüfungen möglich werden, müssen die obersten Ziele gesamtschweizerisch für alle Schulen gelten. Deshalb sind einheitliche Bildungs- und Richtziele eine notwendige Voraussetzung für externe Prüfungen, und in einem Marktsystem ist auf einen gesamtschweizerischen Rahmenlehrplan abzustellen (vgl. die Ausführungen zur Entscheidungsautonomie in diesem Kapitel).

Noch schwieriger als die Messung der Outputs ist die Erfassung der Outcomes (Dubs 1999b, S. 8). Nebst der Problematik der Ermittlung der Outcomes muss berücksichtigt werden, dass für den Berufs- und Lebenserfolg viele weitere Faktoren als das Geschehen in der Schule eine wesentliche Rolle spielen. Diese zu erfassen ist eine weitere anspruchsvolle wissenschaftliche Aufgabe. Buschor (1997, S. 168) schlägt vor, dass für das Gymnasium als erster Outcomeindikator der Anteil der Hochschulabschlüsse bezogen auf die Zahl der Studierenden, welche in eine Universität eingetreten sind, zur Anwendung kommen soll. «Diese Daten sind nach Schulen verfügbar. Sie umfassen rund zwei Drittel der Maturanden. Dieser Qualitätsindikator streut erheblich unter den 21 Zürcher Gymnasien» (Buschor 1997, S. 168). Weil er nicht alle Dimensionen der Schulqualität wiedergibt, sollen aus ihm vorläufig noch keine direkten organisatorischen oder finanziellen Konsequenzen gezogen werden. Er soll aber im Rechenschaftsbericht der Regierung publiziert werden. «Als nächstes dürften Befragungen der ehemaligen Absolventen, aber auch der Studierenden über die Schulqualität im Vordergrund stehen. Wir verfügen dabei teilweise über langjährige Erfahrungen auf der Universitätsstufe, wo seit 1977 alle zwei Jahre umfassende Umfragen über die Qualität des universitären Unterrichts ein Jahr nach Studienabschluss durchgeführt werden, die für die Qualitätssicherung verwendet werden können» (Buschor 1997, S. 168). «Wesentlich ist, dass die Massstäbe der Outcome-Messung interdisziplinär von Pädagogen und Verwaltungswissenschaftlern und 'Kunden' (Absolventen, Hochschulen als Abnehmer usw.) erarbeitet und von der zuständigen Behörde (Erziehungsdepartement, d. A.) festgelegt werden» (Buschor 1997, S. 170).

Angesichts der wissenschaftlichen Komplexität kommt Dubs (1999b, S. 14) insgesamt zum Schluss, dass sich das extern konzipierte Qualitätsmanagement noch für längere Zeit auf den Bereich der Lernleistungen wird konzentrieren müssen (in diesem Sinne sind Schulleistungen auch von der OECD als «indicators» der Wirksamkeit von Schulsystemen anerkannt; vgl. OECD 1998). Dubs wertet das solange nicht negativ, als die stärker individuellen übrigen pädagogischen Ziele intern überwacht werden. Für Buschor (1997, S. 174) stehen als Instrumente der externen Qualitätssicherung Leistungstests in Kernfächern sowie die Befragung von gegenwärtigen und ehemaligen Schülern im Vordergrund.

Konkreter Vorschlag zur Messung der Qualität

In den letzten Jahren wurden in einzelnen Gliedstaaten der USA einige Systeme entwickelt, mit denen Schulqualität in umfassender Weise festgestellt wird, um das Schulsystem zielstrebig weiterzuentwickeln (Dubs 1999a, S. 9). Im New York City Performance Assessment in Schools Systemwide (PASS) werden die folgenden Qualitäten ermittelt: Zielvorstellungen der Schule, Schulklima, Schulorganisation, Lehrplan und Unterricht, Weiterbildung, Ressourcen für den Unterricht, Elternmitwirkung, Unterstützung durch Schuldienste, übrige Ressourcen und Leistungserfassung (System, Schülerleistungen, Schulwirksamkeit). In einem erfolgreichen Schulversuch in Kentucky (Kentucky SBPA Program) erfolgt die Qualitätserfassung in den folgenden Bereichen: Leistungen in sieben Schulfächern, Rückweisungsrate, Teilnahme der Lernenden am Unterricht und erfolgreicher Übertritt ins Erwachsenenleben. In Abhängigkeit von der erreichten Qualität werden die einzelnen Schulen mit einer Schulprämie belohnt. Dank gezielter Massnahmen im Qualitätsmanagement verbesserte sich das Niveau der Schulen im ganzen Staat beachtlich und nachhaltig (Kelley, Heneman & Milanowski 1999).

Je stärker das Controlling zur Systemsteuerung eingesetzt werden soll, desto wirksamer ist der Einsatz von Indikatoren und Benchmarks. «Benchmarking dient sowohl der Kostenoptimierung als auch der Qualitätssicherung» (Buschor 1997, S. 174). Allerdings sind an die Auswahl der Indikatoren und den Aufbau von Indikatorensystemen strenge Anforderungen zu stellen (Phillips 1991): (1) Die Indikatoren müssen bildungsrelevante Aspekte erfassen. (2) Die Daten müssen leicht erfasst werden können. (3) Beeinflussungs- und Manipulationsmöglichkeiten müssen ausgeschlossen werden. (4) Die Indikatoren müssen faire Vergleichsmöglichkeiten schaffen. (5) Sie müssen wiederholt erfasst werden können, damit Qualitätsveränderungen über die Zeit feststellbar werden. (6) Die Berechnung von Mittelwert und Streuung muss möglich sein, um zu genauen Erkenntnissen zu kommen. (7) Sie sollten erklärende Kraft haben. Diese wird erhöht, wenn nicht nur absolute, sondern auch Verhältniszahlen vorliegen. (8) Die Indikatoren müssen politisch neutral sein. (9) Sie müssen gültig und zuverlässig sein sowie auf vergleichbaren Schülerproblemen aufbauen. Dubs (1999a, S. 11) streicht zusätzlich heraus, dass die einzelnen Schulen mit dem Erhebungsaufwand nicht überfordert werden dürfen, sofern es sich bei der Indikatorenmessung nicht um eine rein wissenschaftliche Untersuchung handelt.

In der Schweiz müsste ein Konzept mangels bisheriger Erhebungen und Erfahrungen pragmatisch aufgebaut werden. Dubs (1998, S. 115) gibt eine umfassende Übersicht über Grössen (Indikatoren), mittels deren Rückschlüsse auf die zugrundeliegende Schulqualität gezogen werden können. Ein praktikabes Controllingkonzept hätte sich, mindestens zu Beginn, auf zentrale Output- und Outcome-Variablen abzustützen. In den nachfolgenden Ausführungen wird ein konkreter Vorschlag zur Diskussion gestellt.

Das staatliche Controlling verfolgt im dargestellten Marktsystem die folgenden Ziele: verbesserte Markttransparenz mittels Resultattransparenz (Outcome, Output, Kosten), Qualitätssicherung, Innovationsförderung sowie Kostensenkung. Dazu erhebt der Staat zentral vorgegebene und aussagekräftige Output- und Outcome-Indikatoren und führt ein Benchmarking ein. Ein vorgegebener Katalog von Outputindikatoren müsste nebst harten, objektivierbaren auch weiche Faktoren (z. B. Zufriedenheitseinschätzungen der Schüler, Schulklimawerte usw.) umfassen; hier ist auf die umfangreiche Forschung zur Messung der Schulqualität (vgl. Dubs 1998; Helmke 2000) abzustützen und ein gültiges, zuverlässiges und hinsichtlich Erfassungsaufwand praktikables System zu schaffen (wobei nicht alle Ziele gleichzeitig erfüllt werden können).

Nachfolgend sind beispielhaft einige zu erfassende zentrale Outputdaten aufgeführt (Waibel 2000b, S. 175; vgl. auch Bergmann 2000):

- Schulleistungen auf der Grundlage von Rahmenlehrplanvorgaben (zentrale Prüfung in Kernbereichen, d. h. zentrale Abschlussprüfung im 8. bzw. 9. Schuljahr bei Übertritt in das Gymnasium zur Erfassung der Ausgangslage sowie am Ende des Gymnasiums im letzten Jahr vor der Matura)
- Anzahl effektiv gehaltener Jahreslektionen pro Schüler sowie Anzahl Schülerabsenzen
- Anzahl Projekte (Sonderwochen u. ä.) pro Klasse
- Ausfallquote (Selektionsleistung)
- Erfassung der Zufriedenheit der Schüler und Eltern
- Erfassung des Schulklimas
- Erfassung international bestehender Standards, z. B. Sprachdiplome wie First Certificate, DELF u. ä.; ausserdem TIMSS II (9. Jahrgangsssstufe) sowie PISA (Kompetenzmessung bei 15-Jährigen) zur Erfassung der Ausgangslage sowie TIMSS III (Ende der Sekundarstufe II).

Schwieriger wird die Erfassung von Outcomes: Einerseits ist die Datenlage sehr schlecht, anderseits müssen die Daten innerhalb eines sinnvollen Zeitintervalls verfügbar sein. Am ehesten zu erheben ist die Schülerverteilung bezüglich der erfolgreichen Zulassung zu höheren Schulen. Wichtig bei der Erfassung der Outputs und Outcomes ist die Berücksichtigung der unterschiedlichen Fähigkeiten und Entwicklungsmöglichkeiten der Auszubildenden. Deshalb sind nicht nur die Outputs am Ende der Maturitätsausbildung, sondern auch zu Beginn einzubeziehen (d. h. die Leistungen am Ende der Sekundarstufe I sowie die Daten von TIMSS II und PISA). Die Qualitäten der Anreize werden nur über Indikatoren geschaffen, welche die Schulen beeinflussen können. Deshalb sind ungleiche, nicht beeinflussbare, aber output- und outcomewirksame Voraussetzungen (wie z. B. unterschiedliches Leistungsniveaus zu Beginn der Schulstufe; Anteil Schüler mit Lerndefiziten usw.) zu berücksichtigen (z. B. indem in erster Linie auf den durch die Schule geschaffenen Mehrwert abgestellt wird, was allerdings nur mit aufwendigen Messverfahren zu erreichen ist).

Zu Beginn können kaum alle hier vorgeschlagenen Variablen erhoben werden. Zuerst sind etwa die zentralen Schulleistungen sowie Jahreslektionen und Ausfallquoten zu erfassen; danach können internationale Benchmarks sowie die Messung von Zufriedenheit und Schulklima ergänzend hinzutreten. Hinsichtlich der zentralen Abschlussprüfungen ist sicherzustellen, dass die Prüfungen von hoher Aussagekraft, d. h. gültig und zuverlässig sind (vgl. Metzger, Dörig & Waibel 1998). Andernfalls lassen sich keine verlässlichen Rückschlüsse über die Qualität der zugrundeliegenden Lehr- und Lernprozesse ableiten. Erfahrungen mit zentralen kaufmännischen Lehrabschlussprüfungen (Metzger & Waibel 1993) zeigen die Bedeutung dieser Erfordernisse.

Auf das Problem zentraler Prüfungen wurde bereits hingewiesen: Die schulische Vielfalt, die etwa durch das heutige System der internen Matura gesichert ist und durch eine Liberalisierung noch gefördert werden soll, gerät um so mehr unter Druck, je zentraler ein Prüfungssystem ausfällt. Trotzdem kann im Rahmen eines aussagekräftigen Controllings nicht auf zentrale Indikatoren verzichtet werden. Hier bietet sich ein Kompromiss dergestalt an, dass mittels übergreifender Prüfung nicht alle, sondern nur wenige zentrale Fächer und in diesen nur die Kerninhalte erfasst werden (was in einem gesamtschweizerischen Lehrplan zu definieren wäre). Die dafür nötige Unterrichtszeit sollte 60–70% betragen, so dass genügend zeitliche Ressourcen für Vertiefungen und spezielle Vorhaben, also für schul- und profilspezifische Umsetzungen verwendet werden können.

Die Autoren der Basler Handelskammer (1995, S. 40) schlagen für den Kanton Basel-Stadt ebenfalls eine gemischte Lösung, allerdings in Form hausinterner Abschlussprüfungen mit starker Fremdkontrolle vor, wobei drei Formen denkbar sind:

– Die einzelnen Schulen sind verpflichtet, für Prüfungen ihre Lehrkräfte untereinander auszutauschen.
– Externe Experten werden in den Prüfungsablauf integriert, indem sie z. B. einen Teil der Fragen stellen oder die Prüfungen korrigieren.
– Die professionelle zentrale Schulaufsicht übernimmt zusätzlich die Aufgabe, Prüfungen inhaltlich zu kontrollieren und Prüfungsfragen zu stellen.

Ausserdem schlagen die Autoren eigene Übertrittsprüfungen der nächsthöheren Schulstufe vor, um die Leistungen der einzelnen Schulen besser zu kontrollieren. Eine regelmässig zu veröffentlichende Statistik gäbe darüber Auskunft, wie die einzelnen Schulen in den Übertrittsprüfungen abschneiden, wobei die Erfolgsquoten längerfristig den Schulen Anreize setzen, von sich aus einen hochwertigen Abschluss anzubieten.

Hier wird demgegenüber ein etwas zentralerer Ansatz vorgeschlagen. Zum einen sollen die Indikatoren nicht nur kantonal, sondern schweizweit verglichen werden können (zumal im bestehenen Maturitätssystem die grössten Unterschiede interkantonal bestehen). Zum anderen besteht dafür eine gewisse Notwendigkeit, weil die internationalen Indikatoren (TIMSS, PISA) dafür sorgen, dass in Kürze nicht nur national, sondern weltweit Leistungsvergleiche (vgl. zur Problematik der vergleichenden Aussagen Helmke 2000) starke Beachtung finden werden. Der Trend bei Prüfungen geht in Richtung Internationalisierung (im Zuge der Globalisierung); es bildet sich ein Markt für internationale Standards. Im Projekt PISA (Programme for International Student Assessment) werden ab dem Jahr 2000 Leistungsmessungen bei den 15-Jährigen durchgeführt. «Dieses Projekt kann als Messung der Leistung des Schulsystems verstanden werden» (Huber & Stocker 1999, S. 63). Zu betonen ist, dass durch zentrale Prüfungen aufgrund identischer Leistungsanforderungen eine höhere Chancengleichheit als im bestehenden System resultiert.

Durchführung des Controllings

Die traditionelle, politisch gebildete Schulaufsicht ist aufgrund ihrer personellen Besetzung (Laienbehörde), ihres Aufgabenbereichs und der finanziellen Mittel gar nicht mehr in der Lage, die ihr zugedachte Aufgabe zu erfüllen (Dubs 1999a, S. 5). Auch die Autoren der Basler Handelskammer (1995, S. 37) empfehlen, die Qualitätskontrolle professionellen Schulinspektoren, die den Schulbetrieb regelmässig begutachten, zu übertragen. Den bisherigen lokalen, politisch zusammengesetzten Aufsichtsbehörden kommen deshalb im hier skizzierten Marktsystem keine Funktionen mehr zu. Die Qualitätskontrolle übernehmen professionelle Schulinspektoren, welche für die Erhebung der Outputs und Outcomes verantwortlich sind. Dabei geht es für die einzelne Schule nicht um eine lästige Gängelung, sondern um die Schaffung einer für die organisationale Entwicklung nötige Feedbackkultur durch das Bereitstellen zentraler Daten. Zu betonen ist, dass gerade gute und engagierte Lehrkräfte und Schulen mit einer regelmässigen Erhebung der Resultate nicht nur laufend Hinweise für eine Verbesserung ihrer Tätigkeiten erhalten, sondern in ihren Qualitätsbemühungen auch unterstützt, anerkannt und positiv sanktioniert werden. Zentrale Qualitätsindikatoren werden der Öffentlichkeit zugänglich macht, so dass Eltern und Schüler ihre Schulwahl aufgrund von verlässlichen Kriterien treffen können.

Weitere Funktionen

Die Schulinspektoren haben auch eine unterstützende Funktion, indem sie zentral vorgegebene Instrumente (z. B. zentrale Prüfungen, Fragebogen) bereitstellen und deren Einsatz beraten und begleiten. Wenn Schulen hinsichtlich der erhobenen Qualitätsindikatoren unbefriedigende Werte zeigen, muss der Staat professionelle Hilfe anbieten (Beratung, Coaching); wenn das nicht zum Erfolg führt, sind schlechte Schulen schnell zu schliessen, weil sonst die negativen Auswirkungen auf die Schüler zu lang andauernd und unter Umständen irreparabel sind. Das ED hat in einem solchen Fall die Weiterbildung der betroffenen Schüler zu garantieren, z. B. indem die Schüler auf andere Schulen verteilt werden, sofern eigenständige Lösungen (Fusion mit anderer Schule, Selbsthilfe) scheitern,.

Übergangsbedingungen

Die Autoren der Basler Handelskammer (1995, S. 41) betonen, dass eine radikale Umstellung von einem staatlich verwalteten auf ein liberalisiertes Bildungswesen nicht auf einen Schlag erfolgen kann. Kurzfristig kann geregelt werden, dass die Kosten von Privatschulen, welche gewisse Qualitätsstandards erfüllen, vom Steuerbetrag abgezogen werden können. Für die Übergangszeit sind zuerst die Voraussetzungen für ein wirksames Controlling (Kostenrechnung, Erhebung der Outputs) zu schaffen. Für eine outputorientierte Finanzierung sind in dieser Übergangszeit die Daten zu erheben und den Schulen zur Verfügung zu stellen, damit diese das neue System kennenlernen können. In dieser Periode können zudem auf freiwilliger Basis die Wahlprioritäten der Eltern erhoben und, sofern die Kapazitäten vorhanden sind, umgesetzt werden. Ausserdem sind die Voraussetzungen für die Autonomie der einzelnen Schulleitungen schrittweise einzuführen. Rechtzeitig wären die schulische Profilbildung sowie das Entstehen vielfältiger schulischer Angebote zu fördern. Eine etappierte Vorgehensweise müsste auch bei der Finanzierung der Schulen erfolgen. (In einer ersten Phase wird die Schülerpauschale auf der Grundlage tatsächlicher Durchschnittskosten ermittelt, später kommen anreiz- und leistungsorientierte Komponenten dazu.)

Das reine Marktmodell geht von einer vollkommenen Privatisierung aller Schulen aus. Allerdings kann eine vollumfängliche Privatisierung der öffentlichen Schulen politisch und juristisch aufwendig werden. Eine Übergangslösung besteht darin, die öffentlichen Schulen in ihrem Status zu belassen, allenfalls würden die einzelnen Schulen von ihrem bisherigen Status als Verwaltungsabteilungen in ein öffentliches Unternehmen überführt. Entscheidend ist lediglich, dass sowohl öffentliche als auch private Schulen unter den gleichen Rahmenbedingungen arbeiten (z. B. Finanzierungsbedingungen, Prüfungsbedingungen, arbeitsrechtliche Bedingungen für Lehrkräfte). Für die Lehrkräfte an öffentlichen Schulen bedeutet letzteres eine Überführung des bisherigen Verhältnisses in ein privates Anstellungsverhältnis.

Hinsichtlich der Schulstufe erscheint es am sinnvollsten, Erfahrungen mit einem Wettbewerbssystem auf der gymnasialen Ebene zu sammeln. Inwieweit die Volksschulstufe ebenfalls liberalisiert werden könnte, wäre erst später in Abwägung der gewonnenen Erkenntnisse zu entscheiden. Auch wenn einige Erfahrungen aus Ländern mit Wettbewerbselementen für die konkrete Ausgestaltung eines Wettbewerbssystems herangezogen werden können und nützliche Hinweise geben, sind die unmittelbaren Auswirkungen letztlich nicht genau vorhersehbar. Mit einem Wettbewerbssystem sind inhärent Unsicherheiten, Unvorhersehbarkeiten und Gefahren verbunden. Über die ebenfalls inhärente Anreizfunktion sind aber nebst Effizienzgewinnen auch vermehrte Innovationen und vielfältige Qualitätsbestrebungen und -verbesserungen zu erwarten. Insbesondere kommt ein dauerhafter Such- und Verbesserungsprozess in Gang, dessen Resultate über ein konsequentes Controlling Schülern, Eltern und der Öffentlichkeit transparent gemacht werden.

5. ABSCHLIESSENDE BEMERKUNGEN

«The most valuable of all capitals is that invested in human being»
(Alfred Marshall: Principles of Economics).

Kapitel 4 hat ein konkretes Wettbewerbskonzept für die gymnasiale Ebene skizziert, insbesondere die gegenüber der bestehenden Ordnung stark veränderten Aufgaben des Staates. Im Unterschied zu bisher übernimmt das ED primär Controllingfunktionen, um sicherzustellen, dass der schulische Wettbewerb in erster Linie auf der Ebene der Qualität spielt. In der Wissensgesellschaft des 21. Jahrhunderts wird der Bedarf an Hochqualifizierten weiter steigen. Das Bildungswesen hat sich dieser Herausforderung zu stellen. Dazu ist es nötig, dass sich das Gymnasium vom kompensatorischen Bildungsparadigma löst, welches in der Schweiz seit den siebziger Jahren die Bildungspolitik nicht nur der obligatorischen Schulstufen, sondern auch der maturitären und universitären Ausbildungsebene dominiert hat. Die finanziellen Subventionen der Sekundarstufe II sowie der Tertiärstufe basieren bisher vor allem auf Argumenten der Chancengleichheit. Sofern Bildung zum Nulltarif verfügbar ist, damit alle die möglichst gleichen Chancen auf eine maturitäre und universitäre Bildung haben, stehen Überlegungen zu Effizienz und Effektivität der eingesetzten Mittel nicht im Vordergrund.

Hier wird für ein neues Paradigma der Bildungsfinanzierung und -förderung auf nachobligatorischer Ebene plädiert: Bildungsanstrengungen sind weniger aus egalitären Absichten, als vielmehr aus Investitionsüberlegungen zu unterstützen. Der Staat profitiert über direkte Rückflüsse im Form von Steuereinnahmen sowie über Produktivitätsfortschritte und Wachstumseffekte davon. Folglich spielen Effektivität und Effizienz eine bedeutsame Rolle, und die Qualität ist auf allen Stufen, insbesondere aber in den nachobligatorischen Bildungsgängen prioritär, konsequent und nachhaltig zu fördern. Während eine staatlich dominierte Bildungsordnung für egalitäre Ziele prädestiniert ist, dürfte ein Marktmodell bei entsprechender Ausgestaltung besser geeignet sein, ein qualitativ hochstehendes, effizientes und die Entscheidungsautonomie der Akteure respektierendes Maturitätssystem hervorzubringen.

6. BIBLIOGRAPHIE

Aurin, K. (1991). Gute Schulen – worauf beruht ihre Wirksamkeit? 2. Aufl. Bad Heilbrunn: Klinkhardt

Basler Handelskammer (1995). Mehr Freiheit im Basler Schulsystem *(Schriftenreihe der Basler Handelskammer, Nr. 27)*

Becker, G. S. (1993). Human Capital. A Theoretical and Empirical Analysis with Special Reference to Education. 3. Aufl. Chicago: The University of Chicago Press

Bergmann, A. (2000). Steuerung von Institutionen im Bildungswesen am Beispiel der Zürcher Kantonsschulen. Dissertation Universität St. Gallen

Bishop, J. H. (1996). Signaling, Incentives, and School Organization in France, the Netherlands, Britain, and the United States. In: National Research Council: Improving America's Schools. The Role of Incentives. Washington: National Academy Press

Blaug, M. (1976). The Empirical Status of Human Capital Theory: A Slightly Jaundiced Survey *(Journal of Economic Literature, 14, 3, 827–855)*

Bodenhöfer, H. J. (1978). Finanzierungsprobleme und Finanzierungsalternativen der Bildungspolitik *(Zeitschrift für Wirtschafts- und Sozialwissenschaften, 2, 129–161)*

Brookover, W. B. (1979). School Social Systems and Student Achievement. New York: Praeger

Buschor, E. (1997). New Public Management und Schule. In: R. Dubs & R. Luzi (Hrsg.): 25 Jahre Institut für Wirtschaftspädagogik (IWP). Schule in Wissenschaft, Politik und Praxis. St. Gallen: IWP

Doerr, E. (1996). The Case against School Vouchers. Amherst: Prometheus Books

Dubs, R. (1998). Qualitätsmanagement für Schulen *(Schweizerische Zeitschrift für kaufmännisches Bildungswesen, 92, 98–191)*

Dubs, R. (1999a). Qualitätsmanagement an Schulen: Bestandesaufnahme und Perspektiven. St. Gallen: IWP (unveröffentlichter Artikel)

Dubs, R. (1999b). Im Dialog: Durchführung und praktische Folgen: Externe Evaluation. In: J. Thonhauser & J.-L. Patry (Hrsg.): Evaluation im Bildungsbereich. Wissenschaft und Praxis im Dialog. Innsbruck: Studienverlag

Eberle, F. (1999). New Public Management im neuseeländischen Bildungswesen. Beschreibung und Beurteilung der Reformen. St. Gallen: IWP

EDK [Schweizerische Konferenz der kantonalen Erziehungsdirektoren] (1998). Kostenrechnungsmodell für Bildungsinstitutionen. Bern: EDK *(Dossier 51A)*

Eisenhut, P. (1998). Aktuelle Volkswirtschaftslehre. Zürich: Rüegger

Fend, H. (2000). Qualität und Qualitätssicherung im Bildungswesen – wohlfahrtsstaatliche Modelle und Marktmodelle

Friedman, M. (1962). Capitalism and Freedom. Chicago: The University of Chicago Press

Gray, J. & Wilcox, B. (1995). Good School, Bad School. Evaluating Performance and Encouraging Improvement. Philadelphia: Open University Press

Hannaway, J. (1996). Management Decentralization and Performance-Based Incentives: Theoretical Considerations for Schools. In: National Research Council: Improving America's Schools. The Role of Incentives. Washington: National Academy Press

Hanushek, E. A. (1986). The Economics of Schooling: Production and Efficiency in Public Schools *(Journal of Economic Literature, 24, 1141–1177)*

Hanushek, E. A. (1994). Making Schools Work. Improving Performance and Controlling Costs. Washington, D. C.: The Brookings Institution

Helmke, A. (2000). TIMSS und die Folgen: Der weite Weg von der externen Leistungsevaluation zur Verbesserung des Lehrens und Lernens. In: U.-P. Trier (Hrsg.): Bildungswirksamkeit zwischen Forschung und Politik. Bern: Rüegger

Hoxby, C. M. (1994a). Do Private Schools Provide Competition for Public Schools? Cambridge: NBER *(NBER Working Paper No. 4978)*

Hoxby, C. M. (1994b). Does Competition among Public Schools Benefit Students and Taxpayers? Cambridge: NBER *(NBER Working Paper No. 4978)*

Hoxby, C. M. (1998). Analyzing School Choice Reforms That Use America's Traditional Forms of Parental Choice. In: P. E. Peterson & B. C. Hassel (Hrsg.): Learning from School Choice. Washington, D. C.: Brookings Institution Press

Huber, M. & Stocker, E. (1999). Humanressourcen. In: Schweizerischer Wissenschaftsrat (Hrsg.): Die technologische Wettbewerbsfähigkeit der Schweiz. Fakten & Bewertungen 2, 99. Bern: SWR

Kelley, C., Heneman, H. & Milanowski, H. (1999). School-based Performance Awards. Paper Presented at the AREA Convention, Montreal

Lenz, J. (1991). Die Effective School Forschung der USA – ihre Bedeutung für die Führung und Lenkung von Schulen. Frankfurt/M.: Lang

Levin, H. M. (1999). The Public-Private Nexus in Education *(American Behavioral Scientist, 1, 124–137)*

Lith, U. van (1985). Der Markt als Ordnungsprinzip des Bildungsbereichs. München: Oldenbourg

Marlow, M. L. (2000). Spending, School Structure, and Public Education Quality. Evidence from California *(Economics of Education Review, 19, 89–106)*

Metzger, Ch., Dörig, R. & Waibel, R. (1998). Gültig prüfen. Modell und Empfehlungen für die Sekundarstufe II unter besonderer Berücksichtigung der kaufmännischen Lehrabschluss- und Berufsmaturitätsprüfungen. St. Gallen: IWP

Metzger, Ch. & Waibel, R. (1993). Sind die kaufmännischen Lehrabschlussprüfungen gültig? *(Schweizerische Zeitschrift für kaufmännisches Bildungswesen, 87, 240–268)*

Mises, L. von (1927). Liberalismus. Jena (Nachdruck: St. Augustin: 1993).

Murnane, R. J. (1996). Staffing the Nation's Schools with Skilled Teachers. In: National Research Council: Improving America's Schools. The Role of Incentives. Washington: National Academy

OECD (1996). Employment and Growth in the Knowledge-based Economy. Paris: OECD

OECD (1998). Human Capital Investment. Paris: OECD

Oelkers, J. (2000). Demokratie und Bildung: Über die Zukunft eines Problems *(Zeitschrift für Pädagogik, 46, 3, 333–347)*

Patrinos, H. A. & Ariasingam, D. L. (1997). Decentralization of Education. Demand-Side Financing. Washington, D. C.: World Bank *(Directions in Development)*

Paulu, N. (1989). Improving Schools and Empowering Parents: Choice in American Education. A Report Based on the White House Workshop on Choice in Education. Washington, D. C.: Government Printing Office

Phillips, G. W. (1991). The OECD International Education Indicator System. Paper Presented at the AREA Convention, Chicago

Romer, P. (1990). Endogenous Technological Change *(Journal of Political Economy, 99, 5, 71–102)*

Straubhaar, T. (1997). Auf dem Weg in die Wissensgesellschaft des 21. Jahrhunderts. Mikro- und makroökonomische Aspekte *(Die Volkswirtschaft 5, 97, 14–20)*

Straubhaar, T. & Winz, M. (1992). Reform des Bildungswesens. Kontroverse Aspekte aus ökonomischer Sicht. Bern: Haupt

Thonhauser, J. (1996). Neuere Zugänge der Forschung zur Erfassung von Schulqualität. In: W. Specht & J. Thonhauser (Hrsg.): Schulqualität. Entwicklungen, Befunde, Perspektiven. Innsbruck: Studienverlag

Tillmann, K. J. (Hrsg.). (1994). Was ist eine gute Schule? Hamburg: Bergmann-Herbig

Timmermann, D. (1987). Bildungsmärkte oder Bildungsplanung: eine kritische Auseinandersetzung mit zwei alternativen Steuerungssystemen und ihren Implikationen für das Bildungssystem. Mannheim

Timmermann, D. (1995). Abwägen heterogener bildungsökonomischer Argumente zur Schulautonomie *(Zeitschrift für Pädagogik, 41, 49–60)*

Ulrich, P. (1998). Integrative Wirtschaftsethik. Grundlagen einer lebensdienlichen Ökonomie. 2. Aufl. Bern: Haupt

Waibel, R. (2000a). Gibt es ein kleineres Übel? Markt- versus Staatsversagen im Bildungswesen aus modellökonomischer Sicht. In: Ch. Metzger et al. (Hrsg.): Aktuelle Bildungsfragen. Zürich: SKV

Waibel, R. (2000b). Wenn die Kunden wählen könnten ... Bericht der Arbeitsgruppe Wettbewerb/Finanzierung. In: IHK St. Gallen-Appenzell (Hrsg.): Bildungsoffensive 99. St. Gallen: Typotron

Wolter, S. C. (2000). Nachfrageorientierte Bildungsfinanzierung: Theorie und empirische Evidenz. In: Wolter S. C. (Hrsg.): Bildungsfinanzierung zwischen Markt und Staat. Zürich: Rüegger

Wolter, S. C. & Weber, B. A. (1999a). On the Measurement of Private Rates of Return to Education *(Jahrbücher für Nationalökonomie und Statistik, 218, 5&6, 605–618)*

Wolter, S. C. & Weber, B. A. (1999b). Skilling the Unskilled – a Question of Incentives? *(International Journal of Manpower, 20, 3/4, 254–269)*

Uri Peter Trier (Hrsg.)

Bildungswirksamkeit zwischen Forschung und Politik
Efficacité de la formation entre recherche et politique
400 S./p. (2000) ISBN 3 7253 0686 9 • Fr. 53.20 / DM 62.10 / ÖS 451.–

Anne-C. Berthoud/Walo Hutmacher/Uri Peter Trier/This Wachter

Was bringt unsere Bildung?
Zum Abschluss des NFP33 «Wirksamkeit unserer Bildungssysteme»
171 S./A4 (1999) ISBN 3 7253 0654 0 • Fr. 37.50 / DM 44.– / ÖS 320.–
Französischsprachige Ausgabe: ISBN 3 7253 0655 9
Italienischsprachige Ausgabe: ISBN 3 7253 0656 7

Alain Thierstein/Kuno Schedler/Thomas Bieger

Die lernende Region
Regionale Entwicklung durch Bildung
176 S./geb. (2000) ISBN 3 7253 0668 0 • Fr. 45.– / DM 52.60 / ÖS 382.–

Beat Hotz-Hart/Carsten Küchler

Wissen als Chance
Globalisierung als Herausforderung für die Schweiz
139 S. (1999) ISBN 3 7253 0644 3 • Fr. 36.80 / DM 43.– / ÖS 312.–

Marlis Buchmann/Markus König/Jiang Hong Li/Stefan Sacchi

Weiterbildung und Beschäftigungschancen
208 S. (1999) ISBN 3 7253 0624 9 • Fr. 45.– / DM 52.60 / ÖS 382.–

Bildungsfinanzierung zwischen Markt und Staat